하나님의
위대한 질문

하나님의 위대한 질문

한기채 지음

THE GREAT
QUESTION
OF GOD

교회성장연구소

The Great Question of God
들/어/가/는/ 말

　성경은 일방적으로만 말씀하지 않습니다. 대부분 쌍방향으로 소통하고 함께 대화합니다. 우리의 삶과 성경의 이야기는 어느 순간 서로 만나고, 그 만남을 통해 계시적인 사건이 일어납니다. 성경과 우리는 만나서 많은 대화를 나누고, 우리는 그 안에서 놀라운 은혜와 감동과 변화를 체험하게 됩니다.
　성경은 질문하고 우리는 답변합니다. 때로는 우리가 질문하고 성경이 답변합니다. 사실 성경을 읽거나 하나님의 음성을 들을 때 질문의 형태를 취하는 경우가 많습니다. 하나님은 "내가 네게 묻는 것을 대답할지니라"욥 38:3라고 말씀하십니다. 그런데 성경에는 물음표나 느낌표 같은 문장 부호를 기록하지 않았기 때문에 모르고 그냥 지나칠 때가 많습니다. 예수님도 이처럼 질문 형식으로 인생의 궁극적인 교훈들을 많이 말씀해 주셨습니다.
　이런 질문을 통해 자신을 비추어 보고 새로운 모습을 정립해 나가야 합니다. 더구나 현대는 대답보다 질문이 중시되는 시대입니다. 이런 질문에 대해서만 묵상하더라도 우리는 상상력을 발휘하여 더욱 창의적인 삶을 살 수 있을 것입니다.
　성경에는 우리 삶을 송두리째 바꿀 만한 근원적인 질문들이 많이 있습니다.

그 가운데 우선적으로 중요한 질문을 구약에서 열두 개, 신약에서 열두 개를 뽑아 『하나님의 위대한 질문』, 『예수님의 위대한 질문』 두 권으로 나누어 집필합니다.

성경에는 많은 질문이 있는데, 그 중에는 남들이 묻지 않길 바라며 평생 의도적으로 회피해온 것도 있고, 오랫동안 잊고 지내던 것을 번뜩 기억나게 해주는 중차대한 것도 있습니다.

성경의 질문은 하나님에 대해, 자신에 대해, 세상에 대해, 하나님 나라에 대해 새롭게 볼 수 있는 안목을 열어줍니다. 각각의 질문은 자기 정체성, 사명, 생명, 믿음, 능력, 구원 같은 본질적인 것들에 대해 묻고 있습니다. 살다보면 결국 누구나 예외 없이 이 질문 앞에 서게 됩니다. 이 질문에 어떻게 답변하느냐에 따라서 인생은 달라질 것입니다.

지금이 아니면 나중에 후회할지 모릅니다. 스스로 묻고 스스로 답하면서 산다면 지혜로운 인생 경영자가 될 수 있습니다. 각 장마다 하나의 질문을 제시하고, 질문하시는 하나님의 의도와 함께 나름의 모범답안을 다루도록 했습니다. 또한 뒤에 스터디 가이드를 삽입해 말씀과 은혜를 나누게 했습니다.

하나님께서 이 책을 읽는 독자들에게 계시의 정신을 주셔서, 더 많은 사람들이 이 질문들에 대한 대답을 각자의 삶으로 보일 수 있기를 바랍니다.

원고 정리를 도와준 김재명 목사님과 이신영 전도사님, 추천사를 써주신 이영훈 목사님과 강준민 목사님, 그리고 교회성장연구소 이장석 본부장님과 출판팀에 감사드립니다.

한기채 목사

The Great Question of God

추/천/하/는/말

신앙생활이란 예수 그리스도를 구세주로 영접한 이후 말씀을 통해 하나님을 알고 삶 속에서 하나님을 만나고, 그 삶을 통해 하나님을 영화롭게 하는 것을 의미합니다. 우리는 이 세상을 살아가면서 시시 때때로 우리 마음 가운데 속삭이시는 주님의 음성을 듣고, 그 말씀 앞에 결단하는 삶을 살아야 합니다.

그렇지만 연약한 우리들은 들려오는 세상의 소리, 보이는 환경에 더 민감하게 반응합니다. 물질만능주의, 학력지상주의가 만연한 세상에 익숙해져서, 조건 없이 베풀어 주시는 하나님의 사랑과 거저 주시는 은혜를 믿고 받아들이지 못합니다. 때로는 세상의 잣대, 내 주관적 판단에 근거하여 하나님을 오해하기도 합니다. '하나님께서 나와 같은 죄인을 용서하실까?' '나처럼 부족한 사람도 하나님이 사랑하실까?' 또는 '나는 주일성수하고 십일조를 드리니 축복만 받을 거야….' '나는 많이 가지고 배웠으니 더 많이 사랑하실 거야….' 이것이 우리가 흔히 가지고 있는 하나님에 대한 오해입니다.

그러나 우리가 하나님을 오해하거나 자기 나름대로 조금씩 잘못된 생각을 가지고 있음에도 불구하고, 하나님께서는 항상 변함없고 신실하신 모습으로 '사랑'과 '공의'를 세상에 베풀고 계십니다. 한기채 목사님의 『하나님의 위대한 질문』은 신실하신 하나님에 대한 일종의 대변지代辯紙입니다. 저는 이 책을 읽으며 '주님의 마음을 속 시원하게 대언代言하고자 혼신의 노력을 다하고 계신 한 목사님을 주님께서 얼마나 기뻐하셨을까?'라는 생각을 여러 차례 했습니다.

 평소에 온유한 성품으로 늘 동역자들을 격려하고 용기를 북돋아 주고 계신 한 목사님께서 이번에 이렇게 귀한 책을 출간하게 되심을 진심으로 기쁘게 생각하고 축하드립니다. 모든 독자들이 『하나님의 위대한 질문』을 대하며 하나님의 마음에 감동을 받고, 가슴이 뭉클해지는 그 사랑의 깊이를 깨닫게 되시기를 간절히 소망합니다.

이영훈 여의도순복음교회 담임목사

The Great Question of God

추/천/하/는/말

한기채 목사님은 타고난 스토리텔러Storyteller입니다. 어떤 진리이든 목사님의 손에 가면 이야기가 되어 나옵니다. 하나님은 이야기를 좋아하십니다. 그래서 그 이야기를 들려주시기 위해 사람을 만드셨습니다. 하나님의 이야기는 그분이 만드신 사람들 속에 담겨 있으며, 이 이야기는 질문 속에서 그 가치를 더합니다.

『하나님의 위대한 질문』은 질문하시는 하나님에 관한 이야기입니다. 한기채 목사님은 하나님의 질문을 통해 우리를 생각하게 하고, 자신의 존재에 대해 고민하게 합니다. 좋은 책은 독자로 하여금 생각을 하게 하고, 더욱 심화된 질문 속으로 끌어들이는 법입니다. 그런 면에서 이 책은 정말 좋은 책입니다.

질문을 통해 깊은 진리의 세계로 여행하기 원하는 분들에게 저는 이 책을 추천하고 싶습니다. 질문하시는 하나님의 사랑을 경험하기 원하는 분들에게 추천하고 싶습니다.

강준민 새생명비전교회 담임목사

The Great Question of God

차 / 례

들어가는 말 4

추천하는 말 6

Part 1 찾아오시는 하나님

Chapter 01. 하나님과 멀게만 느껴질 때, 하나님이 묻습니다
"네가 어디 있느냐?" 15

Chapter 02. 하나님 앞에 죄인처럼 느껴질 때, 하나님이 묻습니다
"여호와의 성산에 오를 자 누구인가?" 31

Chapter 03. 깊은 슬럼프에 빠졌을 때, 하나님이 묻습니다
"네가 어찌하여 여기 있느냐?" 54

Chapter 04. 정체성이 흔들릴 때, 하나님이 묻습니다
"네 이름이 무엇이냐?" 81

Part 2 예비하시는 하나님

Chapter 05. 남에게 옹졸하고 인색할 때, 하나님이 묻습니다
"네 아우가 어디 있느냐?" 109

Chapter 06. 사명자로서 부족하게만 느껴질 때, 하나님이 묻습니다
"네 손에 있는 것이 무엇이냐?" 129

Chapter 07. 하나님의 부르심이 부담스러울 때, 하나님이 묻습니다
"누가 우리를 위하여 갈꼬?" 151

Chapter 08. 삶에 고난이 찾아올 때, 하나님이 묻습니다
"네가 아느냐?" 173

Part 3 동행하시는 하나님

Chapter 09. 가망이 없다고 느껴질 때, 하나님이 묻습니다
"여호와께 능치 못한 일이 있겠느냐?" 197

Chapter 10. 상황에 얽매여 낙심할 때, 하나님이 묻습니다
"여호와의 손이 짧아졌느냐?" 219

Chapter 11. 앞길이 절망적이고 막막해 보일 때, 하나님이 묻습니다
"어느 때까지 나를 멸시하겠느냐?" 241

Chapter 12. 하나님께 삶을 다 드리기 망설여질 때, 하나님이 묻습니다
"어느 때까지 둘 사이에서 머뭇머뭇하려느냐?" 263

참고 문헌 284

The Great Question of God

chapter 01 | 하나님과 멀게만 느껴질 때, 하나님이 묻습니다

　　　　"네가 어디 있느냐?"

chapter 02 | 하나님 앞에 죄인처럼 느껴질 때, 하나님이 묻습니다

　　　　"여호와의 성산에 오를 자 누구인가?"

chapter 03 | 깊은 슬럼프에 빠졌을 때, 하나님이 묻습니다

　　　　"네가 어찌하여 여기 있느냐?"

chapter 04 | 정체성이 흔들릴 때, 하나님이 묻습니다

　　　　"네 이름이 무엇이냐?"

Part 1
찾아오시는 하나님

하나님의
위대한 질문

너는 대장부처럼 허리를 묶고 내가 네게 묻는 것을 대답할지니라
—욥기 38:3

chapter 01

―

하나님과 멀게만 느껴질 때, 하나님이 묻습니다
"네가 어디 있느냐?"
창세기 3: 6-21

성경에서 가장 먼저 나오는 질문은 창세기 3장 9절입니다. 하나님이 아담과 하와를 찾아오셔서 "네가 어디 있느냐?"라고 물으셨습니다. 아담은 '붉은 흙'이란 뜻이며 그는 온 인류의 조상입니다. 아담은 우리를 대변하는 존재입니다. 따라서 창세기에 나와 있는 이야기는 '나의 이야기'이고, '우리 모두의 이야기'입니다. "네가 어디 있느냐?"라는 질문은 하나님께서 아담이 있는 곳을 몰라서 던진 질문이 아니라, 아담으로 하여금 자신의 모습을 자각하게 하기 위한 질문입니다. 아담의 정체성에 대한 질문이기도 하며, 그의 삶이 놓인 비극적 상황, 그리고 현재 그의 삶의 본질에 대해서 던지는 질문입니다.

하나님이 던진 이 질문의 목적은 아담으로 하여금 회개하도록 촉구하시는 것입니다. 동시에 죄를 짓고 하나님께 반역한 아담을 향한 하나님의 슬픔을 보여 주는 것이기도 합니다. 우리가 있어야 할 우리 본연의 자리에서 벗어나 있다고 할지라도, 우리를 원래의 자리로 회복시키시려는 의중을 드러낸 것이기도 합니다. 이 사건은 하나님께서 가장 아름답게 지으신 곳, '보시기에 좋았더라'는 평가를 받던 낙원에서 발생했기에 더욱 가슴이 아픕니다. 에덴은 원래 '기쁨' delight이라는 뜻이 있는데, 아담의 불순종, 반역, 교만, 죄악으로 슬픔의 땅이 되고 말았습니다. 우리는 실낙원失樂園 했습니다. 그러나 다시 복락원復樂園 해야 합니다.

:: 정체성

"네가 어디 있느냐?"라는 질문은 "네가 누구냐?"라는 질문과 같습니다. 나의 정체성에 대한 질문입니다. 세상 대부분의 사람들은 자신이 누구인지 알지 못하고, 또한 묻지도 않고 살다가 죽어가고 있습니다.

아서 밀러Authur Miller의 소설 『세일즈맨의 죽음』Death of a salesman에서 세일즈맨의 아내는 죽은 남편의 무덤 앞에 묘비를 세웠는데, 묘비에 이렇게 새겼다고 합니다. "그는 자신이 누구인지 모른 채 살다가 죽었다."

그 세일즈맨뿐이겠습니까? 세상의 많은 사람들이 이 중차대한 질문을 하지 않고 있습니다. 자신이 누구이고, 어디서 왔으며, 어디로 가는지, 무엇을 위해서 살아야 하는지, 전혀 '묻지도 않고 따지지도 않고'

있습니다. 자신에 대한 분명하고 확고한 정체성이 없기에 세파에 흔들리거나 유혹에 쉽게 굴복하게 됩니다.

아담에게 하신 질문은 아담 스스로가 대답해야 하는 중대한 질문입니다. 아담은 모든 창조물 중 걸작품으로, 하나님께서 '보시기에 심히 좋았더라'는 평가를 한 몸에 받을 만한 존재입니다. 아담은 하나님의 자녀일 뿐만 아니라, 하나님이 기뻐하시는 자입니다. 그가 살면서 무슨 위업을 이루었기 때문이 아니라, 존재하는 것 자체로 하나님께 기쁨이 되고 하나님께 사랑을 받는 존재입니다. 그가 이 사실을 늘 기억하고 있었다면 그 누구도, 그 무엇도 부러워할 필요가 없었을 것입니다. 유혹의 말에 솔깃해서 범죄 하는 일도 없었을 것입니다. 자신에 대한 정체성이 불확실했기에 그는 흔들렸습니다.

이와 같이 자기 자신에 대한 정체성을 분명히 한다는 것은 인생에서 필수적인 일입니다. 나 스스로에 대해 확신이 없을 때, 내가 처한 자리에서 떠날 때, 우리는 유혹을 받아 죄를 짓고 자기도 알지 못하는 나락으로 떨어지게 됩니다.

아담만 그런 시험을 당하는 것이 아닙니다. 우리 모두도 자기 자신의 정체성을 분명히 해야 할 필요가 있습니다. 살펴보면 세상에 살면서 당하는 많은 시험과 유혹들은 이런 정체성의 문제와 연관되어 있을 가능성이 많습니다. 우리는 무슨 존귀한 일을 해야만 가치 있는 존재로서 인정받는다고 착각합니다. 그래서 "네가 누구냐?"라는 질문을 받았을 때 "나는 하나님의 자녀요, 하나님의 사랑을 받는 자요, 하나님의 기뻐하시는 자다."라고 대답하는 대신에, 내가 하는 일, 내가 가진 것, 남들이 나에 대해서 내리는 평판과 칭찬을 내세워 나를 규정하려고 합니다. 결국 우리는 이런 것들로 우리 자신을 치장하기 위해 세상에서 분주하게 삽니다. 그래서 늘 불안하고 흔들리는 삶을 살아갑니다.

예수님께 왔던 사탄의 유혹도 동일합니다. 사탄은 속여 말합니다.
"네가 하나님의 아들이냐? 그러면 네가 돌을 떡으로 만듦으로써 네 존재를 입증해 보아라. 네가 그 높은 곳에서 뛰어내려 다치지 않는 것을 보임으로써 너 자신을 입증해 보아라. 세상의 모든 권세를 가짐으로써 네 자신의 존재를 입증해 보아라."
그러나 예수님은 사탄의 유혹에 현혹되지 않으셨습니다. 주님께서는 그런 외부적인 것, 거추장스러운 것, 남들의 의견, 나의 소유물, 그리고 하는 일을 통해서 자신을 입증하려 하지 않으셨습니다. 오히려 하나님이 들려 주신 그 음성 "너는 내 사랑하는 아들이요, 내 기뻐하는 자다."라는 것을 자신의 정체성으로 삼고 마침내 하나님의 역사를 이루셨습니다.
우리의 자리는 하나님과 관계를 맺는 자리입니다. 하나님의 자녀요, 하나님이 사랑하는 자요, 하나님이 기뻐하시는 자라는 분명한 자기 정체성은 죄와 유혹으로부터 우리를 지켜 줍니다. 죄는 교만에서도 나오지만 낮은 자존감에서도 나옵니다. 우리가 죄를 짓는 것은 하나님을 거부하는 행위이기도 하지만, 더 엄밀하게 말하면 자신을 거부하는 행위입니다. 자신의 진정한 자아를 거부하고 거짓 허상을 좇으면서 많은 시간과 물질을 허비하고 심지어 생명조차도 위태로운 지경에 빠집니다. 존재에서 소유로 도망치는 것입니다.

결국 아담과 하와가 선악과를 따먹은 것은 자기를 거부하는 행위입니다. 하나님만을 거부한 것이 아닙니다. 하나님이 '심히 좋았더라'고 평가하시는 존재로 지음 받았음에도, 스스로 자신이 무엇인가 부족하다고 착각하고, 결국 더 가지면 달라질 것이라는 생각이 그들을 유혹에 빠뜨린 것입니다.

"네가 어디 있느냐?"

이 질문은 우리가 분명한 자기 정체성을 발견하기 위해 하나님께서 우리에게 주신 가르침입니다.

:: 존재와 소유

창세기 3장은 위대한 이야기입니다. 거기에는 온 인류에 대한 이야기가 다 들어있습니다. 이 안에 하나님도, 자연 만물도, 아담과 하와라는 사람도, 사탄도 있습니다.

사탄은 우리 안에 하나님이 주신 생각과 전혀 다른 생각을 주입하려고 노력합니다. 사탄은 우리에게 와서 말합니다. "네 인생은 네 것이다. 네가 모든 것을 책임질 수 있다. 너도 잘만 하면 하나님처럼 될 수 있다. 심판은 없다." 이렇게 계속해서 우리 마음속에 악한 생각, 사탄의 생각을 주입하고 있습니다.

우리는 은연중에 자기 자신만을 믿고 자기 자신이 마치 하나님인 것처럼 '신 콤플렉스' 혹은 '메시아 콤플렉스'에 빠져서 자기가 전능한 것처럼 자만하면서 죄를 범합니다.

정신과 의사인 밀턴 로키치Milton Rokeach 박사가 『입실란티의 세 명의 그리스도』The Three Christs of Ypsilanti라는 책을 썼는데, 그 책은 1964년 미국 미시시피 주의 입실란티 정신병원에서 있었던 일을 적고 있습니다. 정신병을 앓고 있는 세 명의 환자를 대상으로 로키치 박사가 그룹 토의를 하는데, 그중 한 사람이 이렇게 말했습니다.

"나는 하나님의 아들이야! 나는 이 세상을 구하기 위해서 왔어."

로키치 박사가 그에게 물었습니다.

"아니 그것을 어떻게 아셨어요?"

"어떻게 알긴? 하나님이 나한테 말해 주셨으니까 알지."

그러자 듣고 있던 두 사람이 되물었습니다.

"얘, 언제 우리가 너한테 그런 이야기를 했니?"

전부 '메시아 콤플렉스'에 걸려 있습니다.

에덴동산에서 사탄은 선악과를 가리키면서 이렇게 말했습니다.

"이것을 먹기만 하면 너희 눈이 밝아져서 곧바로 하나님이 될 수 있을 거야."

하와가 그 소리를 듣고 선악과를 보니 실제로 '먹음직도 하고 보암직도 하고 지혜롭게 할 만큼 탐스럽기도' 했습니다. 그래서 그들은 하나님을 예배하는 대신 사탄의 말을 믿고, 보이는 것을 숭배하며, 그것을 예배하다가 결국 죄에 빠지게 되었습니다.

사실 세상 모든 사람들은 예배하는 자들입니다. 예배하는 대상이 다를 뿐입니다. 우리는 참 하나님 한 분만을 예배해야 합니다. 세상 사람들은 눈에 보이는 것, 먹을 수 있는 것, 만질 수 있는 것, 세상에서 얻을 수 있는 것, 그런 우상에게 예배합니다. 그래서 허망해집니다.

나를 물질로 치장하면 달라질 것이라고 생각합니다. 명예가 생기면 내가 달라질 것이라고 생각합니다. 하지만 권력을 누리면 다른 삶을 살 것처럼 생각하지만 자신의 존재 자체를 바꾸어줄 수 없습니다. 우리는 계속해서 허위의식과 위장과 교만의 벽을 쌓으면서 자기가 어떤 존재인지, 자기에게 무엇이 필요한지, 무엇을 위해서 살아야 하는지, 자기가 어디로 가고 있는지, 어떤 누구와 관계하며 살아야 하는지를 모르고 살아간다면, 우리가 가진 많은 것으로도 우리를 구원할 수 없습니다. 도움이 되지 못합니다.

미국 시사 주간지 「타임」에 이런 기사가 실렸습니다. 1970년대까지 미국은 내향적인 '나' me의 시대에 머물러 있었는데, 80년대를 지나면서 물질주의적이고 소유지향적인 '나의' my 시대로 변했다고 합니다. 70년대까지는 자기 내면을 추구하고 본질을 추구하는 시대였는데, 80년대에는 나의 명예, 나의 소유, 나의 권력 등, 외부적인 것을 지향하면서 살아왔다고 합니다. 그때부터 사람이 존경의 대상이 되기보다는 시샘의 대상이 되었다고 합니다. 내면의 내가 충실해지면 존경을 받지만, 나의 외면만 치장하게 되면 시샘의 대상밖에 되지 않습니다. 그것이 물질이든 권력이든 마찬가지입니다. 명품으로 치장을 했다고 해서 그것으로 인해 존경받지는 못합니다. 하나님의 가치와 세상의 가치는 다릅니다.

러시아의 위대한 문호 레프 니콜라예비치 톨스토이Lev Nikolaevich Tolstoi의 작품 중에 〈사람에겐 얼마만큼의 땅이 필요한가?〉라는 단편이 있습니다.

바흠이라는 농부는 바시키르 촌장에게 1,000루블을 주고 하루 동안 돌아다니며 표시한 땅을 소유하기로 계약을 맺습니다. 유일한 조건은 해가 지기 전에 반드시 출발점으로 돌아와야 한다는 것입니다. 바흠은 전날 밤 땅을 차지하는 기쁨에 들떠서 제대로 잠도 이루지 못하면서 각오를 다지고, 철저하게 계획과 준비를 합니다.

당일 해가 뜨자마자 그는 기세 좋게 땅을 밟아 나갑니다. 그런데 광야를 걷다 보니 탐나는 땅들이 계속해서 눈에 밟히는 것입니다. 욕심에 바흠은 더 멀리, 더 빨리 쉬지 않고 걸었습니다. 기름진 땅을 얻는 데에 취하다 보니 벌써 해는 지고 있었고, 해가 지기 전에 반드시 출발점으로 도착해야 한다는 규정이 생각났습니다.

바흠은 죽을 힘을 다해서 뛰어 간신히 출발점에 도착할 수 있었습니다. "장하구려. 엄청나게 많은 땅을 차지했군요." 하며 촌장은 소리를 쳤습니다. 그러나 바흠은 기진해서 피를 토하며 죽고 말았습니다. 하인은 괭이를 집어 들고 바흠의 무덤으로 머리에서 발끝까지 정확하게 3아르신2m를 팠습니다. 그것이 그가 차지할 수 있었던 땅의 전부였습니다.

세상은 존재보다 소유에 초점을 맞추라고 유혹합니다. 내가 가진 것보다 갖지 못한 것, 밖에 있는 것을 부러워하게 합니다. 인간은 항상

'더 많이 더 많이' '더 빨리 더 빨리'를 외칩니다. 그것을 추구하느라 우리의 시간과 물질을 허비하게 되고, 결국 물질의 종, 권력의 종, 명예의 종, 세상의 종, 사탄의 종이 됩니다. 그래서 결국 죽습니다. 소유의 욕구는 갈증에 소금물을 마신 것과 같아 더욱 심해질 뿐 만족이 없습니다.

:: 죄의 시작

창세기 3장에는 서로 대립되는 두 가지 가치관이 충돌합니다. 사람의 마음을 놓고 하나님과 사탄이 영적인 전쟁을 치르고 있습니다. 하나님의 말씀이 있고, 사탄의 말이 있습니다. 하나님의 세계관이 있고, 사탄의 세계관이 있습니다. 하나님의 형상대로 지음 받은 인간이 하나님의 뜻과 하나님의 세계관대로 살지 못하고 사탄의 세계관, 세상적인 세계관을 받아들일 때, 아름다웠던 '기쁨의 동산'에 죄가 들어오게 되었습니다.

이 세상을 살아가는 우리도 마찬가지입니다. 하나님의 말씀과, 성경적 세계관으로 살아가야 합니다. 세속적 세계관이 나를 끌고 간다면 아담과 하와의 전철을 밟게 됩니다. 하나님의 말씀보다 사탄의 음성이 나에게 크고 매혹적으로 들릴 때, 나도 모르는 사이에 죄를 향해서 발을 옮기게 됩니다.

죄를 범하게 되면 그렇게 좋으신 하나님, 사랑스러운 하나님이 두려움의 대상으로 바뀌기 시작합니다. 이제 하나님 앞에 나서지도 못하고 눈에 띄지도 못하고 숲 속으로, 굴 속으로 숨어 들어가게 됩니다. 하나님과 동등하게 되는 것은 고사하고, 하나님이 두렵고 사람과 세상 앞에 드러나는 것이 부끄럽고 자신을 숨겨야 하는 참담한 일이 생깁니다.

출근했다가 퇴근할 때 아빠가 초인종을 누르면 아이들이 "아빠다!" 하면서 반갑게 뛰어나오는 것이 정상입니다. 그런데 어느 날은 집에 들어와도 아이들이 그냥 눈치만 보는 일이 있습니다. 아이가 잘못을 저질러 혼날 일이 생긴 것입니다. 그렇게 좋았던 아버지가 두렵기에 그냥 숨거나 피해 다닙니다. '오늘 우리 아버지가 들어오지 않았으면 좋겠다.' 심지어 '아버지가 죽어버렸으면 좋겠다.'라고 생각하기도 합니다. 아버지가 변한 것이 아니라 아들이 변한 것입니다. 에덴동산이 변한 것이 아니라 아담이 변한 것입니다. 죄가 그에게 들어오니 그에게 죄책감이 생기고 부끄러움과 두려움이 들어온 것입니다.

죄의 결과는 죄에 대한 죄책감guilt, 부끄러움shame, 그리고 두려움fear입니다. 범죄한 아담은 본질적으로는 하나님의 자녀에서 죄의 종으로, 심리적으로는 의義와 평강平康에서 부끄러움과 두려움으로, 환경적으로는 낙원에서 실낙원으로 전락하게 되었습니다. 이것은 육적·정신적·영적 죽음입니다. 그렇기에 세상을 피하고 하나님을 피하게 됩니다. 그것이 바로 창세기 3장의 이야기입니다.

왜 하나님께서 보시기에 좋았던 이 세상이 온통 슬픔과 걱정의 장소가 되었을까요? 왜 내 삶에 불안과 불평이 난무할까요? 왜 나는 먹고 마셔도 배고프고 목마를까요? 왜 참된 안식과 평안이 없을까요?

모두 다 죄 때문입니다. 죄가 만들어낸 것입니다.

"하나님, 저를 도와주세요. 저 여기 있습니다. 하나님 어디 계세요?"

우리는 하나님 앞에 나아가 먼저 하나님을 찾아야 하는데, 오히려 위장하고 숨습니다. 무화과나무로 잎을 엮어서 치마를 만들고 동산 나무 사이에 숨어, 하나님 오시는 것을 두려워합니다. 내가 죄를 지은 것보다 더 절망적이며 더 나쁜 것은 그 죄를 위장하고 은폐하는 것입니다.

미국의 닉슨 대통령 재임 시절 워터게이트 사건이 터졌습니다. 닉슨 행정부가 민주당 선거운동본부가 설치된 워터게이트 호텔을 도청하는 범죄를 저질렀습니다. 그런데 그보다 더 충격적인 일은 닉슨 대통령이 이 사건을 은폐하기 위해서 대통령 직위를 이용했다는 것입니다.

"현 정권은 이 사건과 아무런 관련이 없습니다."

그는 국민들 앞에서 거짓말을 했습니다. 미국인들은 범죄를 거짓으로 숨기려는 대통령을 원치 않았고, 결국 직무를 더 이상 수행할 수 없게 된 닉슨은 스스로 사임하게 되었습니다. 이로써 닉슨 대통령은 미국 역사상 유일하게 재임 기간 중 스스로 사임한 대통령이 되었습니다. 불명예요, 치욕입니다.

잘못을 하는 것도 문제지만, 잘못을 은폐하고 가리려고 하는 모든 행동들, 거짓으로 자신을 감추고 숨는 것은 어리석은 짓입니다.

:: 찾아오시는 하나님

성경 전체는 잃어버린 자를 찾아오시는 하나님의 이야기입니다. 대표적으로 누가복음 15장에 세 가지 '잃어버린 것의 비유'가 나옵니다.

목자는 양 백 마리가 있어도 한 마리 잃어버린 양을 찾아다닙니다. 여인은 열 드라크마가 있어도 잃어버린 한 드라크마를 찾기 위해 무진 애를 씁니다. 탕자가 머뭇거리고 있을 때 버선발로 뛰어나와 그를 맞아들이는 것은 아버지입니다. 우리의 죄악과 허물을 대신 감당하시고 우리를 찾으시는 분입니다. 예수님도 오셔서 '인자가 잃어버린 자를 찾아 구원하려 함'이라고 하셨습니다. 성경은 이와 같이 죄로 인해 잃어버린 우리를 찾으시는 하나님의 이야기입니다.

하나님은 우리가 돌아올 때까지 기다리시는 분이 아니라, 찾아오시는 분입니다. 범죄 한 것은 아담이었지만 하나님께서 그를 찾아오셨습니다. 아담은 오히려 숨을 뿐이었습니다. 용서를 빌어야 할 자가, 치료를 받을 자가 그것을 거부하고 숨습니다. 그런데 용서하실 자가, 치료를 해주실 자가 일부러 찾아오셨습니다. 찾아오셨을 때 우리는 그분 앞에 나아가야 합니다. 그리고 우리의 허물과 죄악을 모두 내놓아야 합니다. 그럴 때 구원이 있습니다.

하나님이 숨은 아담을 찾아오셔서 연속으로 묻습니다. "네가 어디 있느냐?" "누가 네가 벗었음을 알게 했느냐?" "네가 선악과를 먹었느냐?" "네가 어찌하여 그렇게 하였느냐?"

하나님은 아담을 찾아오셔서 회개를 촉구하시면서 슬픈 음성으로 물으셨을 것입니다. 그 음성에 대해서 "하나님, 제가 이러저러한 죄를 범했습니다."라고 하면서 하나님 앞에 자백하고 나아가야 했는데, 죄의 원인에 대한 이야기는 하지 않고, 죄에 따른 현상에 대해서만 말하고 있습니다. "내가 벗었으므로 두려워하여 여기 숨었습니다."

그 전에 벗었을 때는 두려워하지 않던 아담입니다! 무엇이 원인이고 무엇이 결과인지, 무엇이 본질이고 무엇이 부수적인 것인지 구별하지 못하고 있습니다. 인류 문제는 죄의 문제입니다. 우리가 지은 가장 큰 죄는 바로 죄인임을 인정하지 않는 것입니다. 우리가 본질적으로 죄의 문제를 해결하지 않는다면 죄의 모든 현상들은 영원히 남아 있을 것입니다. 비록 그 현상들을 하나하나 해결해도 근본적인 해결은 요원할 것입니다.

아담은 죄에 대해서 핑계를 댑니다. "하나님이 저와 함께하도록 주신 그 여자가 줘서 먹은 것입니다."

하와가 유혹 당할 때 분명 그도 그 자리에 있었습니다. 아담은 뱀이 하와를 유혹하는 것을 보고만 있었습니다. 하와를 말리지 않았고 뱀을 막대기로 쫓지도 않았습니다. '혹시 나에게도 주지 않을까?' 라고 생각하며 기다리고 있었는지도 모릅니다. 그런데 그가 선악과를 먹고 무엇이 잘못되있음을 깨달았을 때는 오히려 하나님을 원망합니다. 하나님이 자신에게 주신 여자 탓이라며, 하나님까지도 물고 늘어진 것입니다.

목회자들은 중매할 때 특히 주의해야 합니다. "목사님이 중매해서 결혼하게 한 그 여자가 제게 이러저러합니다."라며 원망할 수 있기 때문입니다. 저는 이렇게 평생 원망을 들어야 할 위험이 있어서 중매를 잘 서지 않습니다. 처음에는 하와에게 "내 뼈 중의 뼈요, 내 살 중의 살이로다"라고 하더니 정작 문제가 생기자 죄를 떠넘기고 자신만 쏙 빠지려 합니다.

내가 지은 죄 중에 가장 큰 죄는 내가 죄인임을 인정하지 않는 완악함입니다. 이것은 사함 받을 수 없는 죄입니다. 이것은 성령을 훼방하는 죄이기도 합니다. 성령께서 내 안에서 죄악을 지적하고 회개를 바라고 계신데도 내가 인정하지 않기 때문입니다.

:: 구원을 예시함

> "죄의 핵심은 사람이 하나님을 대신하는 것이고, 구원의 핵심은 하나님이 사람을 대신하는 것입니다." — 존 스토트

창세기 3장은 인간이 하나님처럼 되려고 함으로써 타락한 이야기지만, 결말에서는 하나님이 그 인간의 죄악을 대신하시는 이야기가 나옵니다.

아담과 하와는 자신의 수단과 노력으로 허물을 가려 보려고 발버둥 쳤지만 여의치 않았습니다. 그런데 그들을 찾아오신 하나님께서 그들의 허물을 가려주시기 위해서 양을 잡아 그 가죽으로 옷을 지어 주십니

다. 그때 희생된 양이 십자가 위에서 우리 죄를 위해서 대신 죽으신 예수 그리스도이십니다. 창세기 3장은 인간의 범죄 이야기이지만 하나님의 위대한 구원의 역사를 암시하며, 이를 예표로 드러냈습니다. 두려움에 떨며 숨어 있는 자를 찾아오신 하나님, 서글픈 질문을 던진 하나님은 구원의 하나님이 되십니다.

오늘도 주님은 우리에게 "네가 어디 있느냐?"라고 부르십니다. 이제 우리가 대답할 차례입니다. 주님의 사랑을 받는 자녀여, 있는 모습 그대로 주님께 나오십시오.
"주님, 주님이 찾는 사람이 바로 저입니다. 그러나 저는 허물이 많습니다. 하나님 뜻대로 살지도 못했습니다.
그렇지만 내가 쌓은 공적 때문에 하나님이 나를 인정하시는 것이 아니며, 내 죄 때문에 하나님이 나를 영원토록 배척하는 것이 아님을 압니다. 예수 그리스도의 은혜만이 나를 구원하고 하나님의 사랑만이 나를 새롭게 하는 것을 믿습니다. 오직 믿음으로 주님께 나아갑니다.
주님, 나를 받아 주시고 나를 회복시켜 주시고 하나님의 자녀로서 분명한 정체성을 지니고 살아갈 수 있도록 인도해 주소서."
자포자기와 자기기만을 떨쳐 버리고 오직 하나님의 부르심에 응답하십시오.

하나님의
위대한 질문

Chapter 01 말씀 나누기

❶ 무엇이 기쁨의 에덴동산을 두려움의 동산으로 만들었습니까?
   창 3장

❷ 인간의 노력으로 죄와 허물을 가릴 수 있습니까?

❸ 하나님께서는 무엇으로 아담과 하와에게 사랑을 베푸십니까?
   창 3:21

❹ "네가 어디 있느냐?"라는 질문에 어떻게 대답해야 합니까?

Chapter 01 은혜 나누기

❶ 지금 나의 현 주소는 어디입니까?
❷ 하나님을 기쁨으로 섬깁니까? 두려움으로 섬깁니까?
❸ 나를 찾아오신 하나님에 대한 경험이 있다면 말해 봅시다.

chapter 02

하나님 앞에 죄인처럼 느껴질 때, 하나님이 묻습니다.
"여호와의 성산에 오를 자 누구인가?"

시편 24:1-6

독일 한마음교회에서 강단 교류를 할 때 한 가정에서 함께 식사를 하다 들은 이야기입니다. 그 부부가 오랜만에 북해 크루즈 여행을 예약했는데, 그 기간에 남편이 근무하는 기업 총수가 갑작스레 유럽 지사인 남편의 회사를 방문한다는 소식이 들려왔다고 합니다. 고민 끝에 아내만 크루즈 여행을 가게 되었습니다. 결과적으로 그 여행은 아내가 한 여행 중 최악이었다고 합니다. 크루즈 여행에는 대개 부부 동반으로 행사가 진행되는데 아내는 '나 홀로 여행'이어서 재미있는 행사에 참여할 수 없었다고 합니다.

더욱 비참한 것은 복장 규정 때문에 편의시설조차도 마음껏 출입하지 못했다는 것입니다. 대수롭지 않게 생각하고 평상복 차림으로 승선한 것이 화근이었습니다. 그 배는 연회장뿐 아니라 식당조차도 복장 규정을 엄수했다고 합니다. 있을 곳을 찾지 못해 객실에서 하염없이 시간만 보냈다고 합니다. 제 돈 내고도 마음껏 즐기지 못한 아쉬운 여행이었다고 토로했습니다. 여행을 떠나기 전 복장 규정을 제대로 숙지하고 철저히 준비했더라면 이런 불쾌한 경험을 하지 않았을 것입니다.

우리는 초대에 응할 때 적절한 복장과 외모에 신경 써야 합니다. 초대할 때 대개 참석 여부와 부부 동반 여부를 묻고 나서 복장에 대한 규정을 통지합니다. 음악회 초대장에는 드레스 코드dress code가 기재되어 있어서 이런 역할을 합니다. 기껏 오랫동안 줄을 섰다가 불합한 복장 때문에 입장 불가 판정을 받는다면 얼마나 억울하고 창피할까요? 어떤 곳은 무릎 위로 올라가는 짧은 치마, 민소매, 반바지와 슬리퍼 차림을 하면 출입을 통제하기도 합니다. 우리는 초대자의 선호나 요구사항에 따라 철저히 준비해야 합니다. '무엇을 입고 갈까?' '무슨 선물을 가지고 갈까?' '무엇을 화제로 대화를 나눌까?' 등의 질문들을 생각해 보고 고민해야 합니다.

우리는 하나님에 의해서 구원으로 부름 받은 자들입니다. 또한 하나님은 우리에게 복을 주시기 위해서 예배의 자리로 불러 주셨습니다. 예배는 하나님과 인간의 영적인 교제이므로 우리는 예배에 참석할 때 철저히 준비해야 합니다.

예배당 한 자리를 차지했다고 해서 초대에 응한 것이 아닙니다. 예배를 위해서 어떤 준비를 해야 할까요? 하나님도 사람들처럼 복장 규정을 요구하실까요? 누가 성전에 들어갈 수 있습니까? 여호야다의 종교개혁 때는 성전에 문지기를 두어 부적격자의 출입을 통제했습니다.

"문지기를 여호와의 전 여러 문에 두어 무슨 일에든지 부정한 모든 자는 들어오지 못하게 하고" 역대하 23:19

교회 가기 전에 화장도 하고 옷도 잘 차려입고 헌금도 준비합니까? 또한 하나님의 예배에 참여할 신실한 마음도 준비합니까?

:: 하나님을 알자

구약에 보면 하나님은 예배라고 무조건 받는 것이 아니라는 점을 잘 알 수 있습니다. 인류 최초의 예배라고 할 수 있는 가인과 아벨의 예배가 그렇습니다. 가인은 농사꾼인지라 땅의 소산으로 제물을 삼아 여호와께 드렸고, 아벨은 양 치는 자인이므로 양의 첫 새끼와 그 기름으로 드렸습니다. 그런데 하나님은 가인과 그의 제물은 받지 아니하시고, 아벨과 그의 예물은 받으셨다고 기록합니다. 하나님께서 가인의 제사와 아벨의 제사를 구별하고 다르게 반응하신 것입니다.

이 이야기를 통해서 우리는 예배자가 먼저 하나님 앞에 받아들여져야 한다는 중차대한 교훈을 얻을 수가 있습니다. 아울러 하나님께서는 예배를 구별하시는 분이라는 점도 알아야 합니다. 우리는 하나님께 나아가되 함부로, 자의대로 나아가서는 안 됩니다. 우리는 예배를 받으실 하나님에 대해서 잘 알아야 합니다. 예배를 드리는 것 자체도 중요하지만 그분의 마음에 들 수 있도록 예배를 드려야 합니다.

"그러므로 우리가 여호와를 알자 힘써 여호와를 알자 그의 나타나심은 새벽 빛 같이 어김없나니 비와 같이, 땅을 적시는 늦은 비와 같이 우리에게 임하시리라" 호세아 6:3

하나님께서 요구하시는 제사는 어떤 종류일까요? 하나님은 예배자의 마음의 동기와 태도, 그리고 목적을 보십니다. 구약시대의 사람들도 하나님께서 받으실 만한 예배가 어떤 종류인지를 알기 위해서 노력했습니다. 미가 선지자는 이렇게 묻고, 하나님은 이렇게 답하십니다.

"내가 무엇을 가지고 여호와 앞에 나아가며 높으신 하나님께 경배할까 내가 번제물로 일 년 된 송아지를 가지고 그 앞에 나아갈까 여호와께서 천천의 숫양이나 만만의 강물 같은 기름을 기뻐하실까 내 허물을 위하여 내 맏아들을, 내 영혼의 죄로 말미암아 내 몸의 열매를 드릴까 사람아 주께서 선한 것이 무엇임을 네게 보이셨나니 여호와께서 네게 구하시는 것은 오직 정의를 행하며 인자를 사랑하며 겸손하게 네 하나님과 함께 행하는 것이 아니냐" 미가 6:6-8

하나님께서 기뻐하시는 것은 천천千千의 숫양이나 만만萬萬의 강물 같은 기름이 아닙니다. 큰 예배당, 많은 교인, 아름다운 인테리어, 다양한 프로그램과 봉사활동, 웅장한 찬양, 설교, 헌금이 아닙니다. 하나님이 요구하시는 것은 다른 곳에 있습니다. 하나님께서는 예배자 자체에 관심을 두고 계십니다. 만약 이러한 하나님을 이해하지 못한다면, 기껏 하나님께 열심히 예배를 드리고 찬양하더라도 결국 버림받을 수가 있습니다.

"사무엘이 이르되 여호와께서 번제와 다른 제사를 그의 목소리를 청종하는 것을 좋아하심 같이 좋아하시겠나이까 순종이 제사보다 낫고 듣는 것이 숫양의 기름보다 나으니" 사무엘상 15:22

하나님께서는 선호하시는 바가 분명하신 분입니다. 예수님도 하나님께 드리는 예배의 핵심은 장소가 아니라 예배자임을 분명하게 알려 주셨습니다.

예수님께서 사마리아 여인과 대화하시면서 그녀의 불미스런 과거지사를 이야기하자 당황한 여인이 화제를 난해한 신학적인 문제로 돌립니다.

"사마리아 사람들의 말처럼 이곳 그리심 산에서 예배를 드려야 합니까? 아니면 유대인들의 말처럼 예루살렘에서 드려야 합니까?"

그때 예수님은 이곳도 저곳도 아니고 오직 우리 영과 진리로 예배드릴 것을 주문하십니다.

"하나님은 영이시니 예배하는 자가 영과 진리로 예배할지니라"
요한복음 4:24

하나님께서는 장소보다 예배자의 태도와 자세, 그리고 준비된 마음

가짐을 더 중시하셨습니다. 우리는 하나님께 나아갈 때 반드시 하나님의 뜻에 따라서 나아가야 합니다. 그럴 때 하나님의 임재가 있고 축복이 돌아오게 됩니다. 하나님께서 기뻐하시는 예배를 드릴 수가 있습니다.

:: 예배는 준비다

예배자는 철저한 준비가 필요합니다. 우리를 초대하신 분은 위대한 분입니다.

> "오직 그에게만 죽지 아니함이 있고 가까이 가지 못할 빛에 거하시고 어떤 사람도 보지 못하였고 또 볼 수 없는 이시니 그에게 존귀와 영원한 권능을 돌릴지어다" 디모데전서 6:16

그분과 만나는 예배는 중대한 일입니다. 시간과 영원의 만남이며, 창조주와 피조물의 만남이며, 하늘과 땅의 만남입니다. 우리와 같은 인간인 대통령과 면담하려고 해도 여러 가지 사전 준비와 까다로운 보안 검증 작업이 필요한데, 하물며 천지만물을 지으신 하나님을 만나는 예배야 말해 무엇하겠습니까? 우리는 예배를 준비한 만큼 은혜를 받습니다. 예배에서 뒷짐 지고 관망하는 자가 되어서는 안 됩니다. 예배의 방청객이 되어서는 안 됩니다. 적극적인 참여자가 되어야 합니다. 준비된 심령에게 하나님의 충만한 임재가 있습니다. 하나님의 말씀도 정확하게 들립니다. 이것이야말로 진정한 은혜요, 축복입니다.

예배 준비의 내용은 삶으로의 준비, 마음으로의 준비입니다.

"그러므로 형제들아 내가 하나님의 모든 자비하심으로 너희를 권하노니 너희 몸을 하나님이 기뻐하시는 거룩한 산 제물로 드리라 이는 너희가 드릴 영적 예배니라 너희는 이 세대를 본받지 말고 오직 마음을 새롭게 함으로 변화를 받아 하나님의 선하시고 기뻐하시고 온전하신 뜻이 무엇인지 분별하도록 하라" 로마서 12:1-2

예배는 삶으로 드리는 것입니다. 삶 속에서 이미 예배가 시작되었습니다. 아니 진정한 예배는 삶인지도 모릅니다. 삶이 뒷받침해 주지 않는 예배는 힘이 없습니다. 그래서 예수님도 예배 이전에 왜곡된 일상의 삶을 바로잡으라고 하십니다.

"예물을 제단에 드리려다가 거기서 네 형제에게 원망들을 만한 일이 있는 것이 생각나거든 예물을 제단 앞에 두고 먼저 가서 형제와 화목하고 그 후에 와서 예물을 드리라" 마태복음 5:23-24

예배의 전제조건은 삶입니다. 삶의 정신이 예배의 정신과 일치해야 합니다.

한편 마음의 준비도 중요합니다. 하나님께서 다윗의 예배를 여전히 기억하시며 기뻐하시는 이유는 그가 왕으로서의 체통에 아랑곳하지 않고 오직 하나님만을 모셨기 때문입니다. 우리 안에 하나님을 향한 이런 뜨거움이 있습니까? 하나님을 향한 사랑이 있습니까? 선포되는 말씀에 '아멘'으로 화답하면서도, 한 말씀만이라도 제대로 따르고 순종하고자 하는 마음이 있습니까?

이와 같이 삶으로, 마음으로 준비된 심령이 하나님께 영광을 돌리며, 그들이 드리는 예배는 아벨의 예배가 되어 하나님께서 기뻐 흠향하시게 됩니다. 예배에 성공하게 됩니다.

시편 120편부터 134편까지는 '성전에 올라가는 노래'라는 표제가 붙어 있습니다. 이 시편들은 모두 예배와 관련해서 시편 기자의 견해를 보여 주고 있는데, 예배드릴 때의 기쁨, 예배드릴 수 있게 해주신 하나님께 대한 무한한 감사와 감격, 예배자의 자세 등을 언급합니다. 가장 특징적인 구절을 들면 다음과 같습니다.

"사람이 내게 말하기를 여호와의 집에 올라가자 할 때에 내가 기뻐하였도다" 시편 122:1

"여호와께서 시온에서 네게 복을 주실지어다 너는 평생에 예루살렘의 번영을 보며" 시편 128:5

시편 기자가 얼마나 예배를 소중히 여기고 사모하는지 여실히 알 수 있습니다. 특별히 시편 15편과 24편은 하나님의 법궤가 시온 산에 모셔진 다음, 하나님의 장막으로 올라가는 다윗의 심정을 피력하고 있습니다. 시편 24편은 '하나님께서는 어떤 예배를 받기 원하시는가?' '예배자의 참된 자격은 무엇인가?' 를 잘 묘사하고 있습니다.

:: 하나님은 어떤 분이신가? '창조주 하나님'

시편 24편은 성전 입장의식 때 사용된 것으로, 시편 기자가 예배자의 자격에 대해 자문자답하는 내용입니다. 사리事理로 볼 때 그 성소에 계신 하나님이 어떤 분인지를 알아야 합니다. 시편 기자는 1절과 2절에서 하나님이 어떤 분이신지 알려 줍니다.

> "땅과 거기에 충만한 것과 세계와 그 가운데에 사는 자들은 다 여호와의 것이로다 여호와께서 그 터를 바다 위에 세우심이여 강들 위에 건설하셨도다" 시편 24:1-2

하나님은 창조주의 권세를 지니신 분입니다. 그분은 크고 위대하신 분입니다. 그런 분이 우리를 예배로 초대하셨습니다. 이 얼마나 영광스러우며 한편 두려운 일입니까? 우리는 철저히 준비해야 합니다. 창조주 하나님은 전능하신 분, 전지하신 분, 거룩하신 분, 가장 높으신 분, 살아 계시는 분, 임재하시는 분이시기 때문입니다. 우리가 예배드리는 분은 모세가 감히 범접하지 못할 분이셨습니다.

> "이리로 가까이 오지 말라 네가 선 곳은 거룩한 땅이니 네 발에서 신을 벗으라" **출애굽기 3:5**

이사야가 제단 앞에서 환상을 볼 때 자신이 부적격자임을 깨닫고 두려워했던 분이십니다.

> "화로다 나여 망하게 되었도다 나는 입술이 부정한 사람이요 나는 입술이 부정한 백성 중에 거주하면서 만군의 여호와이신 왕을 뵈었음이로다" **이사야 6:5**

성막 시대에 하나님이 임하시던 지성소에는 대제사장만이 일 년에 단 한 차례, 속죄의 피를 들고 간신히 들어갈 수 있었을 정도로 하나님은 엄위하신 분이셨습니다. 하나님은 우리가 경홀히 대할 분이 아닙니다.
하나님께서도 준비된 자만이 예배에 참석하여 그분을 경배하는 것을 원하십니다. 하나님께서는 자비하시고 인자하시고 노하기를 더디 하시고 노를 돌이켜 재앙을 내리지 않는 분이시기는 합니다. 하지만 그런 사실이 하나님께 대한 경외심을 떨어뜨리는 것이 아닙니다. 그럴수록 하나님을 더 두려워하고 전심으로 섬겨야 합니다.
그러나 이스라엘 백성들은 이를 모르고 하나님을 함부로 대했습니다. 그래서 하나님은 그런 백성들의 성전 출입을 꾸짖어 물리치기도 하셨습니다.

> "만군의 여호와가 이르노라 너희가 내 제단 위에 헛되이 불사르지 못하게 하기 위하여 너희 중에 성전 문을 닫을 자가 있었으면 좋겠도다 내가 너희를 기뻐하지 아니하며 너희가 손으로 드리는 것을 받지도 아니하리라" 말라기 1:10

이런 사실을 유념한다면 우리는 예배의 자리에 함부로 나아가지 못할 것입니다. 우리는 철저히 준비한 상태에서 나아갈 것입니다. 형식적이고 습관적으로 예배를 드리는 모습을 더 이상 보이지 않게 될 것입니다.

:: 예배자의 세 가지 자격

시편 24편의 핵심 주제는 성소에 입장할 자격을 묻는 질문입니다. "여호와의 산에 오를 자가 누구며 그의 거룩한 곳에 설 자가 누구인가?" 시 24:3 이 질문은 다음과 같은 여러 가지 부수적인 질문들을 함축하고 있습니다.

❶ "누가 예배할 자격이 있는가?" — 이는 예배자의 자격을 묻습니다.

❷ "누구의 예배를 받으시는가?" — 이는 예배자의 자세를 거론합니다.
❸ "천국에 가는 자들은 어떤 자들인가?" — 이는 천국 시민의 자격을 묻기도 합니다.

이에 대해서 다윗은 4절을 통해서 세 가지로 대별해서 제시하고 있습니다. 하나님께서 다윗의 마음에 계시를 주신 것입니다.

❶ 손이 깨끗한 자
❷ 마음이 정결한 자_{뜻을 허탄한 데 두지 않는 자}
❸ 거짓 맹세하지 않는 자

세 가지 조건은 거룩함을 요구한다는 공통점이 있습니다. 깨끗함, 청결함, 거짓 없음은 곧 거룩함입니다. 거룩한 하나님과 관계하기 위해서는, 거룩한 곳에 가기 위해서는 우리 스스로 거룩해져야 합니다. 하나님께서는 "내가 거룩하니 너희도 거룩할지어다"라고 말씀하십니다. 행위와 생각과 말이 거룩한 자여야 합니다. 하나님과 사귀기 위해서는 하나님의 성품과 일치해야 합니다. 그리스도의 보혈로 몸과 마음과 입을 거룩하게 해야 합니다.

지금 교회나 성도의 삶에서 거룩함이 사라지고 있습니다. 성결이 사라지고 있습니다. 거룩함의 회복이 예배 회복의 전제조건입니다. 예배 자체도 중요한 것이지만 예배 이전의 삶도 중요합니다. 예배는 우리의 전존재가 포함되는 것입니다. 주일 그리스도인이 아니라 매일 그리스도인이 되어야 합니다.

❶ 손이 깨끗한 자

첫 번째로 '깨끗한 손'은 눈에 보이는 거룩한 삶을 의미합니다. 외적인 정결에 해당합니다. 몸 중 제일 더러운 부분이 손인데, 손을 통해서 온갖 전염병들이 들어옵니다. 손의 청결만 유지해도 감기와 각종 질병들을 예방할 수 있다고 합니다.

손이 깨끗하다는 것은 모든 정결함의 전제조건이 됩니다. 구약 시대에 하나님 앞에 나아가는 제사장들은 목욕재계한 후에도 다시 물두멍에서 수족을 씻어야 했습니다. 일을 하거나 혹은 사막의 모래로 인해서 손발이 쉽사리 오염되기 때문입니다. 현재 이런 전통은 가톨릭의 성당 입구에서 성수를 이마에 바르거나 뿌리는 것으로 남아 있습니다.

하나님께 나아가는 자는 손이 깨끗해야 합니다. 보이는 것들이 정결해야 합니다. 외면적 정결은 말과 행실과 대인 관계에서의 정결함입니다. 예배드리는 시간만이 아니라 우리의 생활, 직장, 가정, 일터에서 다른 사람들을 향해서 정결해야 합니다.

사업을 하더라도 정결하게 해야 합니다. 거룩함이 실종되어 손이 더러워지면 하나님은 절대로 예배를 받지 않으십니다. 훔치는 손, 더러운 것을 만지는 손, 잔인한 손, 살인하는 손, 피 묻은 손, 속이는 손, 잘못된 습관에 사용되는 손으로는 하나님께 나아갈 수 없습니다. 그러므로 우리는 평소에 생활 가운데 손을 깨끗하게 유지하기 위해서 몸부림쳐야 합니다.

뇌물을 받지 말아야 합니다. 부정한 일에 손을 동원해서는 안 됩니다. 우리는 이미 하나님에 의해서 씻김 받은 자들입니다. 그러나 우리는 매일 손을 씻어야 합니다. 거룩함을 유지하기 위해 날마다 돌아보는 회개가 필요합니다.

> "이미 목욕한 자는 발밖에 씻을 필요가 없느니라 온 몸이 깨끗하니라" 요한복음 13:10

❷ 마음이 정결한 자

두 번째는 '마음이 정결하며 뜻을 허탄한 데 두지 않는 자' 입니다. 손이 깨끗한 것이 외적 성결이라면 마음의 청결은 내적 성결입니다. 외적 성결은 내적 성결이 외부적으로 드러난 것입니다. 내적 성결은 외적인 성결의 뿌리가 되는 근본적인 요소입니다. 마태복음 23장에는 온유하신 예수님의 입에서 바리새인들과 서기관들을 향해 '화 있을진저'라는 격한 표현이 집중적으로 나옵니다. 왜 예수님은 그들에게 거룩한 분노를 표현하신 것일까요? 그들은 외적으로 거룩해 보였으나 내적으로 거룩하지 못했기 때문입니다. 그들은 겉모습 때문에 내적 성결을 잃어버린 자들의 대명사가 되었습니다. 외식하고 위선하는 그들, 그리고 그들의 영향으로 새 신자가 지옥 자식이 되는 현상을 예수님께서는 참을 수 없으셨던 것입니다. 예수님은 철저히 내면적 정결함을 강조하십니다.

> "화 있을진저 외식하는 서기관들과 바리새인들이여 너희가 박하와 회향과 근채의 십일조는 드리되 율법의 더 중한 바 정의와 긍휼과 믿음은 버렸도다 그러나 이것도 행하고 저것도 버리지 말아야 할지니라" 마태복음 23:23

'율법의 더 중한 바'라는 표현을 볼 때, 일점일획도 떨어지지 않는 율법도 경중을 가려야 함을 잘 알 수 있습니다. 외면보다는 내면이 더 중요합니다. 그것이 예수님의 관점입니다.

기독교는 마음의 종교입니다. 산상수훈에 나오는 8가지의 복 즉 '심령이 가난한 자' '온유한 자' '애통하는 자' '의에 주리고 목마른 자' '긍휼히 여기는 자' '마음이 청결한 자' '화평하게 하는 자' '의를 위하여 핍박을 받은 자' 이 모두 마음과 깊은 연관이 있습니다. 성품의 복, 존재의 복입니다. 이들이야말로 이사야가 외쳤던 '남은 자들' 여호와께서 남겨두셨던 '칠천 명' '거룩한 씨'요, '그루터기'입니다. 이들 모두 동기에 순수성, 의도에 순수성을 지니고 있던 자들입니다.

사실 선을 행하다가도 본의 아니게 악한 결과가 맺어지기도 하지만, 하나님이 보시는 것은 바로 내면의 동기입니다. 그 동기가 바르면 악한 결과와 별개로 하나님은 그 과정을 기쁘게 받으실 수 있습니다.

사무엘이 이새의 아들들 중 한 명에게 기름을 부어 왕을 삼고자 할 때 맏형 엘리압의 모습을 보고 감탄했으나 하나님은 그를 부정하셨습니다.

"여호와께서 사무엘에게 이르시되 그의 용모와 키를 보지 말라 내가 이미 그를 버렸노라 내가 보는 것은 사람과 같지 아니하니 사람은 외모를 보거니와 나 여호와는 중심을 보느니라 하시더라"

사무엘상 16:7

하나님이 우리를 평가하시는 기준은 바로 내면입니다.

"만물보다 거짓되고 심히 부패한 것은 마음이라 누가 능히 이를 알리요마는 나 여호와는 심장을 살피며 폐부를 시험하고 각각 그의 행위와 그의 행실대로 보응하나니" 예레미야 17:9-10

그러므로 우리가 역점을 두어야 하는 것은 내면입니다.

"너희의 단장은 머리를 꾸미고 금을 차고 아름다운 옷을 입는 외모로 하지 말고 오직 마음에 숨은 사람을 온유하고 안정한 심령의 썩지 아니할 것으로 하라 이는 하나님 앞에 값진 것이니라"

베드로전서 3:3-4

마음이 청결한 자는 허탄한 데 뜻을 두지 않습니다. 뜻을 허탄한 데 둔다는 의미는 세상적인 것을 구하는 마음입니다. '육신의 정욕'과 '안목의 정욕'과 '이생의 자랑'을 추구하면서 살아가는 것입니다. 무엇을 먹을까, 무엇을 마실까, 무엇을 입을까, 이러한 것만을 걱정하는 이방

인의 마음입니다. 하나님은 우리에게 이 모든 것이 있어야 할 줄로 아
신다고 성경은 말합니다.

공중에 나는 참새 한 마리도 그분의 허락 없이는 땅에 떨어지지 않습
니다. 하나님은 우리의 머리털 한 올까지도 다 세고 계십니다. 우리는
먼저 하나님의 나라와 의를 구해야 합니다. 하나님과 세상, 경건과 물
질 사이에서 갈팡질팡 '갈 지'之 자 걸음을 걸어서는 안 됩니다.

두 마음을 품고 사는 것이 아니라 오직 한 마음으로, 하나님을 향한
일편단심으로 살아가야 합니다. 이것이야말로 허탄하지 않고 온전한
마음으로 주님을 섬기는 것입니다. 하나님은 두 마음을 품고 있는 자를
싫어하십니다. 마음이 정결한 자는 오직 하나님만을 바라봅니다.

❸ 진실한 말

세 번째는 진실한 말을 하는 자입니다. 거짓 없는 자가 하나님께 예
배드리러 성산에 오를 수 있습니다. 예배에는 의식도 있고 섬김과 헌신
도 있지만, 가장 큰 비중은 말입니다. 말로 하나님의 뜻을 대언하기도
하고 찬송하고 기도하기 때문입니다.

그런데 그 말이 진실하고 정직하지 않다면 어떻게 될까요? 기도와 하
나님의 말씀 대언이 말로 이루어지는 만큼, 말이 진솔한 자가 권위와
힘을 갖습니다. 예배뿐 아니라 우리의 삶 속에서도 말이 진솔하면 하나
님의 인정을 받습니다.

말은 양날의 칼과 같습니다. 어떻게 사용하느냐에 따라서 좋은 열매

를 맺을 수도 있고, 나쁜 열매를 맺을 수도 있습니다. 우리는 언어를 선용해서 우리 자신을 표현하고 남을 도울 수 있습니다. "친절한 말 한 마디는 추운 겨울 3개월을 따뜻하게 해준다"라는 일본 속담이 있습니다. 헨리 워드 비처Henry Ward Beecher 목사는 "어려운 사람들에게 도움이 되는 말은 철로의 선로를 바꿔주는 전철기轉轍機와 같다. 전철기가 있느냐 없느냐에 따라 열차의 충돌과 원활한 운행이 좌우된다."라고 말합니다. 남의 마음을 따뜻하게 해주고 삶의 방향을 결정하는 데 도움이 되는 말을 해주는 것이 바로 입의 임무입니다. 그런데 이런 입으로 거짓을 말하고, 거짓 맹세를 행하고, 저주하고 악담하는 것은 하나님이 원하시는 바가 아닙니다. 우리는 우리 입에서 뱉어진 씨앗의 열매를 먹게 됩니다.

"사람은 입에서 나오는 열매로 말미암아 배부르게 되나니 곧 그의 입술에서 나는 것으로 말미암아 만족하게 되느니라" 잠언 18:20

항상 진실을 말하고 남을 비방하지 않으며 덕이 되는 말, 은혜가 되는 말, 남을 붙들어 주는 말, 적극적인 자세를 잃지 않도록 해주는 말이 필요합니다. "한 사람의 신념을 흔드는 것은 쉬워도 너무 쉽다. 한 사람의 마음을 다치게 하고 그것을 이용하는 것은 악마나 하는 짓이다."라고 조지 버나드 쇼George Bernard Shaw는 말합니다. 거짓된 말은 바로 악한 마귀에게서 난 것입니다.

> "너희는 너희 아비 마귀에게서 났으니 너희 아비의 욕심대로 너희도 행하고자 하느니라 그는 처음부터 살인한 자요 진리가 그 속에 없으므로 진리에 서지 못하고 거짓을 말할 때마다 제 것으로 말하나니 이는 그가 거짓말쟁이요 거짓의 아비가 되었음이라" 요한복음 8:44

진실한 말에 힘이 있고 권위가 있습니다. 이런 자들이 인도하는 예배는 신뢰가 서고 권위가 있습니다. 물론 진실한 언어를 구사하기 위해서는 내면의 정결이 전제되어야 합니다.

> "입에서 나오는 것들은 마음에서 나오나니 이것이야말로 사람을 더럽게 하느니라 마음에서 나오는 것은 악한 생각과 살인과 간음과 음란과 도둑질과 거짓 증언과 비방이니 이런 것들이 사람을 더럽게 하는 것이요 씻지 않은 손으로 먹는 것은 사람을 더럽게 하지 못하느니라" 마태복음 15:18-20

마음이 먼저 할례 받고 정결해져야 입이 정결해집니다. 우리 주변에 입이 거친 분이 있다면 그분의 마음도 역시 그럴 것입니다. 단순히 입의 문제가 아니라 마음의 문제입니다. 우리 주님은 극한의 고난을 당해도 결코 원망하거나 불평하거나 위협하는 말씀을 전혀 하지 않으셨습니다.

> "그가 곤욕을 당하여 괴로울 때에도 그 입을 열지 아니하였음이여

마치 도수장으로 끌려 가는 어린 양과 털 깎는 자 앞에서 잠잠한 양 같이 그 입을 열지 아니하였도다" 이사야 53:7

하나님 앞에 나오기 전에 먼저 나의 입을 돌이켜보고 하나님 앞에서나 사람 앞에서 부적절한 말을 했는지, 상처 주는 말을 했는지, 거짓된 말을 했는지 자성해야 합니다. 나의 입도 하나님께 예물로 드려져야 합니다. 제단 숯불로 지짐을 받았던 이사야처럼 입으로 죄를 지었을 때 성령의 태우시는 불길을 간구해야 합니다. 하나님께서 우리의 부정한 입을 용서하시고, 우리의 거룩한 입의 간구를 받아 주실 것입니다.

:: 약속과 새로운 이름

이와 같이 다윗은 여호와의 산에 오를 자, 그의 거룩한 곳에 설 자를 세 가지로 제시합니다. 그들은 거룩한 삶을 통해 성전에 오를 자격과 준비가 된 자들입니다. 그들이 드리는 예배에는 응답이 있고 감격이 있습니다. 하나님의 임재가 있습니다. 하나님께 예배드리기에 합당한 자가 되어 성전에 올라와 하나님과 교제하게 되면 어떤 복이 임하게 될까요?

다윗은 5절과 6절을 통해서 그러한 자들에게 약속된 하나님의 복과 그들을 일컬을 새로운 이름에 대해 말합니다.

"그는 여호와께 복을 받고 구원의 하나님께 의를 얻으리니 이는
여호와를 찾는 족속이요 야곱의 하나님의 얼굴을 구하는 자로다"

시편 24:5-6

예배자가 받을 수 있는 가장 큰 복이 무엇일까요? 로또와 같은 복일까요? 그렇지 않습니다. 일확천금은 누군가 빼앗으려 하지 않을까 하는 근심과 함께 옵니다. 하나님께서 주시는 복은 근심을 겸하지 않는 복입니다. 평소의 삶과 예배를 통해 하나님께 오는 자는 하나님께 복을 받아 누리는 자가 됩니다. 하나님께서 주시는 복은 그 누구도 절대 빼앗을 수 없습니다.

그리고 하나님 자신을 우리에게 주시기도 합니다. 그런 자들은 하나님의 '의'를 얻게 됩니다. '복'이 물질적인 것이라면 '의'는 영적인 것입니다. 그들은 이제 '여호와를 찾는 족속' '야곱의 하나님의 얼굴을 구하는 자'라는 새로운 이름으로 불리게 될 것입니다. 준비된 예배를 드리는 자들에게 약속된 복과 새로운 이름은 너무나 아름답습니다.

지금까지 성전에 올라가는 노래에 속하는 시편 24편을 통해서 하나님께 예배하는 자의 자격에 대해서 살펴보았습니다.

"여호와의 산에 오를 자 누구이며 그의 거룩한 곳에 설 자가 누구인가?"

그 답은 삶을 거룩하게 사는 자들입니다. 그들이 예배에 합당한 자들이며 준비된 자들입니다. 그들이 드리는 예배는 아벨의 제사처럼 하나

님께서 열납하시는 예배가 됩니다.

첫 번째로 그들은 손이 정결한 자들로서 외적으로 정결함을 유지하는 자들입니다.

두 번째로 그들은 마음이 정결한 자들로서 내적인 정결을 이루는 자들입니다.

세 번째는 진실한 말을 하는 자들입니다. 이런 자들은 예배를 통해서 하나님께서 주시는 복, 하나님께서 주시는 의를 얻고 아름다운 새 이름으로 일컬음을 받게 됩니다. 하나님은 이렇게 예배하는 자를 찾으십니다.

이런 자들에게 그분의 긍휼하심, 자비, 그리고 도움을 베푸실 것입니다. 우리의 생명을 다해서 하나님 앞에서 생활하며 진정한 예배를 드림으로 복을 받으시길 축원합니다.

하나님의
위대한 질문

Chapter 02 말씀 나누기

❶ 우리는 특별한 초대를 받았을 때 어떻게 준비를 합니까?

❷ 미가는 하나님이 찾으시는 것이 무엇이라고 말하고 있습니까?
미 6:6-8

❸ 시편 15편에는 어떤 사람이 성산에 머물 수 있다고 했습니까?
시 15:1-5

❹ 시편 24편에는 예배자가 갖추어야 할 자격을 무엇이라 말하고 있습니까? 시 24:4-6

Chapter 02 은혜 나누기

❶ 일주일간 주일 예배를 어떻게 준비하는지 되돌아 봅시다.

❷ 삶 속에서 정결함(거룩함, 성결함)을 유지하기 가장 힘든 부분이 있다면 생각해 봅시다. 예: 자녀 문제, 관계 문제, 직장·사업 문제, 개인의 습관-말, 행동 등등

❸ 합당한 예배자가 되기 위해 자신에게 우선적으로 필요한 것이 무엇인지 함께 나누고 기도합시다.

chapter 03

깊은 슬럼프에 빠졌을 때, 하나님이 묻습니다
"네가 어찌하여 여기 있느냐?"
열왕기상 19:1-14

　　열왕기상 18장에 나오는 '갈멜 산 전투'에서 하나님의 역사는 굉장했습니다. 엘리야와 850명의 바알과 아세라 선지자들과의 대결은 엘리야와 하나님의 일방적인 승리로 끝났습니다. 위로부터 응답하시는 하나님의 불의 역사, 백성들이 나서서 우상을 부수고 바알의 선지자들을 죽인 종교 정화, 엘리야가 다시 기도할 때에 3년 6개월 동안 가물었던 땅에 비로소 큰 비가 내려 해갈되는 은혜, 하나님의 능력으로 아합이 탄 마차를 앞질러 달리는 엘리야의 강건함. 정말 열왕기상 18장은 놀라운 기적의 역사였습니다. 역사는 그렇게 하나님과 하나님의 종 엘리야의 극적 승리로 막을 내립니다.

　　그런데 19장은 이 모든 사건을 직접 목격한 아합 왕이 왕비 이세벨에게 사건의 전말을 보고하는 것으로 시작됩니다. 마치 전령이 임금에게 보고하듯 전합니다. 그런데 말하는 관점이 잘못되어 있습니다. 18장 사건의 핵심은 '하나님은 살아 계신다. 엘리야는 정말 하나님의 종이다. 하나님은 말씀대로 역사하신다. 백성들은 회개하고 돌아와야 한다.'입니다. 엘리야는 결전을 앞에 두고 이렇게 간절히 기도한 뒤 하나님이 이에 응답하셨기 때문입니다.

> "아브라함과 이삭과 이스라엘의 하나님 여호와여 주께서 이스라엘 중에서 하나님이신 것과 내가 주의 종인 것과 내가 주의 말씀대로 이 모든 일을 행하는 것을 오늘 알게 하옵소서 여호와여 내게 응답하옵소서 내게 응답하옵소서 이 백성에게 주 여호와는 하나님이신 것과 주는 그들의 마음을 돌이키심을 알게 하옵소서"
>
> 열왕기상 18:36-37

그런데 아합은 이런 본질적인 깨달음을 전달하는 것이 아니라 엉뚱한 말만 전합니다. 맹인보다 더 못 보는 사람은 '보지 않으려는 사람'입니다. 하늘에서 불이 떨어지는 광경, 하나님께서 "내가 여기 있다."라고 자신을 계시하는 장면을 본 사람이 얼마나 되겠습니까? 엄청난 신비를 체험하고도, 아합은 마땅히 알 것을 알지 못하고 마땅히 선해야 하는 것을 전하지 않았습니다.

아합은 명약관화하게 드러내신 하나님의 역사는 빠뜨린 채 엘리야가 갈멜 산에서 한 일과 이세벨에게 총애를 받던 바알과 아세라 선지자들이 칼에 죽은 일을 이세벨에게 고자질했습니다. 아이가 엄마에게 일러 바치듯 말입니다. 아합은 이세벨 앞에만 서면 이렇게 작아지나 봅니다. 아마 그도 다른 사람에게 보고했다면 다르게 말했을지 모릅니다.

이렇듯 하나님의 은혜의 역사를 망령되이 왜곡하는 자들이 있습니다. 이 소식을 듣고 이세벨은 이를 갈며 사신使臣을 보내어 엘리야를 내일 중으로 죽이겠다는 맹세를 전합니다. 유약한 아합 대신 주도권을 잡고 문제를 해결하겠다고 나서는 것입니다. 자신의 수족과 같은 제사장 850명이 죽었다고 하는데도 눈 하나 깜빡하지 않습니다. 자기의 선지자들도 지켜주지 못한 우상을 위해 이렇게 충성을 다합니다. 지독한 여자입니다. 이세벨은 자기가 아합과 바알과 아세라를 지키는 자처럼 말합니다.

이세벨을 통해서 볼 때 하나님의 역사가 일어나도 모든 사람의 찬성과 지지를 받는다는 것은 불가능하다는 것을 알 수 있습니다. 모든 사람은 자기 나름의 관점을 갖고 있기 때문입니다. 심지어 하나님의 살아계심을 입증한 엘리야에 대해서 아합은 큰 감동과 인상을 받지 못한 듯 처신합니다. 하나님의 일을 하고도 미움의 화살을 맞기도 하고 증오의 칼날에 가슴이 베일 수도 있습니다. 바로 엘리야가 그런 처지에 빠진 것입니다.

아합처럼, 아무리 선한 일을 해도 모두 다 당신이 한 일을 좋게 말해주지 않습니다. 이세벨처럼, 아무리 하나님의 역사가 일어나도 모두 다 당신을 좋아할 수는 없습니다.

그런데 이 소식을 들은 엘리야는 어떻게 행동합니까?

"그래, 그러고 보니 이세벨이 그 자리에 없었지. 그 여자가 괴수인데……. 이번에는 그 여자에게 본때를 보여 줘야겠다." 하고 이세벨이 있는 왕궁으로 쳐들어갔습니까?

아닙니다. 엘리야는 갈멜 산 승리로 용기백배勇氣百倍해 있을 줄 알았는데 뜻밖의 반응을 보입니다.

> "그가 이 형편을 보고 일어나 자기의 생명을 위해 도망하여 유다에 속한 브엘세바에 이르러 자기의 사환을 그 곳에 머물게 하고"
> 열왕기상 19:3

그리고는 하룻길을 더 가서 아무도 따라오지 않는 것을 확인하고 광야 로뎀 나무 아래 앉아 죽기를 구하여 "여호와여 넉넉하오니 지금 내 생명을 거두시옵소서 나는 내 조상들보다 낫지 못하니이다"왕상 19:4라고 합니다. 실망스럽습니다. 죽으려면 무엇 때문에 도망치는 것입니까? 왜 죽기 살기로 한번 붙어보지도 않는 것입니까? 자기 생명을 위해 도망온 것은 언제고, 지금은 하나님께 죽여 달라고 간구하는 이율배반적인 행동을 합니까?

열왕기상 18장에 나타난 믿음 충만한 용사, 백성을 향해서 사자후를 토했던 그 엘리야는 어디로 자취를 감추고, 한 명의 여자에게서 목숨을 부지하기 위해서 도망 나와 절망하면서 자기 연민에 빠져 '제발 데려가 달라' 고 빌고 있는 처량한 엘리야가 보입니다.

사실 이세벨은 엘리야를 죽이려 했던 것이 아니고 위협을 주어 침체에 빠트리고, 그를 두렵게 함으로 꽁무니를 빼어 도망가게 하려는 전략이었습니다. 그래서 엘리야에게 망신을 주려는 것이었지요. 그렇기 때문에 자객 대신 사신을 보냈던 것입니다. 무는 개는 절대 짖지 않는 법이니까요. 엘리야는 이성적인 판단도 마비된 채 두려움에 떨며 그녀의 바람대로 굴복하고 말았습니다.

사탄은 절대로 우리를 순교자로 만들지 않습니다. 배교자나 비겁자로 만드는 것이 사탄의 전략입니다.

:: 오락가락하는 엘리야, 그리고 우리

18장과 19장은 같은 엘리야인데 극적인 대조를 보입니다. 어떤 것이 진짜 엘리야의 모습입니까? 갈멜 산의 엘리야입니까? 아니면 로뎀 나무 아래의 엘리야입니까? 갈멜 산에서 하나님의 능력으로 승리하여 감격하고 "나를 불러 주시고 사용해 주신 하나님께 감사합니다."라고 기도한 엘리야가, 이내 로뎀 나무 아래에서 "왜 나를 부르셔서 이렇게 고생을 하게 하셨습니까? 더 이상 못하겠습니다."라고 낙담했습니다.

신앙의 위인들도 우리와 마냥 다른 사람들, 즉 별종은 아니었습니다. 우리와 같은 유약한 인간입니다. 모순되는 것 같지만 우리의 솔직한 모습이 바로 그렇지 않습니까? '엘리야도 우리와 성정이 같은 사람' 약 5:17이라고 하고 있습니다. 엘리야뿐 아니라 우리들도 수없이 갈멜 산의 꼭대기와 로뎀 나무 아래로, 오르락내리락 하고 있습니다. 감정의 롤러

코스터를 탑니다. 신앙생활에서, 가정생활에서, 직장생활에서, 인생살이에서……. 이런 것을 '엘리야 콤플렉스' Elijah Complex라고 부릅니다. 이것은 감정의 감기, 슬럼프 혹은 우울증이라고 알려져 있기도 합니다. 사실 이런 현상은 다른 신앙의 위인들도 역시 겪은 것들입니다. 모세는 고기를 먹고 싶다고 우는 백성들을 보자 괴로운 나머지 피하고 싶어졌습니다.

"책임이 심히 중하여 나 혼자는 이 모든 백성을 감당할 수 없나이다. 주께서 내게 이같이 행하실진대 구하옵나니 내게 은혜를 베푸사 즉시 나를 죽여 내가 고난 당함을 내가 보지 않게 하옵소서"

민수기 11:14-15

예레미야, 욥, 요나도 마찬가지였습니다. 시편에서 자신의 내면을 표출한 다윗에게서는 부지기수로 이런 모습을 찾아볼 수 있습니다.

"내 하나님이여 내 하나님이여 어찌 나를 버리셨나이까 어찌 나를 멀리 하여 돕지 아니하시오며 내 신음 소리를 듣지 아니하시나이까"

시편 22:1

"나는 물 같이 쏟아졌으며 내 모든 뼈는 어그러졌으며 내 마음은 밀랍 같아서 내 속에서 녹았으며 내 힘이 말라 질그릇 조각 같고 내 혀가 입천장에 붙었나이다 주께서 또 나를 죽음의 진토 속에 두셨나

이다" 시편 22:14-15

시편 77편 7절에서 9절에 보면 "주께서 영원히 버리실까, 다시는 은혜를 베풀지 아니하실까, 그의 인자하심은 영원히 끝났는가, 그의 약속하심도 영구히 폐하였는가, 하나님이 그가 베푸실 은혜를 잊으셨는가, 노하심으로 그가 베푸실 긍휼을 그치셨는가 하였나이다"라고 하면서 비통한 심정의 탄원을 쏟아냅니다.

그럼에도 불구하고 신앙의 위인은 이런 절박한 심정, 영혼의 감기를 방치하거나 음습한 곳에서 처리하지 않고 하나님 앞으로 그 문제를 들고 나올 줄 아는 자들입니다. 죽기를 간구해도 하나님이 계신 곳을 찾습니다. 하나님의 이름을 부릅니다. 아무리 힘들어도 하나님을 체험한 귀중한 경험은 극한 역경 가운데서도 하나님을 지향하도록 합니다. 그들은 하나님을 신뢰하고 매달립니다. 탄원, 항변, 의심, 두려움을 표출하면서도 하나님을 향한 한 줄기 소망의 빛은 놓지 않습니다. 그들이 만일 하나님께 소망이 없었다면 이렇게 하지 않았을 것입니다. 하나님을 신뢰하고 있기 때문에 탄원과 항변을 하고 있습니다.

그럼 나는 진정 어떤 자입니까? 갈멜 산 위에 있을 때입니까? 아니면 로뎀 나무 아래 있을 때입니까? 히틀러 암살 모의범으로 잡혀 형장의 이슬로 사라진 본회퍼Bonhoeffer 목사는 1944년 9월 16일 옥중에서 〈나는 누구인가?〉라는 시를 썼습니다.

나는 누구인가?

나는 누구인가?
남들은 종종 내게 말하기를
감방에서 나오는 나의 모습이
어찌나 침착하고 명랑하고 확고한지
마치 성에서 나오는 영주 같다는데……

나는 누구인가?
남들은 종종 내게 말하기를
간수들과 대화하는 내 모습이
어찌나 자유롭고 다정하고 밝은지
마치 내가 명령하는 듯하다는데……

나는 누구인가?
남들은 종종 내게 말하기를
불행한 나날을 견디는 내 모습이
어찌나 한결같고 미소 지으며 당당한지
늘 승리하는 사람 같다는데……

남들이 말하는 내가 참 나인가?
나 스스로 아는 내가 참 나인가?

새장에 갇힌 새처럼 불안하고 그립고 병약한 나

목 졸린 사람처럼 숨을 쉬려고 버둥거리는 나

빛깔과 꽃, 새소리에 주리고

따스한 말과 인정에 목말라하는 나

방자함과 사소한 모욕에도 치를 떠는 나

좋은 일을 학수고대하며 서성거리는 나

멀리 있는 벗의 신변을 무력하게 걱정하는 나

기도에도, 생각에도, 일에도, 지쳐 멍한 나

풀이 죽어 작별을 준비하는 나인데……

나는 누구인가?

이것이 나인가? 저것이 나인가?

오늘은 이 사람이고, 내일은 저 사람인가?

둘 다인가?

사람들 앞에서 허세를 부리고,

자신 앞에선 천박하게 우는 소리 잘하는 겁쟁이인가?

내 속에 남아 있는 것은

이미 거둔 승리 앞에서 꽁무니를 빼는 패잔병 같은가?

나는 누구인가?

으스스한 물음이 나를 조롱합니다.

내가 누구인지 당신은 아시오니

나는 당신의 것입니다.

오, 하나님!

　

인간은 하나님의 형상을 받아 창조됨으로 고귀한 존재가 되었으나, 그 미약함은 이루 말할 수가 없습니다. 하늘의 달과 별처럼 영구하지도 못하고, 짐승들처럼 빠르고 강하지 못합니다. 우리는 먼지에 불과할 뿐입니다. 그래서 우리는 어떻게든 하나님을 만나러 길을 떠납니다. 때론 평탄한 길을 걷다가 이내 울퉁불퉁한 길을 만나 좌절하고 주저앉기도 합니다. 엘리야를 비롯한 우리 모든 사람이 그렇습니다. 그러나 우리가 주저앉은 그 지점을 알면 곧 털고 일어설 수도 있습니다.

엘리야가 그렇게 영적 침체에 빠지고 소진된 이유가 무엇일까요? 많은 이유가 있겠지만 육체적·정신적·영적인 부분에서 찾을 수가 있을 듯합니다. 그는 아합, 이세벨, 그리고 바알과 아세라 선지자들, 변덕스러운 이스라엘 백성들을 상대하면서 육체적으로 지쳤고, 정신적으로 피로했으며, 영적으로도 탈진 상태입니다. 거기다 목숨까지 위협을 당합니다. 두려움, 적개심, 죄책감, 분노, 피곤함이 한꺼번에 몰려옵니다.

엘리아를 이해하지 못하는 것은 아닙니다. 그러한 시대에 하나님의 사람으로 산다는 것은 힘들고 외로운 길이었을 것입니다.

:: 육체적인 요인

첫 번째로 엘리야의 육체가 극한 피로로 탈진해 있다는 점입니다. 몸을 움직이려 해도 천근만근, 움직이지 못할 정도로 휘들었을 것입니다. 그동안 누적된 피곤과 과로에다 계속되는 긴장으로 지쳐있었습니다. 질병에 대한 면역력이 떨어지고 병에 쉽사리 노출되고 육체적으로 약화됩니다. 강건했던 기백을 상실하고 허약해집니다.

사실 그는 그를 육체적으로 소모시키는 환경 속에서 지낼 수밖에 없었습니다. 아합 왕을 향해서 용감무쌍하게 가뭄의 저주를 선포하고 그릿 시냇가에 숨었을 때, 고작 까마귀가 물어다 주는 떡과 고기를 가지고 연명했습니다. 그것도 하루에 두 번씩. 그게 얼마나 될까요? 그는 죽지 않을 정도로만 겨우 연명을 했습니다. 물로 배를 채우고 잠자리에 드는 날도 많았을 것입니다.

하나님께서 "사르밧으로 가라. 가서 공궤를 받으라."라고 해서 그 먼 길을 잔뜩 기대를 하고 갔더니 오히려 도와줘야 할 과부 가정입니다. 먹고 죽으려고 마지막 사력을 다해서 나뭇가지를 모으고 있는 불쌍한 모자의 가정에 얹혀살았습니다.

갈멜 산 전투 현장에서는 얼마나 간절히 기도했겠습니까? 목숨을 걸고 전투에서 이겨야 했습니다. 비를 내려달라고 '땅에 무릎을 꿇고 엎드려 그의 얼굴을 무릎 사이에 넣고' 기도하는 그때, 엘리야의 모습은 아마 피골이 상접한 나약한 인간이었을 것입니다. 그가 비록 하나님의 종이라고 할지라도, 그분의 사역을 감당하고 있지만 연약한 육체를 가지고 있는 사람입니다.

이렇게 그는 지쳐만 갔습니다. 수없이 쫓겨다니고, 목마름과 배고픔 그리고 피곤한 여정, 이 모든 요인이 엘리야를 힘들게 했습니다. 인간의 체력은 한계가 있는데 그 한계를 넘어섰습니다. "활을 늘 구부린 채로 놔두면 결국은 부러지고 만다"라는 그리스 격언처럼, 엘리야는 미처 휴식도 취하지 못했습니다.

하나님께서 우리에게 안식을 주신 이유가 여기에 있습니다. 우리는 일할 때도 믿음으로 일하고 쉴 때도 믿음으로 쉬어야 합니다. 쉬는 것도 사역입니다.

:: 정신적인 요인

두 번째로는 정신적인 요인을 들 수 있습니다. 무엇이든 승리 뒤에는 기쁨도 있지만 실망도 찾아옵니다. 준비에 많은 시간을 들여 열과 성을 쏟아 부은 만큼, 성공 후의 허탈감도 심해집니다. 높은 산에 오른 후에 내려오는 하산길이 더 위험한 법입니다. 큰 기쁨과 흥분의 시간이 지나면 빈드시 우울의 시기가 찾아옵니다.

제가 전주성결교회 고등부 회장이었을 때 '시와 문학의 밤'을 주최한 적이 있었습니다. 그것을 성공시키고자 학생들이 무려 두 달간 울고 웃으며 피땀 흘려 노력한 결과, 정말 멋지고 환상적인 밤을 보냈습니다.

예배당이 떠나갈 듯한 환호와 우레 같은 박수갈채! 그렇게 '시와 문학의 밤'은 성대한 행사로 기억되면서 마무리되었습니다.

  행사장을 정리하면서, 누군가로부터 시작되었는지 모르지만 학생들이 하나둘 바닥에 털썩 주저앉아 울기 시작하더니 결국 온통 울음바다가 되었습니다. 저도 갑자기 슬퍼져서 이유도 알지 못하고 한참 울었던 기억이 납니다. 깜짝 놀란 부장님과 선생님들이 저희들을 데리고 나가 뒤풀이를 해주시면서 겨우 위로하고 달랜 일이 있습니다.

  빛이 밝을수록 어둠도 짙어집니다. 그 일을 이루기 위해서 쏟아 부었던 정신적, 감정적 에너지는 막대했는데, 잠시 동안의 환희와 만족감을 느낀 이후에 모든 것이 원래의 세상으로 돌아가 버린 것을 깨달은 것입니다. 그저 한 행사를 끝낸 것 뿐, 바뀐 것은 없었습니다. '해는 뜨고 해는 지되 그 떴던 곳으로 빨리 돌아가고 바람은 남으로 불다가 북으로 돌아가며, 이리 돌며 저리 돌아 바람은 그 불던 곳으로 돌아가고' 전 1:5-6 있을 뿐입니다. 사활을 걸고 벌였던 믿음의 전쟁 승리로 개가의 노래를 불렀던 엘리야는 곧 상황이 크게 개선된 것이 없음을 깨닫고 오히려 주저앉아 버린 것입니다.

  한때의 영광이 환멸과 허탈감과 무기력증이 되어 부메랑이 되어 돌아왔습니다. 기대가 컸었기 때문에 허탈감과 무력증은 더 컸을 것입니다. 이래도 회개하지 않는다면 이제는 무슨 수가 남았나 생각하면 대책이 서지 않았을 것입니다.

  그 외에도 엘리야로 하여금 정신적으로 탈진하게 만든 요인들을 그의 말 속에서도 찾을 수 있습니다. 그는 백성들의 마음을 보고 크게 실망하고 낙심했습니다. '내가 여호와를 향해서 열심이 유별한데' 백성들은 하늘에서 불이 내려도, 3년 동안 오지 않던 비가 내려도 도통 여호와 하나님을 믿으려 하지 않고, 회개하고 주께로 돌이키려 하지 않는 완악함을 보입니다. 자신의 필생의 사역이 헛된 것처럼 느껴질 뿐입니다. 그냥 백성들을 방치한 채 돌아서고 싶은 마음이 굴뚝같았을 것입니다. 이세벨은 또 왜 그렇게 패역하고 완고하고 진리에 눈을 감았습니까? 상종하기 싫은 정권이요, 백성들입니다.

엘리야는 자기 연민에 빠졌습니다. 그는 주의 선지자들은 모두 죽고 오직 자신만 남았다고 하소연했습니다. 나 홀로 죽도록 해봐야 되는 것은 없구나 하는 자조 섞인 한탄을 내뿜습니다. 이해해 주는 사람도, 응원해 주는 사람도, 같이 동역하는 사람도 없음을 뼈저리게 느끼면서 자기 연민에 빠지게 되었습니다.

그러나 엘리야는 실상을 모른 채 오판하고 있습니다. 하나님은 이스라엘 백성 중 바알에게 무릎을 꿇지 않은 사람 7천 명을 남겨 두셨다고 말씀합니다. 엘리야는 결코 혼자가 아니었습니다. 그러므로 스스로 기준을 세우지 말고 하나님께 모든 것을 맡겼어야 했습니다. 자신의 좁은 소견으로 앞질러 생각해서는 안 됩니다. 자기 연민에 빠진 자는 자신을 한없이 불쌍히 보고 타자 혹은 신으로부터 어떤 보상을 거저 얻기를 바라는 심리상태를 갖습니다. 그러나 자기 연민에 빠질수록 이루어지는 것은 더욱 없어질 뿐입니다. 오히려 자신의 가능성마저 잠식됩니다.

엘리야는 비교의식, 열등의식에 빠졌습니다. 이전엔 스스로 자신이 특별하다고 여기고, 이스라엘의 모든 무거운 짐을 자신의 어깨에 메고 있다고 자부했었는데, 실상은 그게 아니었습니다. 참담함이 몰려오면서 그는 자존감이 깨졌고 결국 "주여 내가 조상들보다 낫지 못하니 차라리 죽여주소서."라고 말합니다. 한때의 우월감이 극한 열등감으로 추락하고 말았습니다. 비교의식의 종착역이 바로 이곳입니다.

비교의식은 백해무익합니다. 대개 대상자의 장점에 자신의 약점을 견주는 어리석은 짓을 하게 될 가능성이 크기 때문입니다. 엘리야는 지금 부정적인 생각에 사로잡혀 있습니다. 하나님이 함께 해주신 사건을 통해서도 자신의 처지가 개선될 가망이 없다면, 자신의 앞날은 암울하다고 생각합니다. 부정적인 생각이 지배하게 되면 결국 과거와 현재와 미래가 온통 암울한 빛으로 채색되고 그는 삶의 소망을 견지할 힘을 상실하게 됩니다.

이와 같이 감정은 때때로 우리의 생명에까지 폭력을 휘두르기도 합니다. 따라서 우리는 감정보다는 사실에 초점을 맞추며 사는 방법을 터득해야 합니다. 감정은 때때로 거짓 정보를 주어 혼돈에 빠지게 하고 오판하게 함으로써 삶의 가능성을 축소시킵니다. 자신이 처한 사실적 정황을 이성적으로 판단했어야 합니다.

사실 이세벨은 결코 엘리야를 죽일 수가 없습니다. 죽일 명분도 없거니와 죽인다면 민란과 민심 이반을 각오해야 합니다. 정치 9단인 이 여자가 그 사실을 모를 리 없습니다. 그런데도 엘리야는 우울한 감정에 빠져 사실관계를 객관적으로 보지 못하고 있습니다. 부정적인 것을 확대 과장하고 있습니다.

게다가 엘리야는 불필요한 자책감을 갖고 있습니다. 자신이 온 세상을 구원해야 하는데 하지 못했다며 괴로워하고 있습니다. 자신이 통제할 수 없는 일을 통제하려고 했다가 좌절하게 된 것입니다. 그래서 자신의 능력 부족을 말하고 스스로를 책망합니다. 자신을 실패자로 간주합니다.

하지만 엘리야가 얼마나 훌륭하게 사역했습니까? 갈멜 산 전투 하나만으로도 그는 신앙 위인전에 오를 수 있습니다. 그런데 왜 온 세상을 다 책임지려 할까요? 우주의 구원자는 오직 하나님 한 분뿐입니다.

우리 인생은 질그릇과 같아 깨지기도 쉽고 상하기도 쉽습니다. 사람들은 서로에게 상처를 입히기도 하고 상처를 받기도 합니다. 당신은 언제 마음이 상하십니까? 기다릴 때, 자존심이 상할 때, 무시당할 때, 괴로울 때, 돈이 없을 때, 몸이 마음대로 움직이지 않을 때, 일이 잘 안됐을 때, 욕을 들었을 때, 사고를 당했을 때, 주택청약에서 떨어졌을 때, 실연을 당했을 때, 명퇴를 당했을 때, 자녀가 입시에서 낙방했을 때, 사업이 풀리지 않을 때. 이럴 때 우리는 정신적으로 소진되고 탈진합니다. 이런 상태를 외향적인 사람들은 분노로, 내성적인 사람들은 두려움으로 표현합니다. 하나님에게서 들어오는 유입보다 유출이 많아져서 감정의 에너지가 소진되었기 때문입니다.

:: 영적인 요인

세 번째는 영적인 요인입니다. 기도의 사람인 엘리야는 하나님의 음성을 듣고 움직였는데, 어찌된 일인지 이번만큼은 하나님의 음성을 듣지 않고 오직 이세벨이 보낸 사신의 말을 듣고 움직인 것입니다. 하나님 안에 머물다가 하나님의 울타리 밖으로 나왔습니다.

그가 아합에게 하나님의 심판을 전달할 때, 그릿 시내로 나아갈 때, 사르밧의 과부에게 갈 때, 그리고 위험천만하게도 아합 왕에게 다시 자신을 노출시킬 때 모두 하나님의 말씀에 따른 행동이었습니다. 성경은 이를 '하나님 말씀이 임하니라' 왕상 17:1-2, 8, 18:1라고 표현합니다.

그런데 이번에는 너무나 긴박해서 자기 판단대로 해버렸습니다. 그는 하나님을 보지 않고 환경을 보았습니다.

"그가 이 형편을 보고 일어나" 열왕기상 19:3

엘리야는 그 위협의 출처가 무엇인지 분별했어야 합니다. 만약 위협이 하나님으로부터 나온다면 정말 큰 문제입니다. 그러나 다른 것이라면 하나님께 매달리면서 그분의 지시를 인내심 있게 기다려야 했습니다. 하나님의 깊은 것이라도 통달하시는 그분의 성령이 가르쳐 주는 대로 판단을 내렸어야 했는데, 그는 미처 그 성령을 기다리지 못하고 주님을 떠나고 말았습니다. 환경을 보게 되면 시선을 주님께 고정할 수가 없습니다.

예수님의 공생애 기간 중 일어났던 기적 중 수상보행이 있습니다. 마태는 특이하게도 베드로의 이야기를 삽입해 넣었습니다. 베드로는 예수님을 알아보고 이렇게 부탁했습니다.

"주여 만일 주님이시거든 나를 명하사 물 위로 오라 하소서"
마태복음 14:28

그는 풍랑에서의 평안보다는 물 위를 걸을 기회를 구했습니다. 허락받은 베드로는 놀랍게도 물 위를 걸었습니다! 중력의 법칙을 깨뜨리고 그는 물 위를 걷게 된 것입니다.

그런데 그가 갑자기 넘실대는 파도를 봅니다. 바람을 봅니다. 주님을 바라보던 시선을 엉뚱한 곳에 두는 순간 물에 빠져 허우적거리게 되었습니다. 물 위를 걷던 베드로, 물에 빠진 베드로, 무슨 차이입니까?

물결이 변한 것이 아니라 베드로의 믿음이 흔들린 것이고 시선이 요동친 것입니다. 사실 베드로는 배 밖으로 나가기 전 이미 파도의 문제를 해결한 사람입니다. 그런데 주님에게서 눈을 뗀 순간, 결국 처음 상황으로 돌아갔고 파도에 빠졌습니다.

엘리야가 하나님과 멀어지게 된 것은 환경을 바라보고 하나님을 신뢰하는 마음이 결핍되었기 때문입니다. 우리는 환경에 지배되어서는 안 됩니다. 오히려 환경과 상황의 주인이 되어야 합니다. 환경과 상황은 늘 시시각각 변하기 마련입니다. 거기에 당신의 마음을 매달아서는 안 됩니다. 오히려 이렇게 담대히 외쳐야 합니다.

"나는 너를 이미 처리하였다. 나는 주님만을 바라보겠노라."

:: 하나님의 치유 방식

이렇게 탈영병처럼 전선을 이탈한 엘리야를 하나님께서 친히 찾아오셨습니다. 하나님은 "그가 스스로 보따리를 쌌으니 제 풀에 죽어 돌아올 때까지 기다리자."라고 하시는 분이 아닙니다. 직접 찾아오셔서 "네가 여기서 무엇하고 있느냐?" "네가 어찌하여 여기 있느냐?"왕상 19:13라고 물으십니다. 엘리야가 있을 곳은 로뎀 나무 아래가 아닙니다. 하나님도 그것을 기대하지 않았습니다. 그런데 엘리야는 기도하지 못했고 성령의 인도를 따르지도 못했습니다. 결국 하나님의 품에서 떠난 순간 그는 무기력해졌고, 비겁해졌고, 절망적이 되었습니다.

그의 두려움과 낙심이 무엇입니까? 과연 그것은 실체가 있는 것이었습니까? 그는 그림자를 보고 놀란 아이처럼 하나님에게서 속히 떠났을 뿐입니다. 만약 엘리야가 흔들림 없이 제 자리를 고수하고 있었더라면 완전한 승리를 거둘 수 있었을지도 모릅니다. 승리의 여세를 몰아 이세벨을 회개시켰을 수도, 이스라엘의 백성들의 마지막 남은 한 사람까지 변화시켰을 수도 있었을 것입니다. 안타깝게도 그는 무단이탈했습니다. 요나처럼 사명의 자리에서 떠났습니다.

떠나면 시간적·물질적·정신적·영적인 손실이 주어집니다. 간만큼 다시 돌아와야 합니다. 예루살렘에 머물지 못하고 엠마오로 내려가던 제자들처럼, 십자가 사건 이후에 무기력하게 갈릴리 바다로 돌아와 예전 방식으로 고기를 잡던 제자들처럼 말입니다. 당신은 몇 번이나 보따리를 싸보셨습니까?

"주님 다른 사람 시키세요. 저는 충분히 했어요. 저는 더 이상 싸우고 싶지 않아요. 저는 충분히 고통당했고 주님을 위해서 할 만큼 했어요."

그런 엘리야에게 하나님이 찾아오셨습니다. "네가 어디 있느냐?"라는 질문은 책망이 아니라 회복과 치유를 위한 것이었습니다. 하나님은 그를 어떻게 치유하셨을까요?

❶ 만져 주심

첫 번째는 엘리야의 육체를 '만져 주심'으로 치유하셨습니다. 천사를 시켜 지쳐버린 엘리야를 부드럽게 만져 주며 먹을 것과 마실 것을 주었습니다.

"천사가 그를 어루만지며 그에게 이르되 일어나서 먹으라 하는지라 본즉 머리맡에 숯불에 구운 떡과 한 병 물이 있더라 이에 먹고 마시고 다시 누웠더니" 열왕기상 19:5-6

그렇게 하나님은 엘리야에게 육체적인 쉼과 안식을 주셨습니다. 우리의 체질이 먼지뿐임을 아시는 하나님입니다. 결코 우리의 연약함을 무시하거나 멸시하지 않으시고, 그것을 존중하시는 분입니다. 잠이 필요한 자에게는 백척간두의 위기 속에서도 달콤한 잠을 주시는 분이기도 합니다.

> "너희가 일찍이 일어나고 늦게 누우며 수고의 떡을 먹음이 헛되도다 그러므로 여호와께서 그의 사랑하시는 자에게는 잠을 주시는도다" 시편 127:2

두려움 가운데 엠마오로 가던 제자들에게 그리고 디베랴 호수에서 물고기 잡던 제자들에게 주님이 제일 먼저 하신 일은 먹이시는 일이었습니다. "어서 일어나! 이 못난 녀석아, 부끄러운 줄 알아라." 이런 식으로 말씀하지 않았습니다. 주님은 책망 대신에 먼저 우리를 육신적으로 회복시키시는, 변함없이 좋으신 하나님이십니다. 우리 육체를 어루만져 주심으로써 치유하십니다.

❷ 들어 주심

두 번째는 하나님께서 마음 상한 엘리야의 넋두리를 '들어 주심'으로 상한 마음을 치유하셨습니다. 호렙 산에 도달한 엘리야에게 하나님께서 물으셨습니다. "엘리야야 네가 어찌하여 여기 있느냐?"

하나님은 엘리야의 영적 현주소를 물어보고 있습니다. 그러자 그는 구구한 변명을 늘어놓습니다. 자신의 두려움, 화남, 외로움, 지침, 열심, 그리고 좌절감을 토로합니다. 맞는 대목도 있고, 맞지 않는 대목도 있습니다. 그러나 하나님은 그의 말에 대해서 비난하거나 정죄하지 않으셨습니다. 그냥 들어 주셨습니다. 들어 줄 때 인간의 부정적인 감정들이 해소되고 정화됩니다. 쌓여 곪았던 감정도 터져 나옵니다.

하나님은 그렇게 엘리야 내면의 감정을 들어 주시고 배출하게 하셨습니다. 하나님께서도 우리 마음의 이야기를 들어 주심으로 문제를 해결해 주신다면 우리는 때때로 스스로에게 말을 걸고 그의 상태를 들어 주어야 합니다. 영적 삶의 중요한 점은 자신의 내면을 다루는 방법을 배우는 것입니다. 수시로 자신의 자아에게 물어보아야 합니다. 그렇게 자아와 대화할 때 비로소 해결의 실마리, 치유의 길이 보입니다.

> "내 영혼아 네가 어찌하여 낙심하며 어찌하여 내 속에서 불안해 하는가 너는 하나님께 소망을 두라 나는 그가 나타나 도우심으로 말미암아 내 하나님을 여전히 찬송하리로다" 시편 42:11, 43:5

이렇게 거듭거듭 말하며 자아의 부정적인 생각에서 나와야 합니다. 그러기 위해서는 자아로 하여금 말하게 하고 들어 준 뒤에 적절한 해결책을 제시하면 됩니다.

일단은 들어 주어야 합니다. 충분히 들어 주어야 합니다. 그 뒤에 똑똑히 말하십시오. 책망하십시오. 권고하십시오. 격려하십시오. 내가 무엇을 알고 믿고 있는지를 확실히 알려 주십시오. 자아가 나를 지배하도록 허락하면 자아가 항상 나를 지배합니다.

마귀는 나를 침체시키기 위해 내 자아를 이용하고 있다는 점에 유의해야 합니다. 감정은 변화무쌍합니다. 감정이 나를 지배하지 못하게 하고, 의지로 감정을 지배해야 합니다.

❸ 들려 주심

세 번째는 하나님께서 음성을 '들려 주심'으로 엘리야를 치유하시고 회복시키셨습니다. 엘리야를 호렙 산으로 부르신 하나님은 그에게 자신을 계시하셨는데, 그에게 익숙한 방식이 아닌 낯선 방식이었습니다.

하나님은 엘리야를 어둡고 칙칙한 굴속에서 나오라고 하신 다음 하나님의 새로운 임재 방식을 보여 주십니다. 그분은 크고 강한 바람 속에도, 지진 속에도, 지진 후의 불에도 계시지 않았습니다. 하나님은 엘리야에게 '세미한 음성'으로 자신을 새롭게 드러내셨습니다. 하나님의 세미한 음성을 들을 수만 있다면, 그 말씀은 바람이나 불이나 지진이나 불보다도 강한 역사를 일으킬 수 있습니다.

엘리야의 남자다운 성격은 그리고 악하고 패역한 시대를 살았던 엘리야의 영성은 전투적이고 기적적으로 하나님을 추구하도록 했습니다. 이런 신앙은 그로 하여금 쉽사리 낙심에 빠지게 하고 침체를 경험하게 합니다. 이것이 엘리야 영성의 단면입니다. 이런 신앙은 갈멜 산에서 로뎀 나무로 빈번히 내려가게 만듭니다. 극적인 신앙체험을 구하는 사람은 로뎀 나무의 고독을 금방 느끼게 됩니다.

반면 새로운 방식의 하나님의 계시인 세미한 음성은 일상 가운데 전개되는 하나님의 역사를 볼 수 있게 합니다. 단 한 번의 인상적인 이적이 아니라, 지속적으로 하나님의 역사를 이루는 것임을 알게 됩니다. 하나님은 지극히 평범하게 삶의 구석구석에서 역사하시며 조용한 혁명을 이루시고 있다는 점도 깨닫게 되었습니다.

그 결과 그는 과거의 극적인 역사를 드러내는 존재에서, 후계자를 키우는 선지 학교를 열어 역사의 물길을 조용히 이끄는 자가 되었습니다. 엘리사를 비롯한 하나님의 종들을 양육하고, 왕들을 세우는 정치적인 사역에도 쓰임 받게 됩니다. 매일 그리고 조용히 엘리야는 하나님과 교제하고 그분의 음성을 들음으로 그의 심령이 채움 받아 생수의 강이 흘러나게 됩니다. 이 생수는 자신만이 아니라 주변에 있던 사람들까지도 시원하게 합니다. 하나님의 조용한 섭리의 방식을 스발드 샌더스는 아주 설득력 있게 묘사합니다. "시내산의 천둥보다 갈보리의 속삭임이 더욱 힘이 있도다."

❹ 보여 주심

마지막으로 하나님께서는 새로운 비전을 '보여 주심'으로 회복하고 치유하십니다. 아직 해야 할 일이 있다는 것, 그리고 불러야 할 노래가 있다는 것이야말로 우리로 하여금 깨어 있게 하고, 살아 숨 쉬게 하는 요인입니다.

사역의 패러다임이 바뀝니다. 영적으로 더욱 깊어지고 비전도 새롭게 열립니다. 하나님이 지친 사역자에게 새로운 미션을 맡기십니다. 미션이 있는 한, 사역자는 절대로 죽을 수가 없습니다. 살아야 할 이유와 목적이 주어진 것입니다. 엘리야의 삶은 결코 무의미하지 않고 가치 있는 삶입니다. 비록 그것이 고난의 길이라고 할지라도 주님이 보여 주신 길, 내가 가야 할 길이 있다는 것이 얼마나 고귀한지요.

하나님은 엘리야에게 엘리사를 후임으로 세울 것, 다메섹으로 가서 하사엘에게 기름을 부어 아람의 왕이 되게 할 것, 예후에게 기름을 부어 이스라엘의 왕이 되게 할 것을 말씀하셨습니다. 미래지향적인 내용입니다.

아무리 환경이 어려워도 동역자를 붙여 주실 것도 말씀하십니다. 모세를 돕던 아론, 바울을 돕던 디모데처럼, 엘리사가 엘리야를 돕게 될 것이요, 바알에게 무릎을 꿇지 않은 7천 명이 그들의 사역을 기다리고 있음을 깨닫게 해주십니다.

하나님께서는 자신의 자리를 이탈한 엘리야, 믿음의 용장에서 탈영병으로 변해버린 그, 탈진해 버린 그를 찾아오셨습니다. 그리고는 그를 치유하시고 회복시키셨습니다. 다시 하나님의 사명을 감당할 수 있도록 하셨습니다. 그는 이미 로뎀 나무에서 죽은 경험을 했기 때문에 다시 죽음을 보지 않고 승천하기까지 하나님이 주신 사명을 잘 감당하였습니다. 우리 주님은 잃은 자를 찾아오시는 분입니다. 구원하시기 위해 오시기도 하지만 사명의 자리로 부르시기 위해 오시기도 합니다.

당신은 과연 지금 어디에 있습니까? 하나님께서 부르신 그곳에 있습니까? 당신은 사명의 자리에 있습니까? 우리는 하나님의 세미한 음성에 귀를 기울이면서 주어진 사명을 감당하는 길을 떠나야 합니다.

　엘리야에게 물으셨던 하나님께서 오늘도 우리 각자를 향해서 물으십니다. "네가 어찌하여 여기 있느냐?"

하나님의
위대한 질문

Chapter 03 말씀 나누기

❶ 아합의 문제는 무엇입니까?
❷ 엘리야가 영적 침체에 빠지게 된 이유는 무엇입니까?
❸ 하나님은 엘리야를 어떻게 회복시키십니까?

Chapter 03 은혜 나누기

❶ 당신에게도 엘리야와 같은 영적 침체의 경험이 있습니까?
❷ 당신이 영적 침체에 빠져 있을 때 하나님께서 어떤 은혜를 베풀어 주셨는지 나누어 봅시다.
   예: 육적 회복, 하나님의 위로 방법, 자신이 받은 말씀, 새로운 비전 발견 등
❸ 하나님은 지금 내가 어떤 자리에 있기를 원하신다고 생각하는지 서로 이야기해 봅시다. 자신의 사명, 사역을 위한 기도 제목을 나누십시오.

chapter 04

정체성이 흔들릴 때, 하나님이 묻습니다
"네 이름이 무엇이냐?"
창세기 32:22-32

대한민국은 참 아름답습니다. 어디를 가나 꽃이 만발합니다. 사계절이 뚜렷해서 계절마다 풍경과 꽃이 달라집니다. 이렇게 축복된 나라에서 사는 것이 정말 감사할 따름입니다.

김춘수 시인의 유명한 시 중에 〈꽃〉이라는 시가 있습니다.

그 시에 무슨 단어가 많이 나오는지 아십니까? 바로 '이름'입니다. 우리가 누군가의 이름을 부른다는 것은 곧 서로 관계를 맺는다는 의미입니다. 이름을 불러 주거나 지어 준다는 것은 내단히 귀중한 일입니다.

아담이 제일 먼저 한 일도 모든 생물들의 이름을 짓는 일이었습니다. 이름은 그 지칭하는 대상의 특징과 성격을 잘 반영해서 나타냅니다. 구약의 지명이나 이름은 그들의 특징이나 일어난 사건을 함축적으로 표현하고 있습니다.

이름은 우리의 정체성입니다. 고대 근동 지방에서는 사람의 이름에 의미가 있었고, 그 이름에 걸맞게 살거나 이름의 부정적 측면을 극복하며 살아가고자 하는 기원이 내포되어 있었습니다. 당신의 이름과 가까운 사람들의 이름을 한번 살펴보세요.

저는 이름을 많이 지을 사명을 타고난 자입니다. 제 아들이 태어났을 때 그 떨리는 흥분과 감격으로 도서관에서 하루 종일 고심한 적이 있었습니다. '어떻게 해야 이 태어날 아이가 건강하고 밝게 하나님의 은혜 안에서 살아갈 수 있을까?' 이런 고민은 부모 된 자의 인지상정이 아닐까요?

고심 끝에 첫째 아이 이름을 '보형'이라고 지었습니다. 하나님의 '보배로운 형상'이 되라는 기원의 뜻이지요. 저에게는 아들의 장래에 대한 소망과, 하나님이 그대로 이루실 것이라는 확신과 기대가 있습니다.

목회를 하다 보니 성도님들이 자녀가 태어났을 때나, 개업을 할 때 사업장의 상호를 부탁하기도 합니다. 제가 목사니까 성경적인 의미를 담아 이름을 지어 주기를 바라면서요. 그때마다 저는 밤새 기도하면서 어떻게 하면 복을 누릴 좋은 이름을 지어 줄 수 있을까 고심합니다. 함부로 지을 수가 없습니다. 그런 식으로 지금까지 100여 명의 아기들의 이름을 지어 준 것 같습니다. 그 아이의 모습, 그 집안의 특성을 잘 생각해서, 기대와 소원을 담은 이름을 지어 줍니다. 가게 이름도 마찬가지입니다.

제 이름이 '기채' 입니다. 터 기基 자에, 캘 채探, 즉 '묻힌 것을 캐내어 기초를 놓는다' 는 의미입니다. 나중에 알고 보니 기독교基督敎 할 때 처음 '기'基 자가 바로 제 이름에 있는 '기'基 자라고 하더군요. 믿지 않는 가정에서 태어났는데, 그래도 이름은 기독교적입니다. 베드로는 반석이라는 뜻인데, 이 터 기基 자가 '반석' 이라는 뜻입니다. 참 기분 좋은 일입니다.

그런데 어느 날 회심 이전의 저의 어머니가 절에 다녀오시고서는 이렇게 말씀하시는 것입니다.
"오늘 부로 너는 상현이다. 그렇게 해야 우리 집안이 잘된다고 했다."
스님이 제 이름이 나빠 가정이 되는 일이 없고 형통하지 못하겠다고 하면서 개명을 요구했다고 합니다. 졸지에 제 이름이 상현이 되었습니다. 그러나 진리에 기반을 두지 않은 이름은 힘이 없습니다. 이름을 바꾸어 불러보아도 가정 형편이 나아지는 것이 없자 제 이름은 다시 '기채' 로 돌아왔습니다. 옛 이름을 되찾은 것입니다.

원래 구약은 지명이든 인명이든 특별한 사정이나 사건이 생기면 이름을 새롭게 붙이거나 변경시킵니다. 성경에 보면 브니엘도 있고 벧엘도 있고 브엘세바 등 다양한 지명들이 있는데, 모두 특별한 사건이 벌어진 뒤에 그것을 기리기 위해 붙여졌습니다. 한 인간이 태어나 특별한 사명을 수행해야 할 때 그의 이름이 결정됩니다.

모세는 '물에서 건짐 받은 자'인데, 곧 이스라엘을 애굽이라는 곳에서 건져내는 자가 됩니다. 여호수아는 여호와께서 구원하신다는 의미입니다. 그는 광야로부터 이스라엘을 구원해 내어 가나안으로 들어가게 했습니다. 임마누엘 예수님은 우리와 같은 몸을 입고 우리 중에 계신 하나님을 의미하는 표현입니다.

또한 하나님이 한 인간에게 특별한 섭리를 펼치실 때도 기존의 이름 대신에 새로운 이름을 주십니다. 아브람이 아브라함으로, 사래가 사라로, 시몬이 베드로로, 그리고 사울이 바울로 바뀝니다. 이와 같이 지명이든 인명이든 어떤 본질과 특징이 그 이름에 내포되어 있습니다. 이름을 함부로 지으면 안 되는 이유입니다.

당신의 정체성과 사명은 무엇입니까? 현재 무엇이며 앞으로 어떻게 될까요? 처음부터 고정적인 이름을 지니고 있는 자가 있는가 하면 차츰 자신의 본 이름을 찾아가는 자도 있습니다. 우리 인생 여정, 신앙 여정을 이름이라는 관점에서 바라본다면, 우리는 어떤 한 이름에서 다른 이름을 찾아 나가는 탐구의 과정으로 보이기도 합니다.

"이기는 그에게는 내가 감추었던 만나를 주고 또 흰 돌을 줄 터인데 그 돌 위에 새 이름을 기록한 것이 있나니 받는 자 밖에는 그 이름을 알 사람이 없느니라" 요한계시록 2:17

앞으로 우리가 받아야 할 이름이 따로 있는 모양입니다. 분명 하나님이 우리를 위해서 부르실 그 이름이 따로 있습니다. 그러므로 우리는 그 이름을 찾아 나서야 합니다. 우리는 이미 받았으나 아직 알지 못하는 그 이름을 찾아 나아갑니다. 이런 과정에 시련은 자신을 일깨워 주는 계기가 됩니다. 우리는 인생의 시련 속에서 자기 이름을 발견합니다. 시련 때문에 나는 이름이 없는 사람이 되고, 그 시련에 직면함으로써 내 진정한 이름을 발견하게 됩니다.

우리 인생 여정을 이름이라는 관점에서 볼 때 대략 세 단계의 이름의 변화를 추구하고 있는 듯이 보입니다. 남이 불러 주던 나에서, 내가 되고 싶은 나로, 그리고 하나님이 불러 주시는 나로 가는 것입니다.

하나님의 사람인 우리의 인생 여정은 남이 불러 주는 나, 내가 추구하는 나, 그리고 하나님이 불러 주시는 나로 옮아가야 합니다. 아직 남이 불러 주는 나에 연연하고 더 좋은 평가를 받기 위해 애를 쓰고 있다면 1단계에 있는 사람입니다.

그런가 하면 남이 뭐라고 하든 그것이 중요한 것이 아니라 내 꿈, 내 인생이 중요한 것이고 생각하는 사람이 있습니다. 내가 추구하는 나라고 볼 수 있습니다. 하지만 이는 사실 피곤한 인생, 불안정한 인생이 됩니다. 만족이 없는 삶이 됩니다.

마지막이 하나님이 불러 주시는 나입니다. 내 안에 있는 진정한 나를 찾아가는 것입니다.

남이 불러 주는 나를 바꾸는 것도 쉽지 않습니다. 더구나 내가 되고 싶은 나를 이루는 것도 어렵습니다. 그러나 이 모든 것도 참된 나는 아닐 수 있습니다. 하나님이 불러 주시는 나가 바로 진정한 나입니다.

야곱은 그 이름이 바뀌게 됩니다. 그리고 바뀐 이름 아래 평안과 안식을 찾게 됩니다. 이런 참된 나를 찾아 떠나는 여정을 함께하지 않겠습니까?

:: 세 개의 이름

야곱은 세 개의 이름을 가지고 있었습니다.

❶ 아버지가 지어준 이름: **야곱**

'야곱'은 별로 좋지 않은 의미를 갖고 있습니다. 야곱은 원래 '취하는 자' '잡는 자'라는 뜻입니다. 그런데 이 단어는 긍정적으로 '성취하는 자' '달성하는 자'라는 의미 외에 '속이는 자' '사기꾼' '약탈자'라는 파생적 의미까지 더 가지고 있습니다. 그가 이런 이름으로 불리게 된 경위는 태어날 때 보인 본능적 행동 때문입니다.

어머니인 리브가의 태중에 쌍둥이가 있었습니다. 그들은 출산할 때 서로 먼저 나가겠다고 다툽니다. 그런데 둘 중 에서가 어머니 뱃속에서 더 많은 양분을 섭취했는지 강건했습니다. 그래서 야곱을 물리치고 먼저 세상으로 나왔습니다. 그런데 야곱은 형 에서에게 지지 않으려고 에서의 발꿈치를 본능적으로 잡았습니다. 산파가 보고 깜짝 놀랐을 것입니다. 그래서 '잡은 자'라는 의미로 야곱이라는 이름을 재미있게 붙여 준 것입니다.

아마도 어른들은 이런 이름이 재미있기도 해서 그렇게 이름을 지어 불렀어도 당사자는 몹시 고통스러웠을 것입니다. 그 때문에 어릴 적부터 그는 사람들로부터 '사기꾼'이라고 불렸으니 말입니다. 어릴 적에는 그래도 참을 만합니다. 그러나 나중에 성인이 되어 결혼했는데 배우자가 자신을 '사기꾼'이라고 부르면 얼마나 불쾌할까요? 게다가 2세들이 태어났는데 자신을 향해서 '사기꾼'이라고 부른다면 정말 살맛 안 날 것입니다. 주민센터에 가서 개명신청이라도 해야 할 것입니다.

그런데 과연 이름만 그런 것일까요? 그는 그 이름값대로 살아간 것입니다. 오직 했으면 형 에서가 아버지 이삭에게 동생을 책망하면서 이런 말까지 했을까요?

> "에서가 이르되 그의 이름을 야곱이라 함이 합당하지 아니하니이까 그가 나를 속임이 이것이 두 번째니이다 전에는 나의 장자의 명분을 빼앗고 이제는 내 복을 빼앗았나이다 또 이르되 아버지께서 나를 위하여 빌 복을 남기지 아니하셨나이까" 창세기 27:36

어쩜 그렇게 자신의 이름에 걸맞게 살아가는지, 야곱의 인생은 속이는 삶이었습니다. 남의 약점을 이용하여 자기의 유익을 챙기는 생활입니다. 출생 당시에는 형에게 졌지만 이후에는 형을 이기려고 합니다.

형이 사냥을 나갔다고 허기져 기진맥진할 때 그는 팥죽 한 그릇을 쑤어 형에게 주면서 간교하게도 이렇게 제안합니다. "형, 나의 이 팥죽하고 형의 장자권을 바꾸자." 배고픈 에서의 약점을 이용하여 장자의 명분을 사취하려고 합니다.

어리석은 형은 이 함정에 빠져버리고 말았습니다. 에서는 장자의 권한을 귀하게 여기지 않고 굴복했습니다. 아버지가 죽기 전에 마음껏 축복하고자 할 때 그는 형과 아버지를 속이고 대신 축복 기도를 받았습니다. 아버지가 노년으로 시력이 약해지고 사리 분별력이 온전치 못할 때에 그는 형에게 돌아갈 축복의 기도를 가로챈 것입니다.

외삼촌 라반의 밧단 아람으로 도망간 뒤에는 삼촌의 집에서 온갖 교묘한 방법을 이용해서 외삼촌의 재산을 자신의 것으로 착복하려고 시도했습니다. 어려울 때 더부살이했다가 나중에는 그의 재산 대부분을 자신의 것으로 만들고 떠나왔습니다. 20년 후 형 에서와의 만남에서도 그의 성품이 그대로 드러납니다. 그가 형을 만나러 갈 때 보인 행동은 그가 어디에 우선순위를 두고 살았는지를 여실히 보여 줍니다. 제일 앞에는 양 떼와 소 떼, 그리고 종들이 나갑니다. 그 뒤로 첩과 그의 아들들이, 그 뒤로 레아와 그의 자식들, 그 뒤로는 그가 제일 사랑한 라헬과 그의 자식들, 그리고 한참 뒤에 자신이 위치합니다. 덜 중요한 것으로부터 순서대로 배열을 했습니다.

에서에게 가는 길에도 식구들을 방패막이로 이용합니다. 이것이 그의 가치관입니다. 자기중심적인 이기주의의 전형입니다. 형 에서가 대동하고 오는 400명 무사들의 위세에 눌려 위축되었던 것입니다. 하나님께 기도를 해도 전적인 헌신의 기도가 아니라 이기적이고 흥정적인 기도만을 드립니다. 위기에 봉착해서야 하나님의 약속을 운운하면서 자신을 옹호하려고 합니다. 이것이 바로 야곱입니다. 그래서 성경은 야곱을 "버러지 같은 너 야곱아"사 41:14라고 부르는 것입니다. 그는 그야말로 인간 말종이요, 쓰레기였습니다.

  야곱의 이름 속에는 약삭빠르게 살아가는 재치와 기지를 볼 수가 있습니다. 그러나 비록 그가 '취하는 자'로서, 모든 것을 성취했다고 해서 그 모든 성취물이 그를 행복하게 하거나 만족하게 하지는 못했습니다. 그는 재물도 이루었고 많은 아내와 자녀를 두었습니다. 그러나 그런 모든 것들이 그를 형 에서의 위협으로부터 그를 지켜주지 못했습니다. 하나님이 아니었다면 그는 외삼촌 라반으로부터 큰 해를 당했을 것입니다. 탐욕을 이룬다고 해서 행복하고 만족한 삶을 사는 것이 아님을 분명히 알게 됩니다.

  그는 영혼의 어두운 밤을 지내야 했습니다. 이 이름은 타인이 그에게 붙여 준 이름일 뿐입니다. 그토록 잠시 잠깐 그의 행위의 본성을 설명해 준다고 해서 그것이 그의 본질은 아닙니다. 그는 그 이름을 벗어던져야 합니다. 다른 사람들은 우리를 어떻게 생각할까요? 만약 우리의 모습이 이런 야곱의 모습이라면 한번 생각해 봐야 합니다.

타락한 인간은 자신에 대한 진리를 알기 위해 하나님에게 나아가지 않습니다. 대신 다른 사람들로부터 자기 가치를 인정받으려고 무진 애를 씁니다. '다른 사람들이 나에 관해 하는 말, 그게 바로 나야, 다른 사람들이 날 좋게 생각해야 내가 가치 있는 존재야.'라고 생각하며 어떤 일을 얼마나 잘하고, 다른 사람들을 얼마나 기쁘게 하는가의 잣대로 자기 존재 의의를 확인하려 합니다. 그러므로 사람들은 자신의 행위와 사람들의 평판에 자신의 정체성을 둡니다. 그리고 이러한 평판을 바꾸어 보려고 평생을 허비합니다.

이는 사탄의 속임수입니다. 타인들로부터 오는 사랑과 용납과 성공을 추구하며 인생을 허비하는 사람이 많습니다. 그러나 이런 식으로는 결코 채워지지 않습니다. 자존감을 향한 갈망은 오직 하나님만이 채우실 수 있습니다. 우리의 가치는 변덕스러운 사람들이 어떻게 인정해 주느냐가 아니라 하나님의 사랑과 용납하심에 달려있습니다. 우리의 진정한 가치는 행동이나 다른 사람들의 인정이 아니라 우리를 향한 하나님의 말씀에서 나옵니다.

타인이 부르는 이름을 자신의 정체성으로 인정하는 자들은 공통적인 삶의 태도를 지니고 있습니다. 그들은 항상 "조금만 더!"를 외친다는 것입니다. 왜냐하면 사람들로부터 인정과 사랑을 받기 위해서는 무엇인가 가지고 있어야 합니다.

"당신은 도대체 그 많은 돈을 가지고 왜 만족을 못하십니까? 도대체 얼마나 더 있어야 만족하시겠습니까?" "조금만 더!"

"당신은 고위직에 있는데, 어느 정도 올라가야 만족하시겠습니까?" "조금만 더!"

"지금도 충분히 인기가 있는데, 인기를 얼마나 더 얻어야 만족합니까?" "조금만 더!"

이것은 성공중독증이며 인정중독증입니다. 우리는 거절을 두려워한 나머지, 자신의 모든 태도와 행동을 다른 사람의 기대에 맞추려 합니다. 그러나 이렇게 더 많은 것을 추구하고 얻어도 행복하지 못하고 만족하지 못합니다.

이렇게 산 야곱의 생을 돌아봅시다. 정말 피곤한 인생입니다. 십대에 에서를 피한 뒤 삼촌 라반의 집으로 가서 종이나 다름없는 생활을 하였습니다. 아내들과 종들과 재산을 모으는데, 삼촌과 처남들의 시기를 받게 되어 야반도주합니다. 라반을 떠나 고향으로 돌아가는 길에 사람을 보내 에서의 동정을 살펴보니, 에서가 무장한 군사 400명을 이끌고 야곱을 치기 위해 나오고 있다는 절망적인 소식이 들립니다.

왜 야곱은 가는 곳마다 이렇게 문제가 끊이지 않습니까? 이제 야곱이 30대 후반에 이르러 절체절명의 위기를 만나게 됩니다. 곧 에서의 군대에 의해 일가가 몰살될 위기입니다. 야곱을 둘러싸고 있는 에서, 라반, 사람들의 시선과 소문은 두려움과 절망감을 더해 줍니다. 그러나 이제라도 야곱이 진실을 직면할 기회를 갖게 되어 다행입니다.

야곱이라는 이름이 벽에 부딪힙니다. 여기 야곱의 처신이 나옵니다. '야곱이 심히 두렵고 답답하여' 창 32:7 행동을 취합니다.

첫 번째는 분산 작전입니다. 자신이 갖고 있는 재물을 둘로 나눕니다. 그래서 에서가 한쪽을 공격하면 다른 한쪽만이라도 살도록 피하자는 전략입니다. '사기꾼' 답습니다.

두 번째는 하나님께 기도하는 것입니다. "아브라함의 하나님, 나의 아버지 이삭의 하나님"창 32:9-12 야곱은 차마 자기의 하나님이라고 부르지 못하고 아버지와 할아버지의 하나님이라고 부릅니다. 그리고 그가 구원을 비는 근거는 하나님의 말씀이라고 합니다.

"주께서 전에 내게 명하시기를 네 고향, 네 족속에게로 돌아가라 내가 네게 은혜를 베풀리라 하셨나이다"

모든 문제의 원인 제공자는 자신인데 마치 하나님이 모든 것을 다 책임지셔야 할 듯이 기도합니다.

> "에서의 손에서 나를 건져내시옵소서. 내가 그를 두려워함은 그가 와서 나와 내 처자들을 칠까 겁이 나기 때문이니이다"
>
> 창세기 32:11

야곱이 진실로 기도했는지는 그 다음에 하는 행동을 보면 알게 됩니다.

셋째는 뇌물 작전입니다. 문제는 받는 사람은 뇌물인지 선물인지 구분을 못한다는 사실입니다. 문제가 되고 나면 항상 받은 사람은 빌렸다고 합니다. 준 사람은 선의로 베풀었다고 합니다. 에서는 알다시피 20년 전에도 먹을 것에 약하지 않았습니까? 팥죽 한 그릇에 장자의 명분을 판 망령된 에서입니다. 그래서 이번에도 야곱은 먹을 것으로 뇌물을 줍니다. 여기에 가장 긴 뇌물 리스트가 나옵니다. 암염소 200마리, 숫염소 20마리, 암양 200마리, 숫양 20마리, 약대 낙타 30마리와 그 새끼들, 수소 10마리, 암소 40마리, 암나귀 20마리와 그 새끼들, 총 550마리 이상에 평균 100만 원씩만 해도 현재의 가치로 따져서 5억 원이 넘습니다.

야곱의 의도는 분명합니다. "이는 야곱이 말하기를 내가 내 앞에 보내는 예물로 형의 감정을 푼 후에 대면하면 형이 혹시 나를 받아 주리라 함이었더라" 창 32:20 이게 야곱입니다. 야곱에게 해주고 싶은 말이 있습니다. "너, 그렇게 살지 마!"

❷ 자신이 되고 싶은 이름: 에서

두 번째 이름은 바로 '에서' 입니다. 야곱은 어려서부터 에서가 되고 싶었습니다. 에서는 자신이 자기에게 지어준 이름, 그리고 자신이 되고 싶은 이름입니다. 야곱은 원통하게 장자로 태어나지 못해서 장자권과, 아브라함의 약속 상속자로서 축복권을 갖지 못한다고 생각했습니다. 실상은 에서가 되어야만 장자권과 축복권을 가지는 것이 아닙니다. 그 가정에서 으뜸이 된다고 세상에서 큰 자가 되는 것도 아닙니다. 수단과 방법을 가리지 않고 에서가 되어야 하는 것도 아닙니다. 그것은 우리가 잘못 가르친 것입니다. 이것은 믿음이 아니라 종교입니다.

야곱은 에서에게 콤플렉스를 가지고 살았습니다. 야곱은 에서가 되지 못해 애석한 사람입니다. 에서만 될 수 있다면 행복할 것이라고 생각하는 인생이자 에서가 경쟁과 비교의 대상인 인생입니다. 피곤한 인생이 될 수밖에 없습니다. 결국 이런 삶은 에서도 넘어뜨리고 자기도 힘든 인생을 삽니다. 이것이 야곱이 속이고 비열하게 살았던 이유입니다. 남이 되려고 하니 괴롭습니다. 에서가 되기 위해 힘씁니다. 에서의 남자다움, 우람함, 그리고 사람들로부터 인정받는 것을 야곱은 항상 동경했습니다.

그래서 그는 아버지 이삭에게 나아갈 때 자신을 에서라고 속입니다. 이삭이 "네가 누구냐?" 창 27:18라고 물었을 때 그는 에서라고 아버지를 속입니다. 시력이 약해지면 청각이 발달된다고 하니, 야곱이 얼마나 조마조마했겠습니까? 얼마나 말을 아껴야 합니까? 그럼에도 불구하고 그는 불필요한 말을 합니다. "에서입니다."라고만 해도 될 것을 "나는 아버지의 맏아들 에서입니다."라고 말합니다. 얼마나 에서가 되고 싶었고, 얼마나 맏아들이 되고 싶었으면 이렇게 길게 말하는 것일까요? 거짓은 항상 꾸미는 말이 많이 동원됩니다.

야곱은 겉모습도 에서처럼 위장을 했습니다. 다시 확인하고 이삭이 "네가 참으로 내 아들 에서냐?" 하고 물었을 때 "그렇습니다." 창 27:24 라고 대답을 했습니다. 나중에 삼촌 라반에게 갔을 때 우물가에서 라헬을 만났을 때도 야곱은 자기의 이름을 말하지 않습니다. 단지 '그에게 자기가 그의 아비의 생질이요 리브가의 아들 됨'창 29:12을 고했습니다. 아들 누구를 말하는 것인가요? 에서입니까, 아니면 야곱입니까? 야곱은 남의 인생을 삽니다.

그런데 이런 야곱도 자기가 행한 방식대로 당합니다. 레아가 라헬로 위장을 한 것입니다. "라헬입니다." 레아는 사랑받는 동생 라헬이 되고 싶었던 것입니다. 야곱을 어머니 리브가가 도운 것처럼, 여기에서는 라반이 레아를 도왔을 것입니다.

이런 형제 자매간의 경쟁의식과 비교의식은 역기능적인 가정을 만듭니다. 가정불화의 원인이 됩니다. 왜 자기 인생을 주도적으로 살지 않고 타인의 인생을 살려고 하는 것일까요? 왜 타인의 삶을 부러워하는 것입니까? 위장하고 꾸미고 산다고 해서 본질이 바뀝니까? 나의 삶이 바뀝니까? 하나님은 야곱에게 에서처럼 되라고 말씀하신 적이 없습니다.

이처럼 자신의 삶을 살지 못하고 타인을 마냥 부러워하다가 불행해진 사람이 또 있습니다. 사울왕은 처음에는 하나님에게 쓰임도 받았는데 다윗이 골리앗을 죽이고 돌아오는 길에 여인들이 "사울이 죽인 자는 천천千千이요 다윗은 만만萬萬이로다"라고 한 뒤 다윗이 부러웠던 모양입니다. 사울은 다윗이 되고 싶었습니다. 다윗의 자리를 탐해 그때부터 그는 틈만 나면 다윗을 죽이려 했고, 그로 인해 그의 삶은 나락으로 떨어지기 시작했습니다.

열등의식에 빠지면 자신도 괴롭고 남도 괴롭게 합니다. 야곱은 자신의 인생을 살지 못하고 남의 인생을 살았습니다. 다른 사람의 사랑과 관심을 얻기 위해 사는 사람은 결코 만족을 얻지 못합니다. 끊임없이 다른 사람들에게 자신을 입증하느라 얼마나 힘들고 지치겠습니까?

우리 모두는 자기존재를 다른 사람에게서 확인 받고 싶은 욕구가 있습니다만, 지나치면 그것이 우리의 삶을 멍들게 합니다. 에서가 되고 싶은 야곱에게 해주고 싶은 말이 있습니다. "너, 남의 인생 살지 마!"

❸ 하나님이 지어준 새 이름: **이스라엘**

이스라엘은 하나님이 아는 나입니다. 이전에 듣지도 생각지도 못한 이름입니다. 이런 제3의 길이 있는지 몰랐습니다. 기도하지도 못했던 것을 주십니다. 하나님은 이제부터 야곱이라 하라고 하지 않으시고 이스라엘이라 하라고 하십니다. 야곱의 변화는 이름이 바뀌고 나서 구체화됩니다. 이런 이름은 어떻게 받게 된 것일까요?

이제 야곱은 '진실의 순간'을 대면해야 했습니다. 남이 붙여 준 이름이 참된 내가 아닙니다. 내가 추구하고 열망하는 이름도 참된 내가 아닙니다. 야곱은 지금 밧단 아람에서 돌아오는 중이었으나 그가 직면해야 하는 한 가지 문제가 있었습니다.

바로 형 에서와의 관계입니다. 그의 탐욕스러움과 이기심이 불러온 관계 악화를 회복해야 합니다. 그가 소유한 양 떼와 소 떼, 종들, 아내들과 자식들조차도 그의 불안함을 해소시킬 수가 없음이 자명해집니다. 그래서 그는 홀로 얍복 강가에 남아 있었습니다. 잠도 오지 않습니다. 야곱은 지금까지 자신의 정체성을 아내와 자녀들 그리고 물질로 표현해 왔습니다. 그는 자수성가한 사람입니다. 그런데 이 밤에 그에게 이 모든 것들이 무슨 의미가 있단 말입니까? 이것들이 야곱을 지켜주지 못합니다. 그것들이 모두 떠나고 결국은 혼자가 될 때가 옵니다.

영혼의 깊은 밤이 찾아왔습니다. 에서가 보낸 자객인 듯한 한 사람과 씨름을 하다가 결국 육신적 씨름이 영적인 씨름으로 발전합니다. 결국 육신적 위기가 은혜 받는 계기가 되었습니다. 처음에는 자객으로 알았습니다. 이제까지 져본 적이 없는 야곱입니다. 아버지 이삭, 형 에서, 삼촌 라반 모두 이겼습니다. 그러나 이제 상대를 제대로 만났습니다. 그러다가 결국 날이 새려 하자 그 사람이 야곱의 환도 뼈를 쳐서 부러뜨렸습니다. 발목 잡기의 명수 야곱은 그 사람의 바짓가랑이를 잡고 늘어집니다.

"당신이 내게 축복하지 아니하면 가게 하지 아니하겠나이다"

창세기 32:26

그때 이 사람이 야곱에게 묻습니다. "네 이름이 무엇이냐?"

이는 그의 이름을 몰라서 묻는 것이 아닙니다. 단지 야곱으로 하여금 자신의 본질과 과거를 돌아보라는 요청입니다. 질문을 통해서 자신이 드러나게 됩니다. 야곱이 20년 동안 직면하기를 회피했던 바로 그 이름을 묻고 있습니다. 정말 인간은 어리석게도 자신의 진면목을 보지 않으려고 합니다.

"야곱이니이다" 속이는 자 야곱, 결국 야곱은 자신이 죄인임을 고백합니다. 사실 야곱은 그 이름에 걸맞게 살아온 사람입니다. 사기꾼으로, 남의 것을 가로채는 사람으로 살았습니다. 이름의 고백은 곧 회개라고 할 수 있습니다. 그런데 이렇게 자신의 본질을 알고 고백할 때 그는 변화되기 시작했습니다. 자신의 가면을 벗게 되었습니다.

회개는 곧 변화를 가져옵니다. 내가 변하면 곧 나를 둘러싸고 있는 모든 조건이 변화를 가져옵니다. 야곱이 자신의 모습을 고백하기까지는 진정한 복을 받을 수가 없습니다.

하나님께서 야곱에게 새로운 이름을 허락하셨습니다. 새로운 이름은 새로운 사람을 의미하며 새로운 마음과 새로운 생활, 그리고 하나님과의 새로운 관계를 함축하고 있습니다.

> "그가 이르되 네 이름을 다시는 야곱이라 부를 것이 아니요 이스라엘이라 부를 것이니 이는 네가 하나님과 및 사람들과 겨루어 이겼음이니라" 창세기 32:28

이스라엘이란 하나님과 싸워 이긴다는 의미입니다. 이는 있을 수가 없는 표현입니다. 일개 인간이 광대하신 하나님을 어떻게 싸워 이길 수가 있습니까? 그러나 하나님은 우리를 얍복털어놓음 강으로 부르시고 내 이름을 물어 나의 본질을 보게 하신 뒤에 나에게 새로운 이름을 부여하십니다. 나로 하여금 치열한 영적인 전투를 치르게 하십니다. 그리고 나로 하여금 이기게 하십니다. 이미 하나님은 우리와 싸워 져줄 마음이 있습니다. 이미 우리가 이기도록 되어 있는 전투의 현장으로 우리를 초대하고 있습니다. 내가 상대해야 할 분은 바로 하나님입니다. 하나님과 올바른 관계를 맺어야 합니다. 그리고 하나님께 인정받아야 합니다. 남의 인생과 내 인생을 비교하여 만족을 얻는 것이 아니라 하나님과 관계가 올바르게 될 때 비로소 진정한 나를 찾게 됩니다. 하나님이 주시는 새로운 이름을 받게 됩니다. 이 이름이야말로 진정한 나입니다. 그 외의 이름은 모두 거짓입니다. 가짜입니다.

하나님은 원래부터 야곱을 이스라엘로 보고 계셨습니다. 다만 야곱이 이스라엘로 변하도록 그의 삶을 때로는 형통한 성공의 길로, 때로는 혹독한 고생길로 인도하셨습니다. 그리고 '때가 차매' 야곱을 얍복 강으로 부르시고 영혼의 깊은 밤을 통과하게 하신 뒤에 그의 안에 감추어져 있던 참된 자아인 이스라엘을 이끌어내십니다. 이 순간에 그의 참된 정체가 드러나게 된 것입니다.

미켈란젤로Michelangelo가 훌륭한 작품을 연달아 만들어내자 많은 사람들이 그의 창작 방법에 대해 물었습니다. "당신은 어떻게 그렇게 훌륭한 작품을 만들어 낼 수 있지요? 그 형상들은 어디서 가져오는 것입니까?"

그러자 미켈란젤로가 말합니다. "이 조각품들의 형상은 사실 대리석 안에 있었습니다. 저는 단지 불필요한 부분을 제거한 것뿐입니다. 그랬더니 그 안에 있던 조각의 형상이 나왔습니다."

이스라엘은 이미 야곱 안에 있었고 하나님은 인생의 가시밭길을 통과해서 불필요한 부분을 제거하셨습니다. 야곱 안에 귀하고 존귀한 모습을 이미 하나님은 심어 놓으셨습니다. 계속해서 하나님과 관계를 맺는다면 하나님이 그 참된 형상을 불러내실 것입니다. 그 이름에 합당하게 되어갈 것입니다.

하나님이 야곱을 이스라엘로 불러 주심은 조건부 축복이 아닙니다. "앞으로 잘하면 이스라엘이 될 것이다."가 아닙니다. 이는 확정된 사실입니다. "이스라엘이라 부를 것이니" 앞으로 야곱이 사기를 치지 않고 정직하게 살게 된다면 그렇게 불러 주신다는 것이 아닙니다. 지금부터 그렇게 불러 주십니다. 얍복 강에서 벧엘에 이르렀을 때 하나님은 다시 이런 사실을 확정해 주십니다.

"하나님이 그에게 이르시되 네 이름이 야곱이지마는 네 이름을 다시는 야곱이라 부르지 않겠고 이스라엘이 네 이름이 되리라 하시고 그가 그의 이름을 이스라엘이라 부르시고" 창세기 35:10

하나님은 시간을 넘어 영원 가운데 계신 분입니다. 따라서 한 번 그렇게 불러 주신다면 시간에 구애받지 않습니다. 우리의 칭의도 마찬가지입니다. 우리를 의롭다고 칭하시는 것은 이미 확정적인 사실입니다. 이미 우리를 의롭다고 하셨습니다. 우리는 이미 하나님께 인정받은 사람들입니다. 따라서 우리가 우리의 신분을 분명히 안다면, 가치 있고 의미 있는 삶을 살기 위해 다른 사람이 되려는 시도는 하지 않을 것입니다. 우리가 누구인지 모르기 때문에 자꾸만 다른 사람이 원하는 모습이 되려고 시도하는 것입니다.

하나님이 야곱에게 이스라엘이라는 새로운 이름을 주셨듯이 우리에게 새로운 이름을 주실 것입니다.

> "너는 여호와의 입으로 정하실 새 이름으로 일컬음이 될 것이며"
> 이사야 62:2

우리는 하나님이 주시는 새로운 이름을 받아야 합니다. 시몬이 베드로라는 이름을 받았고, 사울이 위대한 전도자 바울이 되었듯이 우리에게도 주님이 주실 새로운 이름이 필요합니다. 가톨릭에서는 영세를 받을 때 세례명을 주는데, 이는 새로운 피조물로서 하나님과 새로운 관계를 형성했음을 자각하게 하는 데 탁월한 효과가 있는 듯합니다. 하나님은 우리의 이름도 바꾸시고 우리의 미래도 바꾸실 것입니다.

야곱의 이야기는 흡사 신약의 '탕자 이야기'에 접맥됩니다.

둘째 아들이 아버지를 떠나 이방 땅에 가서 허랑방탕하여 인생을 망치다가 자신의 비참한 처지를 깨닫고 돌아와 아버지 품에 안긴다는 것입니다. 돌아왔을 때 그에게는 반지와 새로운 의복과 신발이 주어집니다. 이제야 그의 본연의 모습으로 돌아온 것입니다. 그는 아버지에게로, 하나님에게로 그리고 진정한 자기 자신에게로 돌아왔습니다. 야곱이 이스라엘로 바뀐 것도 역시 동일합니다. 그는 제대로 하나님께, 그리고 진정한 자기 자신에게로 돌아온 것입니다.

:: 새로운 이름을 받은 후

야곱이 이스라엘로 개명된 것은 어떤 변화를 가져왔을까요? 야곱이 밧단 아람에서 돌아온다는 통지를 받았을 때 에서는 400명의 군인을 대동하고 야곱을 만나러 옵니다. 그 목적은 분명 호의적인 것이 아니었을 것입니다. 야곱이 '심히 두렵고 답답하여' 안절부절 못한 이유는 에서의 적대감을 느꼈기 때문일 것입니다.

그러나 하나님과 올바른 관계를 맺고 새로운 이름을 부여 받자 상황이 일변합니다. 창세기 33장 4절에 보면 에서와 야곱의 상봉 장면이 이렇게 묘사됩니다. '에서가 달려와서 그를 맞이하여 안고 목을 어긋 맞추어 그와 입 맞추고 서로 우니라' 그리고 에서는 야곱 일행의 호위자가 될 것을 자청합니다.

"사람의 행위가 여호와를 기쁘시게 하면 그 사람의 원수라도 그와 더불어 화목하게 하시느니라" 잠언 16:7

내가 변하면 세상이 변합니다. 내가 변하면 문제가 더 이상 문제가 안 됩니다. 하나님은 내가 주 안에 온전한 인간으로 서기를 원하십니다. 집 안에서 장자가 되고, 축복을 받는 것이 문제가 아닙니다. 하나님의 인물, 세상의 인물이 되었습니다. 하나님은 나에게 관심이 있으십니다. 그럼에도 불구하고 나에게 두려운 일들이 벌어집니다. 나중에 알고 보면 나를 변화시키기 위한 도구였습니다.

야곱의 꾀가 통한 것이 아닙니다. 뇌물이 효력을 발휘한 것도 아닙니다. 에서는 그것들을 거절했습니다. 에서가 물질에 탐욕이 있었다면 야곱만 제거하면 모두 에서의 것이 됩니다. 그러나 그렇게 하지 않았습니다. 결국 에서가 문제가 아니라 내가 문제입니다. 변화해야 할 사람은 에서가 아니라 나입니다. 하나님은 에서보다 야곱에게 관심이 많으십니다. 에서와 야곱의 관계가 아니라 하나님과 야곱의 관계입니다. 회개만이 효력이 있습니다. 남이 아니라 내가 변해야 합니다. 내가 변하면 어느새 세상이 변해 있습니다.

야곱은 새로운 이름을 받았고 비로소 자신의 정체성을 발견했습니다. 하나님이 새롭게 주신 이름으로 불리게 되었습니다. 우리는 예수님의 보혈의 공로로 하나님의 자녀가 되었습니다. 나의 새 이름은 "너는 내 사랑하는 아들이요, 내가 기뻐하는 자라."라고 하는 표현 그대로입니다.

내 안에 이스라엘이 들어있습니다. 존귀한 하나님의 형상입니다. 참된 내가 들어 있습니다. 하나님과의 관계에서 새로운 나의 모습이 밖으로 정체를 드러내게 될 때, 위대한 하나님의 자녀로서의 삶을 살 수 있습니다. 이전엔 에서가 문제라고 생각했는데 그렇지 않습니다. 내가 나 자신의 정체성을 제대로 찾지 못할 때 문제가 되는 것입니다. 시련과 환난은 내가 나 자신을 찾지 못했기 때문에 오는 것입니다. 하나님과의 관계를 통해서 참된 자아를 찾아야 합니다.

하나님의
위대한 질문

Chapter 04 말씀 나누기

① 야곱이란 이름의 뜻은 무엇입니까? 창 25:26
② 야곱은 누가 되고 싶었습니까? 창 27:19
③ 하나님이 야곱에게 주신 이름은 무엇입니까? 창 32:28

Chapter 04 은혜 나누기

① 자신의 이름에 담긴 뜻을 나누어 봅시다.
② 하나님께 받고 싶은 나의 새 이름은 무엇입니까?
③ 자신의 정체성과 사명에 대해 나누어 봅시다.

The Great Question of God

chapter 05 | 남에게 옹졸하고 인색할 때, 하나님이 묻습니다

"네 아우가 어디 있느냐?"

chapter 06 | 사명자로서 부족하게만 느껴질 때, 하나님이 묻습니다

"네 손에 있는 것이 무엇이냐?"

chapter 07 | 하나님의 부르심이 부담스러울 때, 하나님이 묻습니다

"누가 우리를 위하여 갈꼬?"

chapter 08 | 삶에 고난이 찾아올 때, 하나님이 묻습니다

"네가 아느냐?"

Part 2
예비하시는 하나님

하나님의
위대한 질문

너는 대장부처럼 허리를 묶고 내가 네게 묻는 것을 대답할지니라
―욥기 38:3

chapter 05

남에게 옹졸하고 인색할 때, 하나님이 묻습니다
"네 아우가 어디 있느냐?"

창세기 4:1-12

최근 경제가 어려워서인지 좋지 않은 소식들이 연일 매스컴에 오르내리고 있습니다. 강호순이라는 사람이 연쇄 살인 사건을 일으켜 세상을 떠들썩하게 했고, 심지어 어떤 어머니가 자신의 아이를 죽이는 일도 있었습니다. 인륜과 천륜을 저버린 일들이 도처에서 벌어지고 있습니다. 도대체 이 세상이 어떻게 되려고 이러는가 하고 두려운 마음이 들기도 합니다. 이런 때는 우리가 어느 소설의 제목처럼 '가인의 후예'가 맞다는 생각이 설뜻 듭니다.

창세기 4장은 인류 최초의 살인사건, 최초의 살인자, 최초의 재판이 나와 있습니다. 인간에 대한 모든 비극의 시작을 우리에게 보여 줍니다. 이 사건은 까마득한 고대에 단 한 번 일어났던 사건이 아니라 지금도 발생하는 일입니다. 가인은 지금도 아벨을 죽입니다. 누구든지 가인이 될 수 있습니다. 우리는 희생자victim보다는 살인자murderer의 후예가 되기 쉽습니다. 왜냐하면 희생자는 종족을 번식시킬 기회를 잃어버리지만 살인자는 많은 종족을 퍼뜨리기 때문입니다. 우리의 혈관에는 아벨의 피보다 살인자 가인의 피가 많이 흐르고 있습니다. 땅에는 의로운 아벨의 피가 많이 흐르고 있을 것입니다.

존 스타인벡John Steinbeck은 『에덴의 동쪽』East Of Eden에서, '가인의 이야기는 시대와 인종과 문화를 초월하는 모든 인류의 역사' 라고 말하고 있습니다. 여기 이 땅에 살고 있는 우리가 가인의 후예가 되는 이유는 무엇일까요?

:: 옹졸하고 좁은 마음

옹졸하고 좁은 마음을 가지고 있다는 이유만으로도 우리는 가인의 후예입니다. 우리 인간은 둘만 모이면 동료의식보다는 경쟁의식, 비교의식, 서열다툼, 우월의식을 가집니다. 도무지 '함께 사는 기술' living together을 배우거나 가르치지 않고 '함께 죽는 기술' '죽이는 기술' 이나 연마하며 살고 있습니다.

미국발 금융위기로 촉발된 전 세계적인 경제 몸살은 전 세계가 영향을 주고받는 공동운명체가 되었기 때문에, 한 나라만의 안위만을 생각해서는 안 되는 상황에 와있다는 것을 보여 줍니다. 이제 지구촌 전체가 함께 공존공영할 수 있는 길을 모색해야 합니다.

그러나 실상은 그렇지 못합니다. 북한의 핵문제를 봐도 그렇습니다. 북한은 나름대로 체제 유지를 위해서 불장난을 벌이고 있고, 남한은 미국으로부터 핵우산 공약을 확증 받으려 합니다. 그러나 원래 핵우산은 "네가 쏘게 되면 몇 배로 쏘아서 초토화시키겠다."라는 억지 개념, 공포전략에 입각한 것입니다. 만약 벼랑 끝에 몰린 자가 죽기 살기로 도전한다면 전 세계는 공멸당하고 말 것입니다. 결국 군사 무기의 발전은 우리로 하여금 가인과 같은 마음을 품고 있는 것이 얼마나 위험천만한 일인지를 새삼 깨닫게 합니다. '너 죽고 나 살자'는 방식은 21세기에는 더 이상 통하지 않습니다. 결국 '너 죽고 나 죽자'가 됩니다.

'너 없이 나도 없다'는 발상의 전환, '너도 살고 나도 살자'로 패러다임의 변화가 필요합니다.

성경에서는 유난히 두 사람이 한 부모에게서 태어난 형제지간이라는 점을 많이 언급하고 있습니다. 무려 7번이나 기록되어 있습니다. 마치 의도적으로 그렇게 쓰는 것 같습니다. '가인의 아우 아벨' 창 4:2 '가인이 그의 아우 아벨에게 고하고' '가인이 그의 아우 아벨에게' '가인이 그이 아우 아벨을 쳐죽이니라' 창 4:8 '네 아우 아벨이 어디 있느냐?' 창 4:9 '네 아우의 핏소리가' 창 4:10 '네 아우의 피를 받았은즉' 창 4:11

이 사건이 충격적인 이유는 그들이 제일 가까워야 할 형제 사이, 서로 아끼고 사랑해야 하는 형제 사이인데도 불구하고 증오로 얼룩졌다는 것입니다. 동생을 시기하고 미워하고 죽이려고 하는 이런 가인 신드

롬은 성경 도처에서 발견됩니다. 에서는 장자권 때문에 야곱을 죽이고자 했고, 요셉의 형들은 요셉이 아버지 야곱의 편애를 받고 있는 것이 못마땅해 그를 죽이려 했습니다.

사건의 발단은 재물이나 치정에 얽힌 것이 아닙니다. 하나님께 드리는 첫 예배에서 이런 일이 벌어졌습니다. 인류 최초로 하나님께 드린 예배제사에서 이런 비극이 잉태되었다는 것이 더욱 안타깝습니다. 예배란 하나님과 인간이 소통하는 방편이요, 경로입니다. 예배 속에는 찬송도 있고, 제물이나 예물도 있고, 다양한 의식을 집전하기도 하지만, 제일 중요한 것은 예배자와 하나님 사이의 소통입니다. 하나님과 막혔던 것들이 이 예배를 통해서 시원하게 뚫리게 됩니다.

이처럼 예배는 소중한데 예배에 성공하지 못한 한 사람이 옹졸한 마음으로 형제 살해라는 안타까운 일을 벌였습니다.

가인과 아벨은 직업이 달랐습니다. 가인은 농사하는 자였고 아벨은 양 치는 자였습니다. 세월이 흘러 성년이 되자 그들은 정성을 다해 하나님께 예물을 가져와 드렸습니다. 가인은 땅의 소산으로 제물을 삼아 여호와께 드렸고, 아벨은 양의 첫 새끼와 그 기름으로 드렸습니다. 하나님이 이 두 사람 모두를 기뻐 받으셨을까요? 자동판매기에 동전을 넣으면 상품이 자동적으로 나오듯, 예물을 하나님께 드리면 은총과 은혜가 자동적으로 내려질까요? 그렇지 않다는 점이 명백히 드러납니다. 하나님은 '아벨과 그의 재물'은 받으셨으나 '가인과 그의 제물'은 받지 않으셨습니다. 영어 성경은 이것을 아주 독특하게 표현합니다. 아벨과 그의 제물은 '존중되었으나' respected, 가인과 그의 제물은 '존중되지 못했다' not respected고 합니다. '수용되다' accepted라는 단어 대신에 '존중받다' respected라는 표현을 유념해 보십시오.

이 알 수 없는 현상에 대해서 구구한 해석들이 있어 왔습니다. 예전에는 하나님께서 아벨과 가인의 예배를 받고 안 받고의 차이가 예물에 있었다고 생각했었습니다. 가인이 드린 농산물을 문제 삼았습니다. 구약 율법에 따르면 하나님께 제사를 드리기 위해서는 반드시 피 있는 희생을 드려야 하는데 가인은 그 원칙을 무시했다는 것입니다. 에덴동산에서 쫓겨나는 아담과 하와를 위해서 하나님께서 가죽옷을 해 입히실 때 희생된 것이 예수 그리스도를 예표한다면, 타락한 인류가 하나님께 나아가는 방법은 피 제사를 통해야 합니다.

아담도 가인과 아벨에게 이 사실을 귀가 닳도록 알려 주었을 텐데, 가인은 한 귀로 듣고 한 귀로 흘려들었다는 것입니다. 피 없이 하나님께 나아간 가인은 예수님을 의지하지 않은 셈입니다. 그는 망령된 자라는 것이 전통적인 해석입니다. 그러나 이 본문은 결코 제물에 대한 본문이 아닙니다. 하나님은 제물의 종류를 가지고 문제 삼을 분이 아니기 때문입니다. 하나님은 채식보다 육식을 더 선호하셔서 그러시는 것일까요? 그럴 리 없습니다.

자세히 살펴보면 제물 이전에 사람이 나옴을 알 수 있습니다. 하나님은 제물보다 사람을 먼저 받으시고 후에 제물도 받으십니다. 다시 말해서 제물이 문제가 아니라 사람이 문제입니다. 예배를 다르게 하는 것은 사람이지 제물이 아닙니다. 하나님께서 받으신 것은 '아벨과 그의 제물'이며, 하나님께서 받지 않은 것은 '가인과 그의 제물'입니다. '제물'이라는 동일한 용어를 사용한 것으로 보아서 하나님은 제물의 종류 자체를 차별하지 않으심을 알 수가 있습니다. 다만 그 제물을 드리는 자에게 관심이 있었던 것입니다. 다른 것은 사람이며, 다르게 하는 것도 사람입니다.

성경이 이 중대한 사건을 더 자세하게 묘사하지 않은 이유는 외형적으로 아무런 차이가 없어 보이고 가인과 아벨이 동일하게 예배를 드렸다고 할지라도, 하나님께서는 받으실 것과 안 받으실 것을 분명히 하신다는 큰 교훈을 주라고 하심입니다. 하나님은 행위보다 마음의 동기를 보십니다. 하나님은 제물 이전에 사람을 받으십니다. 예배를 결정하는 것은 예물이 아니라 예배자입니다. 예물이 예배를 거룩하게 하는 것이 아니라 사람입니다. 그의 동기, 소원, 정성, 그 마음의 상태가 온전해야 하나님께 드려지는 것입니다. 그러므로 예물을 드리는 자는 자신의 마음의 동기를 먼저 살펴야 합니다. 자신에게 죄와 흠이 있는지 먼저 자성해야 합니다. 그 뒤에 하나님께 예물로 나아가야 합니다.

이것을 간파하지 못한 사람은 예물을 바치고도 복을 못 받습니다. 가인이 그러했고, 사도행전 5장에 나오는 아나니아와 삽비라도 그러했습니다. 그들은 재산을 팔아 막대한 돈을 바쳤음에도 불구하고 성령을 속이려 했기에 죽임을 당하는 참담한 일을 당했습니다. 사도행전 8장의 마술사 시몬은 돈으로 성령의 은사를 구하려다가 베드로에게 무서운 책망을 받았습니다.

:: 예배는 마음의 중심을 드리는 것

> "믿음으로 아벨은 가인보다 더 나은 제사를 하나님께 드림으로 의로운 자라 하시는 증거를 얻었으니 하나님이 그 예물에 대하여 증언하심이라 그가 죽었으나 그 믿음으로써 지금도 말하느니라"
>
> 히브리서 11:4

'믿음'이라고 표현되는 참된 마음은 예배를 받으실 만하게 만드는 요인입니다. 믿음의 예배를 드린 아벨은 받아들여졌고 하나님의 기억하시는 바가 되었으며 영생의 소망, 부활의 생명을 지니게 되었습니다.

그런데 이 대목을 읽으면서 최근에 새로운 통찰력을 얻었습니다. 가인의 '땅의 소산'과 아벨의 '양의 첫 새끼'의 제물은 과연 전혀 의미가 없는 것일까? 인류가 육식하게 된 시점은 대홍수와 노아의 방주 사건 이후입니다. 채식 사회에 살던 아벨은 왜 먹지 못할 양을 치고 있었을까요? 양털로 옷을 짜서 입고 양이 죽으면 그 가죽으로 무스탕을 지어 입는다고 할지라도 그의 직업은 이해가 가지 않습니다.

그렇다면 아벨이 친 양은 종교적인 용도, 즉 제사를 드리기 위한 것이 아닐까 생각하게 됩니다. 그는 구약의 레위 지파처럼 하나님을 위한 제사장으로서 구별된 사람이었을 것입니다. 레위 지파는 젖과 꿀이 흐르는 땅에서도 분깃이 없었고 오직 여호와의 장막을 섬기면서 거기에서 나오는 제물과 십일조로 살아가야 하는 존재들입니다. 아벨의 처지가 이와 유사했으리라 생각합니다. 만약 사정이 이렇다면 가인은 농산물을 아벨에게 주어서 생계를 잇게 하고 대신 그의 양을 받아 하나님께 드려야 순리에 맞습니다. 가인은 아벨에게 곡식을 공급하는 대신 아벨은 가인에게 제물을 공급하여 서로 소통하며 살아야 합니다.

그러나 가인은 그렇게 하지 않았습니다. '나는 내가 갖고 있는 것을 가지고 제사를 드리겠다. 굳이 너 없어도 된다.' 라는 마음을 품고 있었던 것이 아닐까요? 하나님께 나가기 전에 형제간의 관계를 가인이 단절한 것입니다. 그래서 하나님께서는 가인과 그의 제물을 거부하신 것일 수도 있습니다. 이런 개연성은 충분히 있다고 봅니다.

:: 예배가 거부된 뒤에

앞서 말한 대로 내가 드리는 예배와 하나님이 받으시기를 원하는 예배가 다를 수 있습니다. 하나님이 열납하지 않는 예배가 있습니다. 많은 예배를 드렸는데도, 하나님은 "너희가 나에게 예배한 적이 있느냐?"라고 물으시는 경우가 있습니다. 예배드리는 것 못지않게 열납되는 예배를 드리기 위해 노력해야 합니다. 열납되지 않는 예배는 죄의 회개가 없는 예배, 믿음으로 드리지 않은 예배, 잘못된 소원을 빌며 드리는 예배, 자신을 내어 드리지 않는 예배입니다. 참된 예배를 드리게 되면 하나님께서 기뻐하실 뿐만 아니라 예배자도 영향을 받습니다. 마음이 평안해지고 기쁨이 흘러넘칩니다.

> "주께서 내 마음에 두신 기쁨은 그들의 곡식과 새 포도주가 풍성할 때보다 더하니이다" 시편 4:7

그리고 예배자는 예배를 통해서 성숙되고 안목의 변화가 나타납니다. 예배를 제대로 드렸는지는 예배 후의 변화를 보면 압니다. 하나님을 참되게 예배했다면 마음이 넓어집니다. 영혼과 육신 모두에 생명과 영광의 기운이 넘치게 됩니다. 모세는 장막에서 하나님과 교제하고 나온 뒤에 그 얼굴에서 광채가 나서 수건으로 가릴 정도였다고 합니다. 어디 표정뿐이겠습니까? 마음의 변화도 있습니다. 이것이 진정한 예배의 능력입니다.

하지만 가인의 예배는 받아들여지지 않았습니다. 이 사실을 어떻게 알았는지 모르겠으나 분명한 사실은 나란히 드리는 두 형제의 제단에 다른 징후가 나타났을 것입니다. 아벨이야 기뻐했겠지만 가인은 어떤 마음을 품어야 할까요? 우선 자신을 살펴서 무엇이 잘못되었는지 자성해야 할 것입니다. 그리고 형으로서 동생 아벨을 칭찬하고 배웠어야 합니다. 그런데 가인은 옹졸한 마음, 좁은 마음을 품고 있었습니다. 그는 그의 예배를 받아 주지 않은 하나님을 향해서 그리고 그의 아우를 향해서 나쁜 마음을 품었습니다. '가인이 몹시 분하여 안색이 변하니' 창 4:5 라고 한 것으로 보아 그의 마음속에는 분노가 일고 있습니다. 회개의 제목을 삼아야 하는 일을 그는 분노로 처리합니다.

  사실 하나님으로부터 거부되고 있다는 느낌은 참으로 참기 힘든 일입니다. 아무리 힘든 일이 있어도 '여호와께서 나와 함께하시고 있다.'고 느껴질 때는 그 어떤 일도 참아내면서 감당할 수 있지만, 아무리 형편이 좋다고 할지라도 하나님이 떠난 듯하면 인간은 불안해집니다. 하나님께서 얼굴빛을 가리시면 피조물은 근심하기 시작합니다. 하나님에 대한 섭섭함과 원망은 쉽사리 옆에서 밝은 얼굴로 기뻐하는 아벨을 향해서 독기 서린 시선으로 바뀌었을 것입니다. 증오심과 미움이 그의 마음속에서 부글부글 끓어올랐습니다. 가인은 자신과 하나님과의 관계를 엉뚱하게도 자신과 동생의 관계로 투사하고 있습니다. 하나님을 향해서 분풀이를 할 수 없으니, 만만한 동생에게 돌린 것일까요?

> "여호와께서 가인에게 이르시되 네가 분하여 함은 어찌 됨이며 안색이 변함은 어찌 됨이냐" 창세기 4:6

  이는 가인이 자신의 문제를 보지 못한 채 오직 동생과의 비교의식, 경쟁의식에 사로잡혀 살아왔음을 단적으로 보여 줍니다. 그의 머릿속에는 이런 생각이 스쳐 지나갔을 것입니다. '저 자식만 없다면 내가 이렇게 수모를 당하지 않을 텐데. 이렇게 부끄럽지 않을 텐데. 이게 다 저 녀석 탓이야. 저 녀석만 없다면 하나님의 기뻐하심을 받을 텐데. 저 녀

석만 없으면 하나님은 나를 사랑하실 수밖에 없을 텐데…….'

아담의 자식이 아니랄까봐 그는 남 탓하는 아담의 전철을 밟고 있습니다. 사실 이 모든 일은 동생과 전혀 상관없는 일입니다. 하나님과 가인의 관계입니다. 아벨이 가인의 제사를 방해한 일도 없고, 가인을 나쁘게 고자질한 것도 없습니다. 하나님은 우리를 비교해서 상대평가하시는 것이 아니라 각자를 절대평가하시는 분입니다. 그러므로 문제의 원인을 타인에게 전가하는 것은 참으로 어리석은 짓이요, 옹졸한 태도입니다.

이상하게도 우리 인간은 멀리 있는 사람들보다는 가까이 있는 사람들을 더 시기하고, 더 거칠게 싸우고, 더 심하게 비방합니다. 가장 가까워야 할 아우가 원수처럼 느껴집니다. 그런데 남을 비판하고 결점을 찾아내는 사람일수록 자신이 더욱 불안해집니다. 그래서 정신병에까지 걸리게 됩니다.

하나님은 아무 근거 없이 판단을 내리시는 분이 아닙니다. 분개하고 있는 가인에 대해서 하나님은 왜 제사에 그런 결정을 내리셨는지 알려주십니다.

"네가 선을 행하면 어찌 낯을 들지 못하겠느냐 선을 행하지 아니하면 죄가 문에 엎드려 있느니라 죄가 너를 원하나 너는 죄를 다스릴지니라" 창세기 4:7

죄를 의인화시켜 말하고 있습니다. 가인은 평소 악을 자행하고 있었고 적극적으로 선도 행하지도 않고 있었습니다. 이런 자가 예물로 하나님의 마음을 살 수가 있겠습니까? 이 말씀은 "네가 만약 올바르게 행동했다면 왜 네 제물을 받아들이지 않았겠느냐?"라는 책망의 말씀입니다.

예배자는 예배의 순간으로만 평가받는 게 아닙니다. 평소 어떤 삶의 행실을 갖고 있었는지가 더 중요합니다. 예물이란 노동의 열매일 뿐만 아니라 삶의 열매를 바치는 것이기 때문입니다.

'선을 행하지 않으면 죄가 문에 엎드려 있다'는 말씀은 우리로 하여금 심각한 결단을 하게 합니다. 우리의 삶은 선 아니면 악입니다. 선행이 아니면 악행입니다. 회색지대란 존재하지 않습니다. "저는 선을 행하지 않았습니다. 그렇다고 지옥에 빠질 만한 악도 행한 적도 없습니다."라는 말은 성립이 되지 않습니다. 우리가 적극적으로 선을 추구하고 행하지 않는다면 우리의 나태함과 불이행은 악행에 다름 아닙니다. 선행이 멈추는 순간 악행이 우리를 잡으려고 문 앞에 엎드려 있습니다. 우리의 바로 뒤에 있다는 말입니다. 우리는 선행으로 죄를 다스려야 합니다.

죄를 다스리라는 하나님의 경고를 받고도 가인은 악행을 돌이키지 않았습니다. 마음의 옹색함과 분노를 풀지 않았습니다. 그러다가 결국 기회를 엿보아 가인은 아벨을 쳐죽이게 되었습니다. 아마도 배신을 행했을 듯합니다.

"가인이 그의 아우 아벨에게 말하고 그들이 들에 있을 때에 가인

이 그의 아우 아벨을 쳐죽이니라" 창세기 4:8

　배신이란 믿음을 저버리고 해악을 끼치는 아주 악질적인 행위입니다. 가인은 아벨에게 산보를 하자고 속였을 것입니다. 순진한 아벨은 형의 말을 곧이곧대로 믿고 순순히 따라나섭니다. 그러나 형의 기습으로 그는 곧바로 땅에 쓰러져 피를 땅에 흘리고 말았습니다. 배신이 가장 큰 죄인 것은, 상대방의 믿음을 이용하는 것이기 때문입니다. 자신에 대한 사랑과 믿음과 신뢰를 이용해서 상대방에게 해를 끼치는 것입니다. 가룟 유다가 저주 받는 상징이 되는 것은 그가 예수님을 배신했기 때문입니다. 배신자의 자리는 지옥 중에서도 제일 고통스러운 곳이라고 하는 말은 과연 틀린 말이 아닙니다. 선의를 베푸는 줄 알고 자동차를 탔는데 갑자기 돌변하여 목숨을 빼앗는 연쇄살인마도, 어린 소녀들을 속여 성추행을 하는 추악한 범죄자도 이런 배신자의 전형입니다. 이러한 범죄는 신뢰에 기반한 사회를 무너뜨리는 행위입니다.

　만약 가인이 하나님의 지적을 받고 회개했다면 살인이라는 극단적 죄를 저지르지는 않았을 것입니다. 그러나 그는 하나님과의 관계가 바르지 못했습니다. 하나님의 말씀을 무시하고 가볍게 다루었습니다. 명백히 주어지는 하나님의 말씀을 가슴에 새기지 못했습니다. 하나님과 소통이 제대로 이루어지지 않는다면 틀림없이 자기 자신, 자아에도 문제가 생깁니다. 사악한 본성에서 흘러나오는 시기, 질투, 열등, 패배의식, 수치심 등의 불꽃이 자신의 영혼을 다 태워버립니다. 이 정염의 불꽃을 끌 생명수를 간구하지도 못합니다.

하나님과 소통이 안 되니 자신과 소통이 안 되고 결국 아우와 소통이 되지 않은 채, 오히려 아우를 죽이는 타락의 길로 걸어갔습니다. 통通하지 않으면 통痛하게 됩니다. 소통하지 않으면 고통을 받게 됩니다. 자기 자신뿐만 아니라 타인에게도 고통을 끼치는 존재가 됩니다. 하나님과 소통하지 않게 되자 그는 나쁜 나무가 되어 악한 열매를 맺게 된 것입니다.

> "가인 같이 하지 말라 그는 악한 자에게 속하여 그 아우를 죽였으니 어떤 이유로 죽였느냐 자기의 행위는 악하고 그의 아우의 행위는 의로움이라" 요한일서 3:12

이런 사람일수록 자존심은 강한 반면 자존감은 낮습니다. 자존심은 자신이 잘났다고 교만한 것이고, 자존감은 자기 존재 자체를 소중히 여기는 마음입니다. 진정한 자존감은 하나님, 자신, 그리고 이웃과 소통할 때 높아집니다. 자존감이 낮으면 타인과 대화하기가 힘듭니다. 사소한 말에도 오해를 하고 결국 큰 불행을 가져옵니다.

:: 무관심

우리가 가인과 닮은 점은 내가 남에게 무관심하다는 점에 있습니다.

가인도 동생 아벨에 대해서 극도로 무관심했습니다. 불행한 사태가 발생한 뒤 자초지종을 아시는 하나님께서 가인에게 물으셨습니다. "네 아우 아벨이 어디 있느냐?" 그러자 그가 한 대답이 이것입니다. "내가 알지 못하나이다. 내가 내 아우를 지키는 자입니까?" 창 4:9 하나님은 다시 묻습니다. "네가 무엇을 하였느냐?" 창 4:10

우리는 얼마나 남의 일에 대해 무관심합니까? 내 몸 하나 아픈 것은 그렇게 신경을 쓰면서도 타인의 고통에 대해서는 모른 척합니다. 에티오피아의 기근, 르완다의 내분으로 인해서 수십만 명이 죽어 나가도 우리는 별로 관심이 없습니다. 그저 국제뉴스의 한 토막 기사일 뿐입니다. 그 이상, 그 이하의 의미도 없습니다. "남의 염병도 내 고뿔만 못하다."라고 했는데, 바로 가인의 태도입니다. "하나님, 어떻게 형제를 돌아보라고 하십니까? 저 살기도 급급해요."

참으로 뻔뻔스러운 답입니다. 남이야 살든 말든 나 혼자만 잘 먹고 잘 살기만 하면 된다는 생각을 품고 있습니다. 이것이 바로 가인 신드롬이요, 이기주의의 복음입니다.

가인은 "내가 내 아우를 지키는 자입니까?" 창 4:9라고 반문했습니다. 이에 대해서 하나님은 응답하지 않으셨습니다. 그런데 만약 대답하신다면 무엇이라고 하셨을까요? "그렇다. 너는 네 아우를 지키는 자여야 한다."라고 말씀하셨을 것입니다. 너는 네 가족을 넘어, 네 이웃을 지키고, 네 교회를 지키고, 네 지역사회를 지키고, 네 나라를 지키고, 다른 나라 사람들을 지키고, 이 지구를 지키고, 온 우주를 지키는 자가 되어야 한다고 하나님은 우리에게 말씀하실 것입니다.

아래 이야기는 우리 인간이 서로에게 관심과 사랑을 쏟아야 하는 존재임을 느끼게 해줍니다.

간호학교에 입학한 지 두 달이 지난 어느 날이었다. 교수님은 수업시간에 강의 대신 간단한 문제가 수록된 시험지를 돌렸다. 수업을 착실하게 들었던 나로서는 별로 어렵지 않게 문제를 풀어나갈 수 있었다. 그러나 마지막 문항에서 막혔다.

"우리 학교를 깨끗하게 청소해 주는 아주머니의 이름은?"

이것이 시험문제라고 할 수 있는가! 난 이 아주머니를 여러 번 봤었다. 검정 머리에 키가 크고 나이는 오십대쯤으로 보였는데 이름은 뭐지? 난 마지막 문제의 답을 공란으로 두고 답안지를 제출했다. 모두 답안지를 제출하고 난 후 한 학생이 마지막 문항도 점수에 반영되는 것이냐고 물었다.

"물론이지." 교수님은 말씀하셨다.

"여러분은 간호사로서 앞으로 수많은 사람들을 대하게 될 것입니다. 한 사람 한 사람 모두가 중요한 사람들입니다. 이들은 여러분의 각별한 주의와 배려를 받을 권리가 있습니다. 어떤 경우라도 여러분은 항상 이들에게 미소를 보내야 하고, 먼저 미소를 보내야 하고, 먼저 인사를 건네야 합니다."

지금도 난 그 강의를 절대 잊지 않고 있다. 청소 아주머니의 이름이 도로시였다는 것도.

얼마 전 제 집무실에 말라위에서 사역하시는 선교사 한 분이 찾아오셨습니다. 그분도 모르는 분이지만, 그분이 사역하고 있는 말라위라는 나라도 어디 있는지 솔직히 몰랐습니다. 아프리카의 중앙 내륙에 있는 가난한 나라라고 합니다. 그런 외진 곳까지 우리나라 선교사님이 들어가서 사역하고 있다는 사실에 깜짝 놀랐습니다.

그분이 저를 찾은 이유는 말라위 재소자들을 도와달라는 것입니다. 말라위에 교도소들이 있는데 경제적인 조건이 좋지 않은 말라위 정부에서는 그들에게 끼니때마다 식량을 제대로 지급하지 못한다고 합니다. 가뜩이나 어려운 형편에 범죄자를 공짜로 먹여줄 수 없다고 판단한 모양입니다.

다행인 점은 교도소 내에 넓은 농지가 있어서 수형자들이 스스로 경작을 해서 연명하고 있다고 합니다. 우기에 농수가 풍부할 때는 식량 자급에 문제가 없지만, 건기에는 정말 치명적이라고 합니다. 그곳의 농업기술이나 농구들은 형편없어서 자연의 횡포에 무방비로 노출된 셈입니다. 보다 못한 선교사님이 한국에서 지원을 받아 컨테이너 5대 정도의 농기구를 싣고 간다면 농작물 증산에 많은 도움을 줄 수 있을 것이라고 판단한 모양입니다. 건장한 노동력이 이미 구비되어 있으므로 농기구만 가져간다면 저수지를 만들고 경작을 해서 식량을 자급할 뿐만 아니라, 인근 지역에 도움의 손길을 내밀 수 있을 것이라고 전망하고 있었습니다. 우리가 전혀 알지 못하는 말라위의 사람들에게도 관심과 도움의 손길을 뻗쳐야 합니다.

몸 따로 마음 따로

낮에는 난민촌을 돌아보고
밤이면 호텔로 돌아와 따뜻한 물로 샤워를 하고
푹신한 침대에 누워 있는 내 자신이 그렇게도 싫고
위선적일 수가 없습니다.
세상에 이런 고통스런 삶이 있다는 걸 모르고 살아온 내가 죄인이라고 울며 괴로워하면서도
지금의 이 푹신한 침대가 편안하게 느껴지는
'몸 따로 마음 따로'인 내가 정말 싫습니다.

– 김혜자의 『꽃으로도 때리지 말라』 중에서

오늘도 하나님은 우리에게 물으십니다. "네 아우가 어디 있느냐?" 사실 이 말씀은 잃어버린 형제에 대한 안타까움을 드러낸 말씀으로서 전도에 대한 촉구입니다. 이 말씀은 우리로 하여금 가련한 처지, 안타까운 처지에 빠진 형제들을 향해서 긍휼과 사랑을 베풀 것을 요청하시는 하나님의 간곡한 부탁의 말씀이기도 합니다. "네 아우가 어디 있느냐?" 하나님은 우리를 파수꾼으로 세우셨습니다.

에스겔은 자신이 이스라엘 민족의 파수꾼이 되었다는 자아 정체성을 분명하게 지니고 있었습니다. 우리 모든 사람은 형제를 지키는 파수꾼

입니다. 우리는 우리 형제를 책임져야 합니다. 내가 교회를 책임져야 하고, 대한민국을 책임져야 합니다. 그리고 이웃을 지켜야 합니다. "내 이웃이 누구인가?" 성경은 동심원적 구조를 이루어서 나로부터 내 가족 그리고 내 이웃과 민족과 국가와 전체 우주에 이르기까지 사랑과 관심의 동심원을 확장시키라고 주문합니다.

> "내 어머니와 내 동생들은 곧 하나님의 말씀을 듣고 행하는 이 사람들이라" 누가복음 8:21

예수님도 친족의 개념을 넘어서셨습니다. 우리는 확장된 가족, 확장된 이웃 개념을 가져야 합니다. 그래서 온 우주의 만물을 돌보는 자로 자신을 자리매김해야 합니다. 큰 책임을 질수록 큰 인물이 됩니다. 내 할 일 바쁘다고 해서 남을 돕는 일을 내팽개치는 사람이 되어서는 안 됩니다. 강도 만난 사람을 방관하는 사람은 세상에 영향을 미치지 못하며 변화시킬 수도 없습니다. 우리는 우리 형제를 지키는 자입니다. 우리 형제를 지키는 자여야 합니다.

하나님의
위대한 질문

Chapter 05 말씀 나누기

❶ "하나님은 제물 이전에 나를 받으십니다."라는 말은 무슨 뜻입니까?
❷ "네 아우가 어디 있느냐?"는 질문은 우리에게 무엇을 요구하고 있습니까?
❸ "내가 내 아우를 지키는 자니이까?"라는 대답은 가인의 어떤 모습을 나타냅니까?
❹ 우리는 어떤 점에서 가인을 닮았습니까?

Chapter 05 은혜 나누기

❶ 예배를 통하여 내가 얻는 것이 있다면 무엇입니까?
❷ 하나님은 내가 드리는 예배를 어떻게 받으신다고 생각합니까?
❸ 지금 나에게 있어 아벨_{관심} 가져야 할 사람은 누구입니까?

chapter 06

사명자로서 부족하게만 느껴질 때, 하나님이 묻습니다
"네 손에 있는 것이 무엇이냐?"

출애굽기 4:1-17

일을 구하는 사람들은 일자리가 없다고 하고, 일을 주는 사업자들은 필요한 인물을 찾을 수 없다고 아우성입니다. 요사이는 인재경영이라 해서 탁월한 인물을 영입하기 위해 심혈을 기울입니다. 과거에는 스포츠 스타나 인기 연예인을 스카우트하기 위해 그랬지만 현재는 각 방면의 우수한 사람을 스카우트하는 일을 전문적으로 하는 헤드헌터가 각광받고 있습니다.

만일 당신이 헤드헌터라면 어떤 사람을 쓰시겠습니까? 책임을 맡는 것에 대해 여러 가지 핑계를 대며 끝끝내 회피하는 사람, 할 수 있는 것보다 할 수 없는 이유를 주야장천으로 대는 사람, 말더듬이에다 자기 모국어도 잘 구사하지 못하는 사람, 현장에서 오랫동안 격리되어 현실 감각이 떨어지는 사람, 욱하면 말 대신 주먹이 먼저 나가는 불같은 성격의 소유자. 이런 사람을 추천하거나 자기 일에 쓸 사람은 없을 것입니다.

그런데 그런 사람도 위대하게 만들어 쓰시는 분이 있다면 믿으시겠습니까? 이런 사람도 위대하게 만들어 쓰시는 분이 있다면 우리도 그를 찾아가야 되지 않겠습니까?

:: 부름 받은 모세

모세에 대해 알아보겠습니다. 우리는 이미 성경을 통해서 모세가 행한 엄청난 일들을 익히 알고 있습니다. 그 엄청난 일들을 전부 기억하는 우리로서는 그가 출생부터 특별했을 것이고 유년 시절에도 그는 뭔가 달랐을 것이라고 지레짐작합니다. 하나님이 그에게 수많은 재능과 비범한 능력을 주셨기 때문에 그러한 일을 감당했을 것이라고 생각합니다. 그가 부름 받았을 때 자신 있게 응답하고 나왔을 것이라고 기대합니다.

우리는 모세가 행한 위대한 일에 묻혀 그의 출신 배경을 잘 모릅니다. 그러나 그의 소명 기사가 나오는 출애굽기 3장에서 4장을 읽어 보면 우리의 예상과 전혀 다른 모세를 보게 됩니다. 우리가 알고 있는 모세와 소명 받았을 때의 모세는 완전히 다른 사람처럼 보입니다. 추론할 수 있는 것은 하나님이 그를 변화시켜 사용하셨다는 사실입니다.

지도자는 부하의 잠재력을 더욱 극대화시킬 수 있도록 인도해 주는 역할인데, 그런 점에서 하나님이야말로 모세를 변화시켜 위대한 사역자로 세우셨으니 위대한 지도자 중의 지도자라고 할 수 있습니다. 하나님을 만난 자는 운명이 달라지고 삶의 그릇이 달라집니다. 어떤 의미에서 하나님 자신이 참된 리더이십니다. 우리의 잠재력을 알아보고 부르셔서 그것을 극대화시키십니다.

윌리엄 셰익스피어William Shakespeare는 "어떤 이는 위대하게 태어난다. 어떤 이는 자기 노력으로 위대해진다. 또 어떤 이는 강제로 떠밀려 위대해진다."라고 했습니다. 모세는 세 번째에 해당하는 사람이라고 볼 수 있습니다.

대개 세상의 위대한 사람을 살펴보면 스스로 자신이 위대하다는 것을 잘 알지 못했던 것 같습니다. 19세기 영국의 수필가 윌리엄 헤이즐릿William Hazlitt은 "진정으로 위대한 사람은 자신이 위대하다고 생각해 본 적이 없다."라는 말도 했습니다. 도대체 하나님은 모세의 어떤 점을 보셨기에 그를 불러 위대하게 사용하신 것일까요?

성경은 모세의 성품에 대해서 알려 주는 바가 없기에 우리는 그에 대해서 잘 알지 못하지만, 유대의 전승은 이런 이야기를 전해 줍니다.

모세가 장인 이드로의 집에서 양을 치다가 한 마리 양을 잃었습니다. 결국 온갖 수고와 희생 끝에 그 양을 찾아 어깨에 메고 오는 광경을 보시고서, 하나님이 이스라엘 백성을 해방하는 사람으로 모세를 선택했다고 합니다. "길 잃은 어린 양을 그렇게 힘을 다해 찾아내는 연민이 있는 사람이라면, 그에게 이스라엘을 맡겨도 되겠다."

사실 여부를 알 수 없으나 이 이야기를 통해서 보면 하나님이 우리를 쓰시는 이유는 능력보다는 성품을 보시는 듯하고, 기술보다는 안에 잠재된 것을 보고 부르셔서 그것이 드러나도록 인도하시는 것을 알 수 있습니다. 인간이 보기에 대단히 사소해 보이고 우스꽝스러워도 하나님은 그것을 활용해서 놀라운 일을 이루어 가십니다. 바울도 말했듯이 하나님은 가문이 좋거나 학식이 높거나 재물이 많거나 인물이 출중한 사람을 쓰시는 것이 아닙니다. 약한 자를 들어 강한 자를 부끄럽게 하십니다. 우리는 외모로 사람을 판단하지만 하나님은 중심을 보시고 잠재된 능력을 보십니다. 말솜씨가 중요했다면 아론을 쓰시지 왜 모세를 쓰시겠습니까? 모세는 말솜씨를 지도자의 중요한 자질로 보았지만, 하나님은 달랐습니다. 하나님이 찾고 계시는 사람은 불타는 열정과 사람들을 향한 연민을 지닌 사람이었습니다. 성품의 결함으로 중도에 탈락하는 지도자들은 많지만, 기술적 능력의 부족으로 너무 일찍 사그러지는 사람은 드뭅니다. 기술적 능력은 직무를 수행하면서 배우고 심화시킬 수 있기 때문입니다. 하나님은 성품이나 잠재력을 보시고 부르십니다. 그리고 고난으로 그를 만들어 가십니다.

그렇다고 해서 모세가 부름 받았을 때 자원하는 심정으로 나온 것은 아닙니다. 출애굽기 3장에서 4장은 하나님께서 이스라엘을 구원하시기 위해서 모세를 찾아오시는 장면을 보여 줍니다.

가시떨기 가운데에서 하나님은 모세를 부르십니다. 그러나 그는 이사야처럼 "내가 여기 있나이다 나를 보내소서"라고 자원하지 않고, 변명부터 늘어놓습니다. 하나님은 애굽에 있는 이스라엘의 고통을 보고,

부르짖음을 듣고, 근심을 알고출 3:7, 그의 백성 이스라엘을 애굽에서 인도하여 내리라고 작정하시고 모세에게 "이제 가라" 출 3:9, "내가 너로 이스라엘을 애굽에서 인도하여 내게 하리라" 출 3:10라고 하시는데, 모세는 '아멘'으로 응답을 하지 않습니다. 오히려 거부합니다.

모세는 마치 광야생활이 자신에게 행복을 주는 것처럼 말합니다. 모세가 40세에 처음 광야에 들어왔을 때는 불평불만이 많았을 것입니다. 불편한 것도 많았을 것입니다. 게다가 왕궁 생활을 했으니 얼마나 생활에 대한 기대가 높았겠습니까? 기대가 높은 만큼 광야 생활이 얼마나 더 곤고하게 느껴졌겠습니까? 한술 더 떠 처가살이까지! 비록 밥은 먹고 살았어도 자신의 집안을 세울 재물은 하나도 없었습니다. 40년 동안 장인의 양만을 돌보는 생활을 했습니다.

그런데 인간은 이렇게 절망적인 상황에서도 정말 적응을 잘합니다. 그런대로 만족하게 살 수 있었습니다. 그 비결은 바로 꿈과 비전을 접는 것입니다. 못 살 것 같은 상황 속에서도 살아가게 됩니다. 그래서 꿈을 잊은 지 오래되었고, 광야지만 제2의 고향으로 여기며 그럭저럭 지내고 있었습니다. 나름대로 할 일이 있고 시간도 잘 가고, 만약 장인 이드로가 별세한다면 그의 재산이 그에게 돌아올 기대도 품게 되었습니다. 그 생활 속에서 안전하다고 생각했던 것입니다. '이 정도면 됐다.'라고 스스로 안주하며 타성에 젖어 있었습니다.

그러나 하나님은 안전지대에서 자고 있던 모세를 불러 새로운 모험의 세계로 이끌어 내십니다. 우리는 안전지대에 머물지 말고 신앙에 뛰어들어야 합니다. 불편한 지대에 오래 머물면 그곳이 익숙해질지 몰라도 그곳에서 나와야 합니다. 선택한 모험보다는 선택하지 않은 모험 때문에 후회하게 될 날이 올 것입니다.

모세나 우리나 무슨 일에 부름을 받으면 순종하여 몸을 던지기보다는 자신이 그 일에 부적합하다는 구실을 찾는 데 더 열심입니다. 마치 하나님의 생각이 틀렸음을 입증하려는 사람 같습니다. 모세의 '핑계'를 들어봅니다.

:: 모세의 핑계

하나님께서 새로운 소명의 세계로 부르시는데, 모세는 그것에 순종하기보다는 하나님과 토론하기를 더 좋아합니다. 말씀을 거부하기도 합니다. 하나님이 모세를 설득하는 것이 나중에 모세가 바로를 설득하는 것만큼 힘듭니다. 모세는 하나님 말씀에 줄곧 이의만 제기합니다.

첫 번째는 자격에 대한 문제입니다.

"내가 누구이기에 바로에게 가겠습니까?"출 3:11 자신은 구원자로서의 자격이 전혀 없다는 것입니다. 그에 대해서 하나님은 "내가 너와 함께 있을 것이다."출 3:12라고 말씀하십니다.

두 번째는 지식에 대한 문제입니다. "나는 하나님에 대한 지식도 없습니다."출 3:13 그에 대해서 하나님은 자신의 성호를 말씀하십니다. "나

는 스스로 있는 자다. 스스로 있는 자가 너를 보냈다고 하라." 출 3:14

세 번째는 공신력의 문제입니다. "사람들이 나를 믿지 않을 것입니다" 출 4:1 그러자 하나님께서는 그에게 여러 가지 표적을 보여 주십니다. "지금 네가 갖고 있는 것이 무엇이냐? 지팡이가 있지? 그거 한 번 던져 봐라." 뱀이 되었습니다. 무서운 뱀을 피하려는 모세에게 "모세야, 그 뱀의 꼬리를 잡아 보라."라고 하십니다. 뱀은 꼬리를 잡으면 안 됩니다. 성경에 나와 있는 말씀을 보고 "실습해 봐야지!" 하고 뱀의 꼬리를 잡으면 큰일납니다. 하나님의 말씀 없이 잡으면 안 됩니다. 순종함으로 모세가 꼬리를 잡자 다시 지팡이가 되었습니다.

그 놀라운 표적에도 모세가 '별로다!' 라는 표정을 지으니 하나님은 그의 손을 품안에 넣으라고 하십니다. 다시 빼냈을 때 그의 손에 나병한센병이 들어 있었습니다. 다시 한 번 품안에 넣었다 빼내니 이전처럼 온전해졌습니다. 여전히 미덥지 못해 하는 모세를 향해서 나일강 물을 퍼서 던지면 그 물이 피로 변할 것이라는 약속을 주십니다.

이 세 가지 표징은 이집트 사람들이 무서워하는 것들입니다. 그것들을 이집트 사람 앞에서 행함으로써 하나님의 능력을 보이고 백성들을 이끌고 나오라고 하십니다.

이런 엄청난 기적을 보고도 모세가 네 번째 핑계를 댑니다. "저는 말을 잘 못합니다." 출 4:10

광야 40년 동안 이집트 말을 쓰지 않고 셈족 언어 중 하나인 미디안 방언만 했으니 "저는 입이 뻣뻣합니다. 게다가 저는 그동안 이집트 언어를 다 잊어버리고 오직 미디안 방언만을 했습니다."라고 한 것입니다. 이에 대해서 하나님은 "누가 입을 지었느냐? 나 여호와가 아니냐? 이제 가라. 내가 네 입과 함께 있어 할 말을 가르치겠다." "네 형 아론이 있지 아니하냐? 그를 대변인으로 함께 보내겠다."출 4:14라고 하셨습니다.

정말 친절한 하나님이십니다. 말 같지도 않은 변명에 일일이 답변을 해주십니다.

하나님은 모세가 달변 문제로 이의를 제기할 때 그에게 능력을 주실 수 있었습니다. 하나님은 말하는 자, 말 못하는 자, 말 잘하는 자, 말이 어눌한 자를 만드신 분이기 때문입니다. 하나님의 뜻이라면 모세의 입과 혀를 주장하여 당장에라도 팽팽 돌아가게 하셨을 것입니다. "자, 이제부터 너는 말을 유창하게 할지어다."

그러나 하나님은 말 잘하는 능력을 주시는 대신 "내가 너와 함께 있겠다."라는 원론적 말씀만 하셨습니다. 그런데 이 말씀이야말로 모든 것보다 소중한 것입니다. 하나님께서 함께하실 때 우리에게는 불가능이 없습니다. 능력이 아니라 능력의 근원이신 하나님이 함께하시기 때문입니다. 하나님은 부름 받은 자의 약점을 당장에 고쳐주시지 않을 때도 있습니다. 단지 하나님과 함께하게 하고, 동역자와 함께하게 하십니다. 하나님의 최고의 선물은 "내가 너와 함께하겠다."라는 약속입니다.

정말 모세도 끈질깁니다. 나중에 변명을 하다하다 안 되니 이제는 단도직입적으로 "주여 보낼 만한 자를 보내소서."출 4:13라고 대꾸합니다.

"하나님, 사람 잘못 보셨습니다. 딴 데 가서 알아보세요."라는 겁니다. 자신은 그런 일을 할 만한 사람이 못 된다고 말했습니다.

교회에 한동안 안 보이시는 분이 계셔서 제가 전화를 걸면 말을 듣기도 전에 "전화 잘못 거셨습니다. 찾으시는 사람 여기 없습니다." 하고 끊으려고 합니다. 그래서 제가 다급하게 "저 중앙교회 한기채 목사인데요. 아무개 집사님 아니세요?" 하면 그제야 "아이고 목사님, 하도 잘못 걸려온 전화가 많아, 목사님인지 몰랐습니다."라고 둘러댑니다. 모세는 하나님에게 마치 잘못 걸려온 전화처럼 답변을 하고 있습니다. "그런 사람 없는데요. 전화번호 잘못 아신 것 아닙니까?"

모세는 마치 하나님의 일이 사람의 능력에 달려 있는 것처럼 말하고 있습니다. 이런 것은 겸손이 아니라 교만입니다. '보낼 만한 자를 보내라'는 것은 이제 더 이상 핑계 댈 것이 없기 때문에 이렇게 말하는 것입니다. 이것이 모세의 진짜 의중입니다. 핑계를 대던 것은 구실이고, 사실은 가고 싶지 않았던 것입니다. 이런 사람은 조건을 다 맞추어 줘도 구실만 찾지, 가려 하지 않습니다. 작심하고 하나님의 부르심을 거부하고 있습니다!

급기야 하나님은 노를 발하십니다. 하나님은 모세가 인간적인 약점을 구차한 변명으로 이용하는 것을 보고 노하셨습니다. 나의 부족함은 오히려 하나님이 역사하시는 기회라는 것을 왜 모릅니까? 하나님 안에서 나의 약점은 오히려 강점이 됩니다. 하나님은 모세가 완전한 사람이라서 쓰시는 것이 아니라, 그의 부족함에도 불구하고 쓰시는 것입니다. 내가 부족하기 때문에 하나님의 은혜가 더욱 넘치게 됩니다.

> "우리가 이 보배를 질그릇에 가졌으니 이는 심히 큰 능력은 하나님께 있고 우리에게 있지 아니함을 알게 하려 함이라"
> 고린도후서 4:7

성도들에게는 '질그릇'의 문제, 주님이 고쳐주시지 않는 질병이나 문제를 가지고 있습니다. 그러나 하나님이 보시기에 그렇게 하는 것이 최선이기 때문입니다.

> "내 은혜가 네게 족하도다 이는 내 능력이 약한 데서 온전하여짐이라" 고린도후서 12:9

이는 모세의 마음에 응어리진 것이 있기 때문일 수 있습니다. 그의 심령이 상처를 입었던 것입니다. 모세의 말에는 그가 상처받았던 기억이 묻어나고 있습니다. 사람들에 대한 실망감입니다. "내가 사랑할 가치가 있나?"

자신에 대한 실망도 있습니다. "내가 이것밖에 안 되나?"

하나님에 대해서도 실망했습니다. "내가 하나님을 필요로 할 때는 어디 계셨어요?"

그는 40세가 되었을 때 나름대로 민족의식이 있고 하나님에 대해서 알고 있었습니다. 그래서 전도유망한 자리를 털고 어렵게 일어났는데, 다른 사람도 아닌 동족들이 그를 비아냥거렸습니다. 원수가 아니라 동족에 의해서 상처를 받았습니다. "우리가 언제 너를 재판관으로 세웠느냐?"

딴에는 잘 해보려고 했는데……. 젊은 모세는 이 일로 큰 상처를 받았습니다. 사랑이 상처를 입고 날개를 접게 된 것입니다. 자신에 대해서도 상처를 입었습니다. 자신이 무엇인가를 할 수 있을 줄 알았는데, 고작 한 것은 애굽인 하급 관리 하나 죽이고 모래에 묻어둔 채 목숨을 부지하기 위해 광야로 줄행랑을 친 것뿐입니다. 도도한 자부심이 산산조각났습니다. 자신이 쌓아놓았던 것이 하루아침에 무너지는 것을 겪었습니다.

이런 그의 상처는 그의 마음에 슬픔과 분노를 몰고 왔습니다. 하나님을 향해서도 역시 마찬가지였습니다. 잘 보면 모세의 핑계는 불평입니다. "왜 이제야 하나님이 저를 찾아오셨지요? 40년 전 그때 하나님이 역사하셨을 수도 있잖아요? 그런데 그때는 잠잠하시다가 이젠 나름대로 만족하고 있고, 할 일도 있는 저를, 노년의 여생이나 편안하게 보내려는 저를 찾아오셔서 이렇게 마음을 혼란스럽게 만드시는 것이지요?

사람들은 왜 그렇죠? 제가 그들에게 잘못한 것이 무엇입니까? 세상은 왜 이렇습니까? 없는 것 투성이고, 제가 할 수 있는 것도 없잖아요.

제발 저를 놔두세요. 여기서 그냥 끝내세요. 제가 더 이상 무엇을 하겠어요. 솔직히 가고 싶지도 않아요. 노예로 그냥 잘 살게 저를 놔두세요."

심리학자 로빈 코발스키Robin Kowalski는 이렇게 말했습니다.

"불평은 대부분 다른 사람들로부터 동정이나 인정 같은 특별한 대인관계상의 반응을 얻어내려는 심리를 동반한다. 예를 들어 사람들이 자신의 건강에 대해 불평하는 것은 실제로 아파서가 아니라 아픈 사람이라는 역할이 그들로 하여금 동정이나 피하고 싶은 일을 안 해도 되는 것과 같은 부차적인 이득을 얻게 해주기 때문이다."

베데스다 연못가에서 예수님이 38년 동안 아픈 사람에게 기이한 질문을 던지십니다. "네가 낫고자 원하느냐?" 병자라고 해서 무조건 낫고 싶다고 생각하지 않는 것을 주님은 보시기 때문입니다. 병자는 아프다는 이유로 많은 의무로부터 면제가 되었습니다. 비록 그의 마음속에는 병고에 대해서 한탄과 불평이 있지만, 그 질병에서 떠나고 싶지 않다는 생각도 마음 한 구석에 있습니다. 우리는 불평함으로 이득을 취할 수 있었습니다. 우리는 동정과 관심을 얻기 위해, 또는 우리가 하고 싶지 않은 일을 안 하기 위해 불평을 합니다. 그래서 핑계와 불평은 서로 통합니다.

하나님은 그런 모세에게 묻습니다. "네 손에 가진 것이 무엇이냐?" 이 말씀에서 사명을 받을 때, 하나님의 일을 할 때, 두 가지를 기억해야 합니다.

:: 있는 것을 쓰시는 주님

첫째, 사람은 '없는 것'을 먼저 보지만, 하나님은 '있는 것'을 쓰십니다. 하나님은 우리에게 없는 것을 찾지 않습니다. 있는 것을 요구하시며 그것을 사용하십니다. 우리는 부름 받았을 때 우리에게 없는 것부터 먼저 생각해 냅니다. "저는 시간이 없어요." "저는 경험도 없고 능력도 없어요." "저는 돈도 없고 빽도 없어요."

'없고' '못하고' 이런 식으로 말합니다. 이렇게 '없는 것' 리스트, '못하는 것' 리스트만을 나열합니다. 모세의 변명은 자신에게는 능력도 없고, 하나님의 이름에 대한 지식도 없고, 사람들의 신뢰도 없고, 말주변도 없다는 것입니다. 그러면 하나님께서 "오호, 그래? 내가 잘 모르고 너를 찾아왔구나. 다른 사람 찾아보겠다. 잘 있어라." 하고 가실까요?

아닙니다. 하나님의 질문은 "네 손에 가진 것이 무엇이냐?"입니다. 모세는 '지팡이'라고 대답했습니다. 하나님은 그 지팡이로 여러 가지 용도로 사용할 수 있습니다. 하나님은 어떤 특별한 것을 요구하시는 것이 아닙니다. 목자라면 누구나 갖고 있는 필수품을 요구하시는 것입니다. 있는 것을 쓰시겠다는 것입니다.

예수님은 오병이어의 기적을 일으킬 때도 있는 것을 사용하셨습니다. "예수님, 날이 저물었습니다. 사람의 숫자는 장정만 5천 명이 넘는데 어떻게 먹이시겠습니까? 200데나리온의 돈으로도 이 군중을 먹이는데 부족할 것입니다. 여기는 광야입니다." 예수님은 "너희들이 무엇을 가지고 있느냐? 그것을 가져오너라."라고 말씀하십니다. 예수님은 어린 아이가 갖고 있던 보리떡 다섯 개와 물고기 두 마리를 축사하시고 떼어 주셔서 결국 5천 명이 배불리 먹게 하셨습니다. 뿐만 아니라 남는 것을 다 모으니 열두 광주리에 차게 되었습니다. 1만 명이 먹을 가능성이 있는 식사를 혼자 먹는 사람이 있고, 혼자 먹을 것으로 1만 명을 먹이는 사람이 있습니다. 내가 갖고 있을 때는 한 사람의 한 끼 식사밖에 안 되는 것이지만 주님께 드릴 때는 생명의 양식이 되어 수많은 사람들을 먹이는 놀라운 일이 벌어지게 됩니다. 그런 기적을 경험하고도 제자들은 믿음의 눈이 열리지 않아 4천 명을 두고 태산 같은 걱정을 했습니다. 그때도 주님은 "너희에게 떡이 몇 개나 있느냐?"막 8:5라고 물으셨습니다.

엘리야 선지자가 사렙다 과부의 집에서 머물게 된 것은 그녀가 부자였기 때문이 아닙니다. 오히려 그 과부 모자는 조금 남은 밀가루와 기름으로 마지막 양식을 해먹고 죽으려던 참이었습니다. 그러나 그 과부는 엘리야 선지자를 통해 말씀하신 하나님의 말씀을 듣고 순종하여 하나님께 드렸을 때, 차고 넘치는 놀라운 복을 받았습니다. 엘리사 선지자가 생도의 과부와 그의 아이들의 빚을 갚아준 것도 그녀가 갖고 있던 기름 한 그릇이었습니다. 결국 그 과부는 자신이 갖고 있는 것을 통해서 구원을 받았습니다.

"엘리사가 그에게 이르되 내가 너를 위하여 어떻게 하랴 네 집에 무엇이 있는지 내게 말하라 그가 이르되 계집종의 집에 기름 한 그릇 외에는 아무것도 없나이다 하니" **열왕기하 4:2**

하나님은 없는 것을 탓하지 않습니다. 하나님이 주신 것, 내 손에 쥐고 있는 것, 아니 내 손으로 움켜쥘 수 있는 것을 생각하시기 바랍니다. 어느 통계에 따르면 여성들은 지금 보고 있는 TV 프로그램에 관심이 있는 반면에, 남성들은 보고 있는 것 외에 다른 프로그램에 관심이 많다고 합니다. 그래서 쉼 없이 리모콘을 돌린다고 합니다. 지금 있는 것에 초점을 맞추어야 합니다. 없는 것에 초점을 맞추면 안됩니다. 우리에게 주어진 것이 적더라도 그것을 하나님께 드릴 때 놀라운 역사가 일어납니다. 모든 여행은 당신이 있는 곳에서 시작됩니다.

우리는 우리가 갖지 않은 것과 되지 못한 것에 초점을 맞추는 나쁜 습관을 갖고 있습니다. 문제의 해결책을 찾기보다는 문제 자체를 묵상하는 데 더 열중하는 이유는 무엇입니까? 우리는 없는 것만 생각하며 문제 자체에만 주목하지, 문제의 해결책에는 덜 신경을 씁니다. 우리에게 활용할 수 없는 것들이 아니라, 활용할 수 있는 것들에 초점을 맞추십시오. 가진 것이 적다고 불평하지 마십시오. 당신이 가진 것이 당신의 문제를 해결할 수 있습니다. 당신이 내놓을 수 있는 것은 무엇입니까? 하나님이 당신의 무엇을 쓰시길 원하십니까? 당신이 가진 것들을 주님의 손에 맡겨보십시오. 당신이 어떻게 생각하느냐가 중요합니다. 항상 긍정적인 태도를 가지십시오. 하나님은 한 번도 우리에게 없는 것을 요구하신 적이 없으십니다. 당신의 손에 들고 있는 것을 주님께 드려야 합니다. 당신의 전공을 살려서 사명을 감당해야 합니다. 하나님은 당신 특유의 것을 원하십니다. 하나님은 복사물을 원하는 것이 아니라 다양성을 원하시기 때문입니다. 보잘것없어 보여도 하나님께 귀중히 쓰임 받을 수 있습니다. 열등감을 가질 하등의 이유가 없습니다. 기드온에게도 하나님은 "너는 가서 이 너의 힘으로 이스라엘을 미디안의 손에서 구원하라"라고 말씀하셨습니다.

무디는 무학의 구두 수선공이었습니다. 그런 그가 하나님께 쓰임 받아 전 세계를 다니며 놀랍게 복음을 전파했습니다. 한 번은 영국에 가서 전도 집회를 했는데 어떤 사람이 그에게 다가와 꾸짖었습니다. "어떻게 당신 같은 영어 구사능력을 가지고 복음을 전하고 하나님을 전한다고 하십니까? 내가 잠깐 동안 들으니 당신의 말에서 무려 18가지의 문법적 오류가 있었습니다. 부끄럽지 않습니까?"

그러자 무디는 담대하게 이렇게 말하는 것입니다. "형제여, 당신의 말은 맞습니다. 저는 영어 문법이 별로입니다. 그런데 놀라운 것은 하나님은 그 형편없는 나의 언어를 가지고도 사람들을 구원하신다는 사실입니다."

우리는 하나님의 부름에 접해서 이렇게 요구합니다. 내가 영어를 더 잘했으면……, 문장력이 더 좋았으면……, 음악적 소질이 있었으면……, 말을 더 잘했으면……. 그러나 하나님은 없는 것을 요구하시는 분이 아닙니다.

:: 하나님의 손에 붙들려야

둘째는 내가 갖고 있는 것이 아름답게 쓰이기 위해서는 하나님의 손에 붙들림을 받아야 한다는 것입니다. 다시 말해서 누구의 손에 붙들리느냐가 중요합니다. 흔히 말하기를 '칼'이 의사의 손에 있느냐, 강도의 손에 있느냐에 따라 결과는 판이하게 다르다고 합니다. 생명을 살리는 수술용 칼이 되기도 하고, 흉기가 되기도 하는 것입니다.

모세가 지팡이를 들고 있을 때, 그것은 목동의 지팡이에 불과했습니다. 오병이어를 아이가 가지고 있을 때는 고작 한 사람의 허기를 간신히 면하게 할 적은 음식이었습니다. 그러나 그것이 하나님의 손에 붙들릴 때 역사가 일어납니다. '모세의 지팡이'가 '하나님의 지팡이'가 됩니다. '보리떡'이 '생명의 양식'이 됩니다. 내가 가지고 있는 것은 작지만, 하나님께 드릴 때 그분은 놀랍게 쓰십니다.

"너는 이 지팡이를 손에 잡고 이것으로 이적을 행할지니라"
출애굽기 4:17

"모세가 하나님의 지팡이를 손에 잡았더라" 출애굽기 4:20

모세는 하나님께 붙들림 받은 그 지팡이로 놀라운 이적을 행하게 됩니다. 지팡이가 뱀이 되기도 하고출 7:10, 나일 강을 치니 피로 변하고출 7:17, 지팡이를 잡고 팔을 강과 운하에 펴니 개구리가 올라오고출 8:5, 지팡이로 땅의 티끌을 치니 온 땅의 티끌이 이가 되고출 8:17, 지팡이로 홍해를 가르고출 14:16, 지팡이로 반석을 치니 물이 나오고출 17:5, 아말렉과의 전투에서 지팡이를 들고 기도하니 승리했습니다출 17:9.

지팡이는 하나님이 함께하신다는 표식이었습니다. 하나님의 권능, 하나님의 임재의 시각적 증거입니다. 지팡이는 인도하시는 하나님을 상기시켜 주었습니다. 이스라엘의 법궤에는 싹 난 지팡이를 집어넣었습니다. 하나님의 임재를 상징하기 때문입니다.

1988년 1월 1일부터 3일까지 저는 오산리금식기도원에서 금식하며 중대한 기도를 하고 있었습니다. 그해 8월 30일에 군에서 제대하게 되는데, 그 후 진로에 대해서 결단해야 했기 때문입니다. 어느 교회 부목사로 갈지, 군목사를 연장해서 복무할지, 교회를 개척할지 결정하지 못한 채 간절히 기도만 하고 있었습니다.

사흘째 되던 날 기도 후에 산을 산책하는데, 발이 무엇인가에 걸려 넘어질 뻔했습니다. 눈에 덮인 소나무 뿌리였습니다. 반쯤 썩어 몰골이 앙상했습니다. 그것을 보는 순간 제 마음에 대고 이렇게 말씀하시는 하나님의 음성을 느낄 수가 있었습니다.

"이것이 무엇처럼 보이느냐?"

"무엇처럼 보이냐고요? 썩은 나무로 보입니다."

"무엇처럼 보이느냐?"

"썩은 나무막대기요!"

"무엇처럼 보이느냐?"

"…… 썩어 하등 쓸모없어진……, 저처럼…… 보이네요."

갑자기 생각이 뇌리를 스쳤습니다.

'그래, 내가 저 썩고 못생긴 막대기에 불과하지 않은가! 그러나 내가 하나님의 손에 붙들리기만 한다면 하나님의 막대기처럼 될 것이다. 모세가 지팡이로 홍해를 가른 것처럼, 태평양을 가르고 미국에 가며 미국 유학 생활이 광야 같을지라도 반석에서 샘물을 내셨던 하나님이 나의 길을 인도하실 것이다. 비록 지금 내가 계획을 세울 수는 없지만 하나님은 광야 같은 곳을 지나 마침내 젖과 꿀이 흐르는 가나안 땅으로 인도하여 들이실 것이다. 그 일을 했던 것이 모세의 평범한 지팡이였지 않은가! 중요한 것은 하나님께 붙들리는 것이다.'

막대기가 문제가 아니라 누구의 손에 들리느냐가 중요하다는 것을 깨달았습니다. 마침 기도하러 오신 장모님께서는 제가 가방을 가지고 다녀오겠다고 인사하는 환상을 봤다고 하셨습니다.

그때부터 곧바로 입학원서를 보내기 시작했습니다. 그랬더니 미국 대학들에서 입학 허가서가 날아왔고 심지어 밴더빌트 대학교에서는 전액 장학금을 지급하겠다는 통지가 왔습니다. 전혀 생각지도 못한 일들이었습니다.

그런데 한 가지 큰 문제가 있있습니다. 제대 날짜와 입학 날짜입니다. 국방부 시계로 8월 30일에 제대한다면 도저히 미국 학기에 맞출 수가 없었기 때문입니다. 그런데 기적 같은 일이 벌어졌습니다. 하나님은 정말 놀랍게 역사하십니다. 제대 명령이 한 달 일찍 나온 것입니다.

그렇게 유학길에 오른 날, 내슈빌 공항에 도착하여 난민처럼 가방을 수북이 쌓아놓고 아이들과 잠시 감사기도를 하고 눈을 떠 보니 한국 사람으로 보이는 여자 분이 눈에 띄었습니다. 저는 그에게 한국 분이냐고 물으니 그렇다고 해서 염치 불구하고 모텔을 찾는 것을 도와줄 수 있느냐고 초면에 요청을 했습니다. 그분은 목사님 사모님으로 출장 갔다가 돌아오시는 남편 목사님을 마중 나왔는데, 남편에게 부탁을 하자고 해서 함께 기다렸습니다. 그렇게 내슈빌 침례교 본부에서 일하시는 강호길 목사님을 처음 만났습니다. 그분이 석종문 목사님을 소개해 주시고 해서 결국 제가 내슈빌에서 사역과 공부를 함께할 수 있도록 일들이 진행되었습니다. 그렇게 광야 같은 미국의 삶 속에서도 만남을 예비하시는 '여호와 이레'의 하나님을 경험할 수가 있었습니다.

확실한 것을 붙드시기 바랍니다. 그렇게 되면 나머지는 하나님께서 채워주실 것입니다. 내가 갖고 있는 것을 붙드시기 바랍니다. 우리 인생길을 다 알고서 살아가는 사람은 아무도 없습니다. 모든 것을 계획하고 준비해서 살아가는 사람은 없습니다. 확실한 주님, 나에게 있는 확실한 것을 붙들고 믿음으로 나가시기 바랍니다. 그러면 나갈 때마다 홍해가 열리고, 나갈 때마다 광야에 샘이 터지고, 나갈 때마다 하나님께서 만나를 내리셔서 당신을 먹이시는 하나님을 체험하게 될 것입니다.

만약 모세가 이 광야의 전 과정을 미리 알았더라면 아마 중압감을 견뎌내지 못했을 것입니다. 엄두가 나지 않았을 것이고 핑계 리스트만 길어졌을 것입니다. 그러나 그분을 믿고 붙들면 놀라운 길을 걷게 됩니다. 나머지는 가면서 생각하면 됩니다. 한치 앞조차 보이지 않아도 한

걸음 한 걸음 주님과 동행하는 삶이 우리에게 필요합니다.

　모세는 하나님의 위대한 사역을 위해 부름 받았습니다. 그 자신이 특별해서가 아니라 하나님의 뜻이 있었기 때문입니다. 그러나 모세는 하나님을 전폭적으로 신뢰하지 못했고, 착각과 오해로 고집을 피웠습니다. '자신의' 능력과 지혜로 '하나님의' 일을 해야 한다고 생각했던 것입니다. 그러나 하나님은 온갖 핑계만을 대고 거부하는 모세에게 물으셨습니다. "네 손에 가진 것이 무엇이냐?" 하나님은 우리에게 이미 주신 것, 우리가 잘 하고 익숙한 것을 원하십니다. 다만 그분의 손에 붙들림 받을 때 평범했던 우리의 것이 하나님의 탁월한 것이 됩니다.

　오늘도 하나님은 당신의 구원의 위대한 역사를 이루시기 위해서 우리 각자를 찾아와 부르십니다. 그럴 때 우리는 과연 어떻게 반응해야 할까요? 우리를 부르시는 하나님은 우리와 함께 해주실 것을 약속하시면서 우리의 주의를 환기시킵니다.

　"네 손에 있는 것이 무엇이냐?"

　한번 대답해 보시기 바랍니다.

Chapter 06 말씀 나누기

❶ 모세는 하나님께 몇 가지 핑계를 댑니까? 출 3:11, 3:13, 4:1, 4:10
❷ 하나님께서는 몇 가지 표징을 주십니까? 출 4:2-9
❸ 누구를 대변인으로 동역하게 하십니까? 출 4:14

Chapter 06 은혜 나누기

❶ 지금 내가 있는 안전지대는 어디입니까?
❷ 자신혹은 서로의 장점을 말해 봅시다.
❸ 하나님께서는 내게 없는 것이 아니라 있는 것을 들어 쓰십니다. 당신에게는 무엇이 있습니까?

chapter 07

하나님의 부르심이 부담스러울 때, 하나님이 묻습니다
"누가 우리를 위하여 갈꼬?"

이사야 6:1-13

본문은 이사야의 소명 체험에 대한 기사입니다. 대부분의 선지자는 소명 기사가 제일 앞에 기록된 반면, 이사야 선지자는 6장에 와서야 기록되어 있습니다. 왜 맨처음 1장에 기록하지 않고 6장에 와서야 기록했느냐에 대해서는 해석이 다양합니다만, 메신저messenger보다는 메시지 message에 더 초점을 두기 위한 것으로 보입니다. 6장은 이사야 서론의 총 결론인 셈입니다.

이사야기 소명을 받던 해는 다윗 이래 훌륭한 왕으로 추앙받았던 웃시야가 나병으로 죽던 기원전 739년입니다. 웃시야는 16세에 왕이 되어 52년간 통치하면서 많은 업적을 남겼으나, 말년에는 그의 마음이 교만해져서 하나님께 악을 행함으로 나병에 걸려 죽게 되었습니다.

"웃시야가 그의 아버지 아마샤의 모든 행위대로 여호와 보시기에 정직하게 행하며 하나님의 묵시를 밝히 아는 스가랴가 사는 날에 하나님을 찾았고 그가 여호와를 찾을 동안에는 하나님이 형통하게 하셨더라" 역대하 26:4-5

"그가 강성하여지매 그의 마음이 교만하여 악을 행하여 그의 하나님 여호와께 범죄하되 곧 여호와의 성전에 들어가서 향단에 분향하려 한지라" 역대하 26:16

이때 유다는 정치적으로 불안정하고, 흉년이 계속되어 경제적으로 궁핍해지고, 도덕적으로 타락하고, 외적들의 침입이 빈번했습니다. 악을 선하다고 하고, 선을 악하다 하며, 뇌물을 받고 공의를 굽히는 일이 다반사로 자행되었습니다.

왕궁에 살며 귀족 생활을 하던 왕족 출신 사람 이사야가, 참담한 심정으로 하나님 앞에 나아가 기도합니다. 이때는 비교적 성군이라고 불리던 웃시야 왕이 죽은 후였기 때문에 정신적 허탈감과 미래에 대한 두려움이 팽배해 있을 때였습니다.

"왜 이런 일이 일어납니까?" "누가 이 곤경에서 구출해 줄 수 있습니까?" "이렇게 끝날 수는 없습니다." 이사야는 수없이 많은 질문들을 거룩하신 하나님께 계속 드렸습니다. 이사야는 지금의 답답한 상황, 불투명한 미래 전망에 대한 불만과 불안을 해소하기 위해서 하나님 앞에 나온 것입니다. 이런 것을 소위 '거룩한 불만' holy discontent이라고 할 수 있습니다.

거룩한 불만, 거룩한 분노는 다양한 곳에서 발견됩니다. 이전에 '뽀빠이' 라는 어린이용 만화영화가 인기를 끌던 때가 있었습니다. 해군이었던 뽀빠이에게 여자 친구 올리브가 있는데 악당 브루투스가 올리브를 괴롭힐 때마다 뽀빠이가 의분을 참지 못하고 일어나서 악당을 물리치고 올리브를 구한다는 내용의 애니메이션입니다.

물론 그때마다 뽀빠이는 그의 거룩한 분노를 성취하기 위해서 시금치에 의지해야 했습니다. 덕분에 시금치를 좋아하지 않던 아이들이 뽀빠이처럼 힘이 세지고 싶어서 열심히 시금치를 먹는 기현상이 벌어지기도 했습니다. "나도 참을 만큼 참았어. 더 이상은 못 참아!" 이것이 바로 '뽀빠이의 순간' Popeyes moment입니다. 의분을 느끼고 분연히 떨쳐 일어나는 순간입니다.

모세도 이런 거룩한 분노를 느꼈습니다. 모세가 바로의 궁정에서 성장한 뒤, 한 번은 자기 형제들을 보려고 나갔는데 어떤 애굽 사람이 한 히브리 사람, 즉 자기 동족을 치는 것을 보게 되었습니다. 그 처우가 공의롭지도 못했고 얼마나 악의와 비열함이 배어 있었던지, 모세는 거룩한 분노를 참지 못하고 그 애굽 사람을 죽여 모래에 묻어 버리고 말았습니다. 이런 식으로 분노를 표출하는 것은 소이배나 하는 일이기는 하지만, 민족을 사랑하는 마음, 약한 자를 돌아보는 그의 거룩한 분노는 나중에 민족의 지도자가 되는 중요한 자질 중 하나가 되었습니다.

국제구호개발기구 월드비전World Vision을 창시한 밥 피어스는 한국

전쟁 당시 한국을 방문한 적이 있었습니다. 전쟁고아들, 부모와 떨어진 아이들, 홀로 살아남은 아이들이 수용되어 긴 줄을 서서 배급을 기다리고 있었는데, 어느 아이가 배식대 앞에서 혼절해서 쓰러지더니 곧바로 숨졌습니다. 뼈만 앙상하게 드러난 몸, 영양 실조였습니다. '그 아이에게 한 순간만이라도 버틸 힘이 남아 있었다면…….'

밥 피어스는 큰 충격과 고민과 괴로움을 갖고 미국 LA로 돌아갔습니다. 그는 전쟁고아들을 향한 애절한 마음, 채워지지 않은 불만족에 시달려야 했습니다. 그는 즉시 기독 실업인들을 모아놓고 한국에서 경험한 이야기를 들려 준 뒤, 월드비전을 발족시켰습니다. 2005년 현재 이 단체는 96개 나라에서 100만 명이 넘는 사람들에게 신체적, 사회적 후원을 제공하고 있습니다.

얼마 전 기독교 다큐멘터리 영화로는 처음으로 〈소명〉이 개봉관에서 상영되어 호평을 받았습니다. 부족수가 불과 100여 명인 아마존의 원시부족 바나와를 섬기는 강명관 선교사님의 사역을 다룬 영화입니다. 명성교회에서 파송한 선교사로서 그의 사역에 대한 간단한 소개 영상으로 기획되었다가, 현지 촬영 중에 영화화하기로 결정되었다고 합니다.

아마존에서는 우리가 알지 못하는 수많은 위험과 고통이 뒤따릅니다. 살을 파고드는 벌레와 기생충으로 끔찍한 고통을 겪어야 하는 곳입니다. 그런데도 왜 강명관 선교사 부부는 편안하고 쉬운 길을 마다하고 오지에 제발로 찾아간 것일까요?

강 선교사는 한국에 있을 때 전도유망한 외국어고등학교의 국어 선생님이었습니다. 어느 날 아마존에 있는 인디언 부족이 예수님 없이,

문자 없이 살아가고 있다는 소식을 듣고 긍휼의 마음이 작동했습니다. 그들에게 문자를 알려 주고 성경을 읽도록 해주고 싶은 거룩한 불만과 뜨거운 용기가 용솟음쳐서 모든 것을 내려놓고 아마존 정글로 한걸음에 달려갔습니다.

어린 다윗에게도 거룩한 분노가 있었습니다. 강력한 철기 문화로 무장해 약소한 이스라엘을 괴롭히며 이스라엘의 하나님 여호와의 이름을 망령되게 일컫는 블레셋의 골리앗 장군에게, 다윗은 담대히 도전장을 내밀었습니다. 누가 봐도 백전백패, 승산 없는 무모한 도전이었습니다. 그러나 이런 거룩한 분노에는 하나님의 영이 함께하는 법입니다. 결과는 다윗의 승리였습니다.

"너는 칼과 창과 단창으로 내게 나아 오거니와 나는 만군의 여호와의 이름 곧 네가 모욕하는 이스라엘 군대의 하나님의 이름으로 네게 나아가노라 오늘 여호와께서 너를 내 손에 넘기시리니 내가 너를 쳐서 네 목을 베고 블레셋 군대의 시체를 오늘 공중의 새와 땅의 들짐승에게 주어 온 땅으로 이스라엘에 하나님이 계신 줄 알게 하겠고 또 여호와의 구원하심이 칼과 창에 있지 아니함을 이 무리에게 알게 하리라 전쟁은 여호와께 속한 것인즉 그가 너희를 우리 손에 넘기시리라" 사무엘상 17:45-47

느헤미야는 페르시아 왕의 술 맡은 관원장으로, 편안한 삶을 살 수 있었던 사람입니다. 그러나 고국에서 돌아온 하나님의 보고를 받았습니다. 동족들이 큰 환난을 당하고 능욕을 받으며, 예루살렘 성벽은 무너지고 성문은 불탔다는 것입니다. 이 말을 듣고 느헤미야는 수일 동안 슬퍼하며 하늘의 하나님께 금식하고 기도했습니다. 이것이 곧바로 예루살렘 성벽 재건의 위업으로 나타나게 됩니다. 거룩한 분노, 거룩한 불만족을 긍정적인 에너지로 바꾸면 하나님의 위대한 일을 감당할 수 있습니다.

우리 민족의 심령에는 한恨이 서려 있다고 합니다. 그런데 이 한을 부둥켜안고 있으면 안 됩니다. 우선 한을 삭여야 합니다. 그리고 긍정적인 에너지로 한을 풀어야 합니다. 그럴 때 그것이 새로운 동력원이 되어 위대한 일을 할 수 있습니다. 빌 하이벨스는 『영적 몰입』에서 이렇게 말합니다. "당신의 좌절감과 불만을 거룩한 분노로 받아들이면, 당신은 하나님과 영적으로 한 마음이 된다."

어느 해에 「타임」지가 '미국을 움직이는 가장 영향력 있는 100인'을 선정했는데 1위는 오프라 윈프리였습니다. 지금도 많은 사람들이 그녀의 말 한 마디에 감동을 받습니다. 그녀가 가난한 보육원을 방문해서 그곳에 도움이 필요하다고 10초만 이야기하면, 다음날 수백만 달러의 기금이 들어옵니다. 그녀가 어느 책을 읽었다고 말 한마디만 하면 다음날 그 책은 미국의 베스트셀러가 된다고 합니다.

그녀의 이런 영향력은 어디에서부터 비롯된 것일까요? 그녀의 인생에는 네 가지 인생철학이 있습니다.

"첫째, 남보다 더 가졌다는 것은 축복이 아니라 사명이다. 둘째, 남보다 아파하는 것이 있다면 그것은 고통이 아니라 사명이다. 셋째, 남보다 설레는 것이 있다면 그것은 망상이 아니라 사명이다. 넷째, 남보다 부담되는 것이 있다면 그것은 강요가 아니라 사명이다."

그녀는 혼혈아로 태어나 가난과 아픔 속에서 자랐지만 성경의 모세를 통해서 자신의 정체성을 발견했다고 합니다. "내게 부유함이 있다면, 내게 아픔이 있다면, 네게 설렘이 있다면, 내게 어떤 일에 부담이 있다면, 그것을 사명으로 받아들여라. 그것이 오늘의 나를 있게 했다." 라고 주장합니다.

남보다 더 많이 가진 것이 있습니까? 하나님께서 남을 도우라고 내게 맡겨 주신 사명임을 알아야 합니다. 몸과 마음이 아픕니까? 그것은 고통이 아니라 고통당하는 사람을 돕기 위해서 주시는 사명임을 알아야 합니다.

중보기도의 핵심은 바로 이 '거룩한 부담감' 입니다. 진정한 중보기도는 이런 거룩한 부담감을 전제로 합니다.

조이 도우슨의 책 『중보기도』를 통해서 우리는 거룩한 부담감을 배우게 됩니다. "중보기도는 다른 사람들을 위해 성령께 인도받고 그 능력을 힘입어 기도하는 것이다. 그러는 가운데 우리는 그들을 향한 하나님의 마음과 생각의 일부를 공유하게 된다."

진정한 중보기도를 드리기 위해서는 먼저 예배하는 자가 되어야 합니다. "나의 생애에 가장 힘 있는 영적 활동과 계시를 경험한 것은 내가 예배하고 기도할 때이다. 이때야말로 성령께서 가장 깊이 있게 내 속사람을 만져 주셨고, 내 마음이 가장 밝히 드러났고, 하나님의 마음에 대한 가장 깊은 계시를 받았고, 영적으로 다른 사람들과 가장 큰 일체감을 이루었고, 성령께서 나를 통하여 다른 이들에게 가장 깊이 있게 역사하셨고, 가장 큰 영적 권위를 부여받았고, 어둠의 권세들에 대해 가장 큰 승리를 거두었고, 믿음이 가장 커졌으며, 하나님과의 사귐에서 가장 큰 친밀감을 맛보았던 때입니다."

조이 도우슨은 사람이나 상황, 사건들을 접할 때 그냥 보지 말고 지나치지도 말고, 부담감을 느끼라고 했습니다. 복음의 제사장으로서 그들을 위해 하나님께 대신 기도해 드리겠다는 부담감을 가지라고 말입니다. 왜냐하면 하나님은 그 일을 위해 만나게 하셨고, 알게 하셨고, 접하게 하셨습니다. 안타까운 일일수록, 답답하고 힘든 사람들일수록, 외면하지 말고 거부하지 말고 애타는 마음으로 중보기도의 부담감을 가져야 합니다. 그들의 무거운 짐을 함께 들어 주고, 혼자서는 못 가는 예수님의 십자가 앞에까지 함께 들고 가서 그 위에 못 박고 내려와야 합니다.

남의 짐을 십자가 앞에 함께 올려놓는 중보의 기도, 그 일에 우리는 부담감을 느껴야 합니다. 이는 거룩한 부담감이며 세상은 알지 못하는, 생각지도 못하는 그런 부담감입니다. 그래서 텔레비전을 볼 때나 신문이나 라디오를 읽고 들을 때도 그리스도인은 다른 관점을 지니게 됩니다.

얼마 전 수요일 새벽, 이란의 대통령 선거와 관련해서 이란 정국이 혼란스러운 가운데, 소요 사태 진압으로 27살의 피아니스트 지망생인 네다가 총에 맞아 사망한 일이 대서특필되었습니다. 처참하게 죽어간 그녀를 보면서 얼마나 가슴이 아팠는지 모릅니다. 그녀의 영혼과, 그녀의 가정과, 이란 전체가 하나님 안에서 질서 잡히고 평화롭게 다시 돌아올 수 있기를 간절히 기도했습니다.

언젠가 새벽기도를 하는데 갑자기 과거 유학생활 중 이민 목회를 할 때 저를 도와주셨던 분들 그리고 저의 삶의 영역 안으로 들어왔던 분들이 생각났습니다. 지금 어디서 무엇을 하면서 살고 계신지……. 가슴 시린 아련함으로 보고 싶다는 생각이 물밀 듯 들었습니다. 그들을 위해서 간절히 기도한 생각이 납니다. 그때가 그들에게 기도가 필요한 상황이었는지도 모릅니다. 기독교인은 이와 같이 언제 어디서나 다른 사람을 위해서 중보의 기도를 해야 하는 사명을 안고 있는 자들입니다.

하나님은 중보기도를 멸시하지 않으십니다. 그분은 응답을 해주시는 선하시고 신실하신 분입니다. 사실 우리는 세상의 수많은 일들을 보고 들으면서도, 무엇 때문에 이런 일이 있으며 어떻게 해야 할지 오리무중인 때가 많습니다. 듣기는 들어도 깨닫지 못하고, 보기는 보아도 알지 못합니다. 우리는 무슨 기도를 해야 할지 알지 못합니다. 우리는 영적으로 무지합니다. 그러나 하나님 앞에 나아가 예배하며 그 문제를 하나님 앞에 내려놓고 기도할 때, 문제의 원인과 해답을 찾을 수 있습니다.

이사야는 참담한 심정으로 하나님 앞에 기도 제목을 들고 나왔습니다. 제사를 드리고 향을 피웁니다. 향연이 올라가듯 백성들의 기도도 그렇게 천상의 궁정을 향해서 올라가도록 기도하는 시간입니다. 거기서 이사야는 엄청난 것을 보았습니다. 그리고 이사야가 지니고 있던 거룩한 부담감이 참된 에너지가 되어 그로 하여금 방관자가 아니라 역사의 참여자가 되도록 바꾸는 한 동력이 되었습니다.

과연 어떻게 그는 위대한 참여자가 될 수 있었을까요? 거룩한 부담이 어떤 과정을 거쳐 긍정적인 에너지로 바뀌었을까요?

:: 하나님을 보는 것

거룩한 부담감이 긍정적인 에너지가 될 수 있었던 것은, 하나님께서 자신을 이사야에게 보이셨기 때문입니다. '웃시야 왕이 죽던 해'라는 부분에서 이사야와 당대인들이 느꼈을 좌절과 막막함을 읽을 수 있습니다. 비교적 평온한 치세를 이루었던 웃시야 왕이 죽자 절망적이고 불안한 가운데 이사야는 '과연 새로 즉위한 왕은 어떻게 치세할 것인가?' '앞으로 국내외적인 상황은 어떻게 전개될 것인가?'를 놓고 고민에 고민을 거듭하는 상태였을 것입니다.

그러다가 이사야는 환상 중에 주님을 뵙게 되었습니다. "내가 본즉 주께서 높이 들린 보좌에 앉으셨는데" 유한한 인간 왕이 죽었을 때 왕의 보좌 뒤에 좌정하고 계시는 진짜 왕을 보게 된 것입니다. 영원하신 왕이 살아 계셔서 다스리신다는 것을 비로소 체험하게 되었습니다. 유한한 인간 왕을 잃었으나 영원한 왕을 발견한 것입니다! 이는 마치 아버님이 돌아가시고 나서 하나님 아버지가 보이는 것과 같습니다. 문제를 넘어서서 계시는 하나님을 보게 되었습니다.

> "그런즉 바람이 불어 하늘이 말끔하게 되었을 때 그 밝은 빛을 아무도 볼 수 없느니라" 욥기 37:21

온갖 혼란한 것들이 사라지면 인간은 진실을 또렷이 대할 수가 있습니다. 왕의 죽음은 이사야로 하여금 영적인 눈을 활짝 뜨게 해주었습니다.

만왕의 왕 하나님은 영광이 온 땅에 가득하여 우리 가운데 임재하시며, 지극히 거룩하신 분입니다. 위엄과 영광이 가득한 하나님입니다. 심지어 그를 보좌하는 천사들조차도 그의 거룩하심에 위축되지 않기 위해서 안간힘을 써야 합니다. 스랍에게 여섯 개의 날개가 있는데 둘로는 날며, 둘로는 얼굴을 가리며, 둘로는 발을 가렸다고 했습니다. '발'이라고 하는 표현은 흔히 국부를 표현할 때가 있는데, 이는 거룩한 하나님 앞에서 자신의 수치를 보이지 않으려는 것을 의미합니다. 천사라도 하나님의 거룩한 얼굴을 뵐 수가 없습니다.

> "하나님은 거룩한 자들을 믿지 아니하시나니 하늘이라도 그가 보시기에 부정하거든" 욥기 15:15

'거룩한 자들'이란 천사를 의미하는 것입니다. 하나님은 절대적으로 거룩하신 분입니다. 그 사실을 입증하듯이 천사들의 입에서 삼성송三聖頌이 흘러나옵니다. "거룩하다, 거룩하다, 거룩하다!" 거룩함의 극치를 보여 줍니다.

이사야 일생일대의 전환점이 찾아온 것이 바로 이때, 즉 하나님과 대면해서 거룩한 현존 앞에 서는 때입니다. 우리는 단독자로서 하나님 앞에 서야 합니다. 절대 거룩하시고 절대 의로우시며, 전지전능하시고 완전하신 하나님, 그런 하나님 앞에 서야 합니다. 이것이 바로 복입니다. 유한한 인생이 자신을 창조하신 분 앞에 서 있다는 것은 참으로 복된 일입니다. 경외함과 두려움으로 서야 합니다. 그때에야 비로소 모든 상대적인 것들이 사라집니다. 의심과 교만, 자기 의로움, 미움과 불평, 불만이 사라집니다. 이런 경험이 있는 자들은 복이 있습니다.

"너희 눈은 봄으로, 너희 귀는 들음으로 복이 있도다 내가 진실로 너희에게 이르노니 많은 선지자와 의인이 너희 보는 것을 보고자 하여도 보지 못하였고 너희 듣는 것들을 듣고자 하여도 듣지 못하였느니라" 마태복음 13:16-17

하나님을 바로 보게 될 때 비로소 영적인 체험은 시작됩니다. 하나님을 바로 봄으로써 자신을 보게 되고, 자신의 사명이 무엇인지 알게 됩니다. 더 이상 삶이 요동치지 않고 확고한 반석 위에서 전개될 것입니다. 무가치한 삶에서 가치 있는 삶, 바람에 나는 겨와 같은 인생에서 시냇가에 뿌리를 깊이 내린 나무와 같은 삶을 시작할 수 있습니다.

:: 자신을 보는 것

두 번째로 이사야의 거룩한 부담감이 긍정적이며 참여적 에너지가 될 수 있었던 것은, 하나님께서 그로 하여금 자신의 참모습을 보게 하신 것입니다. 이사야는 하나님을 봄으로써 자신을 명확히 보게 되었습니다. 내가 나를 바라보는 관점, 즉 편향되고 편애적인 관점이 아니라 거룩하신 하나님의 관점, 하늘의 관점으로 나를 보게 하신 것입니다. 이것이 진정으로 나를 보는 것입니다.

예배를 드릴 때 우리에게 일어나는 일과 흡사하다고 할 수 있습니다. 예배도 역시 나를 보되, 하나님의 관점으로 나를 볼 수 있는 '카이로스의 시간'을 우리에게 선사합니다. 우리는 주변에서 하나님을 만났다고 주장하는 사람들을 봅니다. 그렇다면 참으로 그 만남의 흔적이나 증거가 무엇입니까? 나를 바로 보게 된 것이 증거여야 합니다. 지극히 거룩하신 하나님 앞에 섰을 때, 과연 제일 먼저 드러나는 것이 무엇입니까? 부정한 자신의 모습 외에 달리 생각할 수 있는 것은 없습니다.

하나님께 어떤 질문을 드리기 전에, 남을 탓하기 전에, 자기를 변호하기 전에 즉각적으로 자신의 죄가 폭로되는 것입니다. 자신의 양심이 자신을 격렬하게 고소하며 자신을 정죄하게 됩니다. 두려움의 시간이 찾아오는 것입니다.

하나님을 만난 자들은 다 그런 경험을 했습니다. 모세는 떨기나무 가운데 하나님을 만났을 때 제일 먼저 자신의 누추함을 가려야 했습니다.

"또 이르시되 나는 네 조상의 하나님이니 아브라함의 하나님, 이삭의 하나님, 야곱의 하나님이니라 모세가 하나님 뵈옵기를 두려워하여 얼굴을 가리매" 출애굽기 3:6

시몬 베드로도 역시 마찬가지였습니다. 밤새도록 고기를 잡지 못한 베드로 일행에게 예수님은 "깊은 데로 가서 그물을 던지라."라고 말씀하셨고, 순종한 그들에게 감당할 수 없는 풍어豊漁가 실현되자 베드로는 주님을 두려워했습니다.

"시몬 베드로가 이를 보고 예수의 무릎 아래에 엎드려 이르되 주여 나를 떠나소서 나는 죄인이로소이다 하니" 누가복음 5:8

사도 요한은 예수님의 제자 중의 제자요, 예수님의 사랑을 받는 제자임에도 불구하고 영광을 얻으신 예수님 앞에서는 두려움과 영광의 빛에 압도되었습니다.

"내가 볼 때에 그의 발 앞에 엎드러져 죽은 자 같이 되매 그가 오른손을 내게 얹고 이르시되 두려워하지 말라 나는 처음이요 마지막이니" 요한계시록 1:17

하나님이 없으면 죄책감도 없습니다. 진정한 회개도 없습니다. 회개는 하나님이 보시는 것을 시인하는 것입니다. 회개를 '호모로기오스' 라고 하는데 어원적으로 '같은 말을 하는 것' '상대의 말에 대해서 동의하는 것'을 의미합니다. 하나님께서 "너는 이러이러하다."라고 말씀하시면, "예, 맞습니다."라고 하는 것이 진정한 회개입니다. 거룩하신 하나님을 느낄수록 하나님을 경외하게 되고 자신의 비천함과 죄를 자백하게 됩니다. 하나님과 가까이 할수록 죄에 빠진 자신을 발견하게 됩니다. 그래서 이사야는 누가 시키지도 않았는데 이런 고백을 하게 되었습니다.

> "그 때에 내가 말하되 화로다 나여 망하게 되었도다 나는 입술이 부정한 사람이요 나는 입술이 부정한 백성 중에 거주하면서 만군의 여호와이신 왕을 뵈었음이로다 하였더라" 이사야 6:5

하나님의 존전에 서는 느낌이 있을 때에 비로소 참된 회개가 터져 나옵니다. 하나님의 눈으로 나를 볼 때만 나를 바로 볼 수 있습니다. 죄 가운데 망할 수밖에 없는 자신의 연약한 본성에 대한 고백을 드릴 수밖에 없습니다. 이사야는 자신의 입술의 부정함을 말합니다. 그리고 또한 백성들 전체에 퍼져 있는 부정한 말들에 영향을 받고 있음과 그에 대해 연대 책임이 있음을 고백합니다. 입술이 부정하다는 것은 마음이 그러하다는 뜻입니다. 마태복음 15장에서는 진정으로 사람을 더럽게 하는 것이 무엇인지를 밝힙니다.

> "입에서 나오는 것들은 마음에서 나오나니 이것이야말로 사람을

더럽게 하느니라 마음에서 나오는 것은 악한 생각과 살인과 간음과 음란과 도둑질과 거짓 증언과 비방이니 이런 것들이 사람을 더럽게 하는 것이요 씻지 않은 손으로 먹는 것은 사람을 더럽게 하지 못하느니라" 마태복음 15:18-20

입술의 부정은 단순히 입버릇의 문제가 아니라 마음과 영혼의 더러움의 문제였습니다. 입을 통제할 수 있는 자는 완벽한 자라는 표현이 맞습니다.

"우리가 다 실수가 많으니 만일 말에 실수가 없는 자라면 곧 온전한 사람이라 능히 온 몸도 굴레 씌우리라" 야고보서 3:2

죄의 자백은 하나님의 용서의 은혜를 불러옵니다. 이사야의 고백을 듣고 스랍 중 하나가 부젓가락으로 제단에서 집은 바 숯을 손에 가지고 이사야의 입을 지집니다. 그리고 그로 하여금 입술의 부정함으로부터 정결함을 얻게 합니다. 사죄 선포가 이어집니다.

"네 악이 제하여졌고 네 죄가 사하여졌느니라" 이사야 6:7

우리는 우리 죄 고백에 대해서 하나님의 사죄 선언을 반드시 들어야 합니다. 그제서야 비로소 성결의 은혜, 성령 세례, 그리고 입술의 할례를 받게 됩니다. 영혼의 변화가 삶의 변화를 이끌어올 것입니다. 그 선포를 들기 전에 멈추어서는 안 됩니다.

:: 자신의 사역에 대한 비전을 보는 것

세 번째는 하나님께서 이사야로 하여금 자신의 사역의 비전을 보게 하신 것입니다. 입술의 정결함을 받은 이후에 이사야는 천상으로부터 이런 소리를 듣습니다. "내가 누구를 보내며 누가 우리를 위하여 갈꼬?"사 6:8

사실 이런 음성은 오래전부터 있었던 음성이었습니다. 어쩌면 이것은 이사야가 하나님을 향해서 가지고 왔던 기도의 제목이요, 질문일 수 있습니다. 과거에는 이사야 자신이 걱정하며 했던 질문인데, 하나님께서 일꾼을 찾으시던 음성이었음을 이제야 알게 된 것입니다. 왜 하나님은 이사야에게 이 질문을 들려 주시는 것일까요? 이제는 움직이라는 것입니다.

이 질문 속에 들어 있는 하나님의 바람을 받아들여야 합니다. "누가 우리를 위하여 갈까?"라는 표현 속에는 삼위일체 하나님우리을 살펴볼 수 있습니다. 한편 70인역본 성경에는 "누가 그들의 백성들에게 갈까?"라고 되어 있는데, 결국 하나님을 위해서 하는 일은 곧 백성을 위한 일이라는 것을 알 수가 있습니다. 이 질문을 듣고 이사야는 일사각오로 나섭니다. "내가 여기 있나이다 나를 보내소서" 그동안 이사야는 불평하고 걱정만 하고 있었습니다. 그러나 이제 하나님을 뵙고 하나님으로부터 정결함을 입은 뒤에는 방관자에서 참여자로 바뀌게 되었습니다. 거룩한 부담감이 그로 하여금 소명을 받게 한 것입니다.

2003년도에 제가 중앙교회에서 주일 설교를 한 번 한 적이 있었습니다. 그때는 담임목사직이 공석이어서 서울신학대학교 교수들이 돌아가며 강단에 있었습니다. 그래서 집회 이후에 시간 날 때마다 중앙교회를 위해서 기도하게 되었습니다. "주님, 어려움을 겪은 교단의 모교회 중앙교회에 합당한 담임목회자를 보내 주시옵소서." 오랫동안 그렇게 기도했는데, 결국 10개월 후에 하나님은 저를 중앙교회로 부르셨습니다. "네가 가라!"

주님은 당신의 마음을 가지고 거룩한 부담감을 지니고 있는 자에게 소명을 주시고 주의 길을 걷게 하십니다. 우리는 주님의 마음의 향배에 대해서 민감해야 합니다. 주님이 기뻐하시는 곳이 어디인지, 무엇을 원하시는지, 우리는 촉각을 곤두세우고 있어야 합니다. CCM contemporary christian music 중에 우리 모든 기독교인이 품어야 할 마음을 구구절절 잘 표현해 주는 찬양이 있습니다.

"아버지, 당신의 마음이 있는 곳에 나의 마음이 있기를 원해요. 아버지, 당신의 눈물이 고인 곳에 나의 눈물이 고이길 원해요. 아버지, 당신이 바라보는 영혼에게 나의 두 눈이 향하길 원해요. 아버지, 당신이 울고 있는 어두운 땅에 나의 두 발이 향하기를 원해요. 나의 마음이 아버지의 마음 알아, 내 모든 뜻 아버지의 뜻이 될 수 있기를! 나의 온몸이 아버지의 마음 알아 내 모든 삶 당신의 삶 되기를!"

이사야가 이렇게 담대하게 나설 수 있었던 것은 그가 하나님을 뵈었기 때문입니다. 사실 무엇인가 메시지를 전할 수 있는 자는 확신이 있는 자입니다. 그런 확신은 하나님을 만날 때 얻어집니다. 하나님의 사랑과 용서를 체험한 자만이 다른 사람에게 전할 수 있습니다. 심판에서 피함 받은 자만이 임박한 심판에서 남을 피하게 할 수 있습니다. 은혜를 경험한 자만이 구원의 주님의 은총을 전할 수가 있습니다. 그래서 이사야는 하나님의 메신저가 되었습니다. 주님을 대신하여 전하는 자가 된 것입니다.

이사야는 결코 하나님과 흥정하지 않았습니다. "주님 어디로 보내시겠습니까? 너무 위험한 곳은 사절하겠습니다." "주님 제가 이 일을 통해서 얼마나 유명해질까요?" "저와 제 가정이 받을 복이 어느 정도입니까?"라고 절대 묻지 않았습니다. 주님이 처분하시는 대로, 주시는 대로 무조건 모든 것을 수용하겠다는 순종의 각오가 들어 있습니다. "죽으면 죽으리라!" 결단을 품고 하나님께 자신을 맡긴 것입니다. 자신의 몸과 영혼 모두를 의탁했습니다. "내가 여기 있나이다 나를 보내소서"

물론 이사야가 가는 길은 순탄한 길은 아닙니다. 백성들의 조롱과 비웃음, 불순종으로 점철될 길입니다. 사역의 표면적 성공, 소위 '먹히는 사역'을 할 수 없음이 명백히 드러납니다. 하나님께서 이미 이사야에게 이런 경고를 백성들에게 들려 줄 것을 명령하셨습니다.

"여호와께서 이르시되 가서 이 백성에게 이르기를 너희가 듣기는 들어도 깨닫지 못할 것이요 보기는 보아도 알지 못하리라 하여 이 백성의 마음을 둔하게 하며 그들의 귀가 막히고 그들의 눈이 감기게 하라 염려하건대 그들이 눈으로 보고 귀로 듣고 마음으로 깨닫고 다시 돌아와 고침을 받을까 하노라 하시기로" 이사야 6:9-10

이사야의 간절함에도 불구하고 백성들에게 사역의 열매는 맺히지 않을 것입니다. 하나님은 쉬운 길을 약속하지 않습니다. 성공보다는 실패, 존경보다는 멸시, 환영보다는 박해를 당하게 될 가능성이 큽니다. 그래도 낙심하고 좌절하지 말고 용감히 선포해야 하는 소명이 이사야에게 주어졌습니다. 모든 백성을 구원할 수 없다면 적어도 십분의 일만이라도, 아니 그 십분의 일이 부적격자로서 은총을 받을 수 없다고 할지라도 계속되어야 합니다. 극소수의 사람이라도 거룩한 부담감을 가진 사람들이 새 역사를 이룰 '거룩한 씨' holy seed입니다사 6:13.

하나님 앞에 나아와 기도하던 이사야는 하나님을 보고, 자신의 죄를 자백하여 용서받게 되고, 하나님의 음성을 듣고 결단을 하여 사명을 가지고 나아가게 되었습니다.

오늘 우리의 예배는 이러한 역사가 있어야 합니다. 참된 예배는 이사야의 체험과 같아야 합니다. 보좌에 앉으신 주님을 뵙고 천사들의 찬양을 들으며 거룩함을 체험합니다. 자신의 죄를 깨닫고 회개하여 죄 사함을 받습니다. 주님의 심정을 알고 자원하여 헌신을 다짐합니다. 하나님을 보고, 나를 보고, 하나님의 음성을 듣고 결단합니다. 눈이 열리고, 귀가 열리고, 입이 열립니다. 하나님은 예배하는 자, 기도하는 자, 회개하는 자, 자원하는 자를 통해 역사하십니다. 누가 하나님을 위하여 하나님의 백성들을 위하여 가겠습니까? 주님을 만나고 죄 씻음 받은 나입니다. 나를 보내소서.

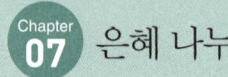

Chapter 07 말씀 나누기

① 이사야가 본 것은 어떤 것들입니까? 사 6:1, 2, 5
② 이사야가 들은 것은 어떤 것들입니까? 사 6:3, 7, 8
③ 이사야는 무엇이라고 말했습니까? 사 6:5, 8

Chapter 07 은혜 나누기

① 지금 당신은 무엇에 대해 거룩한 부담감을 가지고 있습니까? 구체적으로 이야기해 봅시다.
② 소명을 가지기 위해서는 하나님을 만나는 영적 체험이 있어야 합니다. 자신이 경험한 체험이 있다면 함께 나누어 봅시다.
③ 하나님의 소명을 찾고, 실천하기 위해 필요한 결단을 나누고 함께 기도합시다.

chapter 08

삶에 고난이 찾아올 때, 하나님이 묻습니다
"네가 아느냐?"

욥기 38:1-7

욥기를 연구하다가 흥미 있는 것을 발견했습니다. 영어로 'Job'욥과 'job'직업의 스펠링이 같다는 것입니다. 그래서 흥미로운 유추를 해봅니다. 욥Job은 '고난'의 인물입니다. 그와 마찬가지로 우리들은 직업job 때문에 '고난'을 받습니다. 일하기가 쉽지 않아서 고통 받고, 일이 뜻대로 잘 풀리지 않아서 고통 받고, 수고한 만큼 대가를 받지 못해 고통 받기도 합니다. 다른 사람과 비교해서 정당한 대우를 받지 못했다는 느낌을 받을 때 참기 힘들어지기도 합니다. 아무튼 욥과 우리는 모두 고난을 받는다는 점에서 관련이 있습니다.

성경에는 인생을 살아가는 데 필요한 지혜를 피력하는 책들이 있는데, 이를 '지혜 문학'이라고 합니다. 대표적인 것이 잠언입니다. 이는 오래된 지혜들, 어른들로부터 전수되어 내려온 지혜들로서, 격언 형식으로 가르침을 모아놓은 것입니다. 잠언은 어린 아이들이나 청소년들에게 권고합니다. "선하게 살아라. 정직하게 살아라. 그리하면 세상에서 복을 받고 하나님으로부터 복을 받을 것이다."라는 내용을 담고 있습니다. 게으르게 살면, 나쁜 마음과 나쁜 행실로 살아가게 되면 복을 받기는커녕 저주를 받게 된다고 위협하는 내용도 들어 있습니다.

사실 잠언은 그 근본이 신명기적 신학을 담고 있습니다. 하나님을 경외하여 순종하면 복을 받고 하나님을 거역하면 저주와 화를 당한다는 생각을 기본으로 깔고 있습니다. 시편들 중의 일부에도 이런 지혜를 담고 있습니다. 그 이외에 전도서라는 책도 지혜 문학입니다. 전도서에서는 인생의 말년에 자신솔로몬의 인생을 반추하면서 무엇이 진정한 지혜인지를 논합니다. 그의 결론은 이와 같습니다.

"일의 결국을 다 들었으니 하나님을 경외하고 그의 명령들을 지킬지어다 이것이 모든 사람의 본분이니라" 전도서 12:13

욥기도 지혜 문학에 속하기는 합니다만, 그 독특한 특성으로 인해 다른 지혜 문학과 현격한 차이를 보입니다. 욥기는 소설 형식으로 되어 있고, 청소년들이 많이 읽는『데카메론』처럼, 한 사람이 이야기하고 다른 사람이 변론하는 식으로 구성되어 있습니다. 성경은 천편일률적인 형식으로 되어 있는 것이 아니라 때로는 소설 형식, 때로는 시, 때로는 편지 형식으로 구성되어 있으므로 그 장르에 맞게 분별해서 읽을 때 제대로 된 읽기가 가능합니다.

욥기를 읽어 보면 다소 어렵다고 느낄 수가 있습니다. 전체적으로는 욥과 욥의 세 친구가 토론하는 방식으로 전개되지만, 구체적인 내용과 방향을 이해하는 것은 쉽지 않습니다. 이 사람 말을 들으면 이 사람 말이 옳은 듯하고, 저 사람 말을 들으면 저 사람이 옳은 듯이 느껴지기 때문입니다. 논쟁이 어디로 흘러가는지 파악하는 것도 쉽지 않습니다. 그래서 감이 잘 오지 않습니다.

하지만 해독할 수 있는 방법이 전혀 없는 것은 아닙니다. 욥기 말미인 38장 이후부터는 하나님의 말씀이 나옵니다. 그동안 인간들이 서로 무슨 논의를 주고받았는지 제대로 이해하지 못했어도, 하나님께서 하시는 말씀을 들어 보면 대충 그들이 주고받은 내용의 전체적인 취지를 미루어 짐작할 수 있습니다. 앞부분을 읽다가 포기하신 분이라도 뒷부분을 제대로 이해하면 앞부분까지도 이해될 때가 있습니다.

욥기의 내용은 잠언을 비롯한 다른 지혜 문학의 방향과 다릅니다. 앞에서 말한 바와 같이 다른 지혜 문학은 권선징악이 주제입니다. 선하고 의롭게 살면 복을 받고, 악하게 살면 저주를 받는다는 것입니다. 자라나는 사람에게 교육적인 목적으로 작성한 글입니다. 그러나 욥은 말합니다. 세상살이가 그렇게 호락호락한 것이 아니라고. 예외적인 경우도 있다고. 극히 예외적인 경우이기는 하지만, 실제로 선하고 순수한 삶을 살았던 한 인물이 고초를 당함으로써, 이러한 전통적인 가르침과 교훈에 의문을 제기하고 있습니다. 따라서 욥기는 지혜 문학으로 분류되기는 하지만, 여타의 지혜 문학과 달리 전통적인 지혜를 보완하고 강화하는 것이 아니라 오히려 의문을 제기합니다. 성경 안에서 성경을 대항하는 유일한 책입니다.

그러나 하나님께서 이런 종류의 책을 주신 이유는 우리로 하여금 균형 잡힌 신학과 영성을 유지하라는 뜻일 것입니다. 좌나 우나 치우친 영성이 아닌, 중용의 균형을 갖춘 영성을 추구하라는 의미일 것입니다.

욥기가 없었다면 어찌되었을까요? 우리는 고난당하는 사람을 그들의 죗값이라고 여기고 있었을 것입니다. 우리는 우리 앞에 나타나는 수많은 고난을 제대로 해석하지 못해 질식하고 말았을 것입니다. 욥기가 있어 우리 삶 가운데 우리가 이해할 수 없는 일들이 있음을 알려 줍니다. 욥기는 우리로 하여금 균형 잡힌 시각으로 성경을 읽도록 도와주는 책입니다. 욥기는 덜 낙관적일지는 몰라도 더 현실적입니다.

당대 최고의 의인이라고 할 수 있는 욥은 하나님조차도 온전하고 정직하여 하나님을 경외하며 악에서 떠난 자라고 인정하는 사람입니다. 잠언의 교훈에 따르면 욥은 더욱 부유하고 강건하고 번성하고 자녀의 복을 받고 만사형통해야 하는 사람입니다. 그런데 나타난 현상은 어려움이 꼬리에 꼬리를 물고 들어오는 형국입니다. 외부에서 내부로 계속해서 잠시 쉴 틈도 주지 않고 물밀듯 들어옵니다. 가혹하리만큼 큰 고통이 이어집니다. 설상가상雪上加霜입니다. 그 많던 재산을 하루아침에 날리고 말았습니다. 사랑하는 자녀 10명이 한 날에 변고로 몰사 당했습니다. 평생을 같이 산 아내조차도 자신과 함께하지 않고 "당신이 그래도 순전함을 지키려 하느냐? 하나님을 욕하고 죽으라."라고 합니다. 거기에 온몸에 병이 들어 기왓장으로 벅벅 긁어야 하는 비참함에 빠졌습니다. 무엇보다 그동안 지니고 있던 하나님에 대한 신앙마저 흔들리게 되었습니다.

이 참담한 소식을 듣고 멀리 떨어져 있던 세 명의 친구가 욥을 위문하러 옵니다. 엘리바스, 빌닷, 그리고 소발. 그들은 와서 보고는 깜짝 놀랐습니다. 그 어떤 악인에게도 닥치지 않을 그런 고난을 욥이 받고 있었기 때문입니다. 한 마디도 건넬 수 없어서 그냥 함께 울 수밖에 없었습니다. 그런데 울면서 그들은 생각했습니다. 그들은 전통적인 신앙인들인데, 그들은 지금 욥의 상황을 두고 딜레마에 빠졌습니다. 그들을 당혹하게 한 것은 이 사태를 어떻게 해석해야 하는가 하는 점입니다. 그들이 지니고 있던 전통적인 지혜와 신학으로 보면 이런 고난과 고통은 숨겨진 죄악 때문에 발생하는 것이었습니다. 자신들이 알고 있던 의로운 욥과 현재의 상황을 설명할 수 있는 죄악 사이에 연관성을 찾을 수 없었기 때문입니다.

처음에 그들은 망설였을 것입니다. 그러나 곧 자신들이 지니고 있던 신학지식에 따라 욥에게 숨겨진 죄악이 있을 것으로 판단하고 욥에게 회개를 요청합니다. "네가 무엇인가 숨기는 죄가 있는 모양이다. 네가 그동안 우리와 사람들을 용케 속였지만 전지하신 하나님은 속이지 못한 것 같구나. 이 어려움을 해결할 수 있는 방법은 회개하는 것뿐이다. 그러니 회개하라. 그러면 선한 날이 네게 이를 것이다. 고난은 이유 없이, 근거 없이 오는 것이 아니기 때문이다." 전통적 지혜의 당연한 결론을 말합니다.

그러나 욥은 이를 수용할 수가 없었습니다. 아무리 생각해 봐도 현재

당하고 있는 고난의 강도에 상응하는 죄악을 자신 안에서 찾을 수가 없었기 때문입니다. 그래서 거부합니다. 이전에는 동의했던 그 전통적 지혜를 이제 욥은 거절합니다! 그러자 친구들이 삼 대 일로 욥을 공격합니다. 위문하러 왔다가 고문을 합니다. 친구들은 욥이 죄악 때문에 이런 고난을 당한 것이라고 주장하고 욥은 자신의 무죄를 주장하면서 하나님께서 의롭게 살려고 하는 자들에게 고통을 주시는 경우가 있다고 주장합니다. 두 개의 주장이 팽팽하게 대립하며 접점을 찾지 못한 채 37장까지 이어집니다. 인간의 갑론을박으로는 절대 끝나지 않을 논쟁입니다.

그때 바로 하나님께서 개입하셨습니다.

> "그 때에 여호와께서 폭풍우 가운데에서 욥에게 말씀하여 이르시되" 욥기 38:1

하나님께서 폭풍우 가운데서 욥에게 말씀하신 것이 두 번입니다. 첫 번째 질문 세트에 이어 욥에게 잠시 대답할 틈을 주신 하나님은 40장 6절에 다시 폭풍우 가운데 나타나시는 것으로 기록되어 있습니다. 왜 폭풍우 가운데 나타나신 것일까요? 엘리야 선지자 때는 하나님은 폭풍 가운데, 지진 가운데, 맹렬한 불 가운데 계시지 않았습니다. 세미한 음성으로 들려 주신 하나님께서 욥에게는 폭풍우 가운데 엄위하신 음성으로 나타나십니다. 그 이유는 우리의 귀에 있습니다. 욥의 귀가 준비되어 있었기 때문입니다. 평상시에는 하나님의 말씀이 잘 들리지 않습니다. 그러나 고난과 고초를 겪게 되면 우리의 주의력은 하나님을 향하여 예리하게 되고 하나님이 들려 주시는 음성이 있다면 천둥처럼, 폭풍우처럼 들리게 될 것입니다. 고난의 골짜기를 지나가는 사람들은 하나님의 세미한 음성도 쩌렁쩌렁하게 듣습니다.

모세에게 떨기나무 가운데 불꽃으로 임하셨던 여호와께서 이제 욥에게 질문하십니다. 그 질문은 "네가 아느냐?" 하는 것입니다.

시험에 '몇 문항을 몇 점으로 낼 것인가'로 고민하던 저의 교수 이력 때문인지, 욥기 38장 이후부터 나오는 하나님의 질문을 세어 보고 종류를 분석해 본 적이 있습니다. 하나님께서 욥에게 77개의 질문을 두 세트로 나누어서 던지신 것으로 보입니다. 대부분은 자연과학적인 질문입니다. 욥과 친구들은 인문사회과학 분야를 논박했는데, 다른 분야에서 문제를 내시는군요. 이과를 전공하신 분이 있다면 대답하기에 다소 유리한 질문들입니다.

첫 번째 그룹으로 제기한 질문들은 하나님의 창조의 신비인 전체 우주에 대한 10개의 질문입니다. "누가 지구를 만들었느냐?" "누가 바다의 경계를 정하였느냐?" "누가 태양을 만들고 낮과 밤을 정하였느냐?" "네가 바닷속을, 땅속을 탐구해 보았느냐?" "해가 어디서 와서 어디로 지는지 아느냐?" "눈과 우박이 어떻게 내리는지 아느냐?" "폭우와 우레와 번개가 치는 비결은?" "비가 내리고, 땅이 비옥해지고, 풀이 나고, 이슬이 내리고, 얼음이 얼고, 서리가 내리고, 물이 굳어지는 것은?" "별

자리를 묶는 띠북두칠성, 오리온성좌, 큰곰자리를 풀 수 있느냐?" "하늘을 다스리는 질서가 무엇인지, 그것을 지구에 적용할 수 있는지, 철을 따라 별자리들을 이끌어낼 수 있느냐?"

이 모든 질문은 하나님이야말로 모든 존재하는 것들의 최초 원인자라는 사실을 잘 드러내 줍니다. 우주의 신비 속에서 창조주 하나님을 보아야 한다는 것입니다. 욥이 한 마디도 대답할 수 없었던 이 질문들로 하나님은 욥을 책망하고 있는지도 모릅니다. "보이는 우주조차도 제대로 이해하지 못하는데 어떻게 보이지 않는 영적인 세계를 안다고 할 수 있느냐? 땅속, 바닷속도 알지 못하는데 어떻게 하나님의 깊으신 섭리를 안다고 하느냐? 피조세계도 이해하지 못하는데 어떻게 창조주 하나님을 안다고 하느냐? 자연의 이치를 모르는데 어떻게 하나님의 도덕적 성품을 안다고 하느냐?"라는 것입니다.

다시, 비꼬는 어투로 들릴 수도 있는데 하나님은 욥에게 "네가 아마 알리라 네가 그때에 태어났으니 너의 햇수가 많음이니라" 욥 38:21라고 말씀하십니다. 그 어떤 인간도 피조된 우주를 제대로 이해하는 자가 없음을 드러내는 것입니다. 하물며 그 우주를 창조하신 하나님을 어떻게 다 이해하겠습니까? 그저 하나님 앞에서 입을 가릴 뿐입니다.

첫 번째의 질문들에 욥이 대답하지 못하고 묵묵부답으로 있으니, 하나님은 좀 쉬운 질문으로 낮추셨습니다. 친숙한 동물들의 세계에 대한 퀴즈입니다. 여기서는 생명의 신비가 다루어지는데, 여기 등장하는 짐승들로는 사자, 염소, 들소, 타조, 말, 매, 나귀, 까마귀, 황소, 독수리 등이 있습니다. 각 동물들의 특징과 약점들에 대한 물음이 제기됩니다. "왜 같은 소인데, 들소는 외양간에 머물거나 밭 가는 데 쓸 수 없느냐? 왜 같은 동물들인데, 새끼 나는 때가 다르냐? 왜 타조는 날갯짓을 힘차게 하면서 빨리 달리지만, 날지는 못하느냐? 왜 말은 전쟁터에서도 겁을 먹지 않고 두려움 없이 나아가느냐? 왜 독수리는 하늘 높은 곳에 보금자리를 만드느냐?" 질문이 진행될수록 모르는 것이 더 많아집니다.

두 세트의 질문을 성격별로 분류해 보면 '3S'로 정리할 수 있습니다.

첫 번째는 '너는 우주가 시작된 근원을 아느냐?' 욥 38:4-21 우주의 근원source에 대한 질문입니다.

두 번째는 '너는 지구가 운행되는 체계를 아느냐?' 욥 38:22-38 운행되는 체계system에 대한 질문입니다.

세 번째는 '너는 짐승이 구별되는 특징들을 알 수 있느냐?' 욥 38:39-39:30 각 짐승들의 특징speciality에 대한 질문입니다. 마지막 보너스 질문으로 하마와 악어에 대해 물으십니다 욥 40:15-24.

두 세트의 질문이 욥에게 무엇을 깨닫게 했을까요?

첫 번째 세트의 물음은 욥의 무지를 깨우쳐 주시는 것입니다 욥 38:4-39:30. "내가 땅의 기초를 놓을 때에 네가 어디 있었느냐? 네가 나라면 어떻게 했을 것 같으냐? 더 잘했을 것 같으냐?" 이와 같은 질문이 연거푸 계속되자 결국 욥은 자신의 무지를 인정하게 됩니다.

"보소서 나는 비천하오니 무엇이라 주께 대답하리이까 손으로 내 입을 가릴 뿐이로소이다 내가 한 번 말하였사온즉 다시는 더 대답하지 아니하겠나이다" 욥기 40:3-5

말을 하면 할수록 어리석어지니까 입 다물고 있는 것이 낫다는 뜻입니다. 창조주로서의 광대하심에 욥은 그만 압도당한 것입니다.

두 번째 세트의 물음은 욥의 약함을 깨우쳐 주시는 것입니다욥 40:7-41:34. "스스로 의롭다 하려 하여 나를 불의하다 하느냐?" "너는 아직도 너 자신은 옳고 내 판단이 그르다고 하는 것이냐?" "그리하면 네 오른손이 너를 구원할 수 있다고 내가 인정하리라"

결국 욥은 하나님이 섭리하시는 우주 속에서 자신이 할 수 있는 일은 전혀 없다는 것을 알 수 있었습니다. 정말 인간은 무기력한 것입니다. 자신의 몸이지만 머리털 하나도 희거나 검게 할 수 없는 것이 인간인데, 어떻게 공의를 시행하겠습니까? 하나님은 오묘한 방식으로 오늘도 공의를 시행하고 있습니다.

이에 대해 욥은 자신이 주제넘었음을 고백하고 회개합니다. 이전에는 만사를 관통하여 안다고 자부했던 욥도 하나님의 임재 앞에서는 자신이 아는 것이 전무하다는 것을 고백하게 됩니다. 하나님의 현현玄玄 앞에서 욥이 자신에 대해서 깨달은 것은 "알 수 없어요."였습니다. 질문은 많은데 단 하나의 질문도 제대로 답하지 못했기 때문입니다. 만해 한용운이 지은 〈알 수 없어요〉가 연상됩니다. 이 시도 계속되는 질문의 연속으로 되어 있는 재미있는 시입니다.

알 수 없어요

바람도 없는 공중에 수직으로 파문을 내이며 고요히
떨어지는 오동잎은 누구의 발자취입니까

지리한 장마 끝에 서풍에 몰려가는 무서운 검은 구름의
터진 틈으로 언뜻 언뜻 보이는 푸른 하늘은 누구의 얼굴입니까

꽃도 없는 깊은 나무에 푸른 이끼를 거처서 옛 탑 고요한 하늘을
스치는 알 수 없는 향기는 누구의 입김입니까

근원은 알지도 못할 곳에서 나서 돌부리를 올리고 가늘게
흐르는 작은 시내는 굽이굽이 누구의 노래입니까

연꽃같은 발꿈치로 가이없는 바다를 밟고, 옥같은 손으로
끝없는 하늘을 만지면서 떨어지는 날을 곱게 단장하는
저녁놀은 누구의 시입니까

타고 남은 재가 다시 기름이 됩니다
그칠 줄을 모르고 타는 나의 가슴은 누구의 밤을 지키는 약한 등불입니까

한용운이 시를 통해 말하고자 하는 것은, '알 수 없어요' 라는 반어적 제목이 붙어 있기는 하지만, 그가 섬기는 대상일 것입니다. 그러나 시든 소설이든 그림이든, 모든 예술작품은 작가의 손을 떠나는 순간부터 독자 입장에서 읽히게 됩니다. 저는 이 시의 한 행 한 행을 읽을 때마다 "하나님이요."라고 대답했습니다. 욥도 이 시를 읽었다면 100% 동감한다고 말했을 것입니다.

자신의 무지함과 연약함을 깨달은 욥은 이제 주님 앞에 자신의 모든 것을 내려놓고 주님께 항복합니다.

> "주께서는 못 하실 일이 없사오며 무슨 계획이든지 못 이루실 것이 없는 줄 아오니 무지한 말로 이치를 가리는 자가 누구니이까 나는 깨닫지도 못한 일을 말하였고 스스로 알 수도 없고 헤아리기도 어려운 일을 말하였나이다 내가 말하겠사오니 주는 들으시고 내가 주께 묻겠사오니 주여 내게 알게 하옵소서 내가 주께 대하여 귀로 듣기만 하였사오나 이제는 눈으로 주를 뵈옵나이다 그러므로 내가 스스로 거두어들이고 티끌과 재 가운데에서 회개하나이다"
>
> 욥기 42:2-6

하나님은 하나님 앞에 굴복한 욥을 회복시키십니다. 먼저 실추되었던 욥의 명예를 회복시켜 주십니다. 욥의 상대적인 의로움을 인정하셨고 세 친구들보다 옳음도 말씀하시며, 무고히 욥의 죄를 추정했던 친구들을 위한 중보기도를 명하셨습니다. 뿐만 아니라 하나님은 욥이 갖고 있던 것들을 갑절로 회복시켜 주셨습니다. 욥은 고난으로 말미암아 하나님을 보았고 회복되었던 것입니다.

과학은 "보는 것이 믿는 것이다."Seeing is believing라고 말합니다. 신앙은 "믿는 것이 보는 것이다."Believing is seeing라고 말합니다. 하지만 욥은 "고통을 통해서 보는 것이다."Seeing through suffering라고 말할 것입니다.

:: 욥기를 통해서 알 수 있는 것

욥기를 아무리 살펴봐도 욥이 어떤 죄로 인해서 그런 극한의 고난을 겪게 되었는지 확인할 수 없습니다. 그러므로 욥이 고난 받은 이유에 대해서 속 시원한 대답을 원한 독자라면 실망할 것입니다. 그러나 욥기가 우리에게 시사하는 바는 아주 큽니다. 욥기를 통해서 우리가 배워야 할 것은 대략 두 가지입니다.

❶ 인생은 신비로운 것

우선 이런 하나님의 물음은 '통렬한 비꼼'으로도 볼 수 있습니다. "식물학과 동물학과 천문학 같은 자연의 기초도 모르는 주제에 어떻게 초자연적인 것을 이해하겠다고 하느냐? 어떻게 나를 이해했다고 하느냐?"

그렇지 않다면 하나님께서 욥으로 하여금 하나님의 창조물의 경이로움에 감탄시키며 새로운 눈으로 우주와 삶을 보라고 설득하는지도 모릅니다. "네 문제가 아무리 심각하더라도 문제에 너무 집착한 나머지 봐야 할 것을 제대로 보지 못하고 있다. 자연만물을 봐라. 경이롭지 않니? 아름답지 않니? 신비롭지 않니? 나는 그런 존재다. 나는 지금 너에게 새로운 일을 진행하고 있단다."

문제에서 눈을 옮겨 우주와 자연을 헤아려 보라고 하십니다. 하나님의 섭리를 헤아려 보라고 하십니다. 그 문제가 사소한 것이라는 말이 아니라 그 문제에 집착해서는 도저히 문제에서 헤어날 수가 없기 때문에, 문제 대신 하나님을 묵상하라고 주문하시는 것입니다. 하나님의 질문 목적이 전자든 후자든 인생은 신비로운 것일 수밖에 없습니다.

욥은 자신에게 왜 고난이 닥쳤는지 알 수 없었습니다. 그저 감내해야 할 따름이었습니다. 경외심으로 순종하면서 살려고 발버둥치는 욥에게 그런 악이 발생하지 못하도록 하나님께서 막아주셔야 했는데 그렇게 하지 않으셨습니다. 합당한 이유를 알 수 있는 것도 아니었습니다. 모든 것이 불확실한 상태였습니다. 믿음을 지키기 힘든 지경이 되었습니다. 자신이 제기한 의문에 답변을 들을 수 없다는 사실이 더욱 마음을 아프게 했습니다.

그러나 우리 인생은 언제나 모든 일에 대해서 속 시원한 대답을 들을 수 있는 것은 아닙니다. 인생은 신비로 가득 차 있습니다. 알 듯 알 듯 하면서도 모르고, 잡힐 듯 잡힐 듯하면서도 잡히지 않습니다. 하나님과의 관계가 진전되기도 전에 모든 의문에 답을 얻으려고 하면, 그 관계가 진전되기를 더 이상 원하지 않는 날이 오게 될 것입니다.

독일 시인 라이너 마리아 릴케Rainer Maria Rilke의 『젊은 시인에게 보내는 편지』에 보면 이런 글귀가 나옵니다.
"마음속에 풀리지 않는 문제에 대해 인내하라. 아주 낯선 방언으로 씌어져서 이해할 수 없는 책들을 대하듯, 의문 그 자체를 사랑하려고 애쓰라. 당장 답변을 얻으려고 하지 말라. 풀리지 않는 데는 다 이유가 있다. 지금 답을 얻지 못하는 이유는 혹 알려 주더라도 그것을 받아들이기 힘들기 때문이다. 중요한 것은 의문을 던지며 사는 것이다. 지금은 의문과 더불어 살라. 그러면 서서히, 자신도 모르는 새, 그 해답 속으로 들어가게 될 것이다."

우리는 한정된 시간과 공간에 잠깐 존재하고 있고, 하나님은 우주와 그 안에 있는 모든 것을 창조하시고, 섭리하시고, 보호하시고, 인도하신다는 사실을 믿어야 합니다. 이 세상에 살면서 유한한 지식과 제한적인 능력으로 하나님을 모두 알 수는 없기 때문입니다. 인생들은 하나님을 알 수가 없습니다. 참새가 황새의 마음을 어떻게 알겠습니까? 우주와 동물의 세계도 모르는데 하나님의 영적 세계를 어떻게 알 수 있겠습니까? 세상의 지혜로는 하나님을 알 수 없는 법입니다.
하나님의 질문은 욥의 무지와 무능을 드러냅니다. 그는 창조 때에 없었고, 자연의 힘을 설명할 수 없고, 하나님의 방법을 거스를 수 없고,

자연의 힘을 제어할 수 없습니다. 욥은 자신의 무지를 인정하고, 자신의 연약함을 고백하고 회개합니다. 한때는 다 안다고 생각했는데 하나도 모르고 있던 것입니다. 아는 것보다 모르는 것이 많은 것이 인생들입니다. 하나님의 지식의 일각—角이 살짝 노출되어도 인간은 당황하고 압도당하게 됩니다.

그만큼 인생을 향하신 하나님의 생각이 많고 깊습니다. "무지한 말로 생각을 어둡게 하는 자가 누구냐?" 욥 38:2라는 질문은 욥으로 하여금, 그리고 우리로 하여금 자신의 미련함을 돌아보라는 말입니다. "네가 하나님의 지혜를 반박할 수 있느냐?" "네가 하나님의 정의를 판단할 수 있느냐?" "네가 하나님의 능력을 판단할 수 있느냐?" "네가 하나님의 음성을 거역할 수 있느냐?"

욥기, 잠언, 전도서 모두 지혜 문학이지만 욥기가 주장하는 지혜는 '자기의 한계, 즉 자신의 무능과 무지를 인식하는 것'입니다. 인간이 얼마나 제한적인가를 주목하게 합니다. 우리가 지닌 의로움, 능력, 지식은 상대적일 뿐, 절대적인 하나님 앞에 결코 설 수 없는 것이라는 점을 깨닫게 해줍니다. 겸허하게 합니다.

하나님 앞에 지혜로운 자는 자신의 죄를 알고 회개하는 자, 자신의 무능을 알고 하나님을 의지하는 자, 자신의 무식을 알고 하나님을 따르는 자, 자신의 입을 막고 하나님을 따르는 자입니다. 하나님은 의롭다고 생각하는 자로 하여금 죄인임을 고백하게 해서 용서해 주시고, 능력 있다고 생각하는 자로 하여금 무능력함을 알게 해서 힘을 주시고, 지혜 있다고 생각하는 자로 하여금 무식함을 알게 해서 지혜를 주십니다.

인생에는 알 수 없는 일이 많이 있습니다. 그러므로 믿음으로 살아야 합니다. 이해하기 어렵지만 하나님의 섭리를 믿어야 합니다. 지식에서 믿음으로, 논쟁에서 경청으로, '왜'에서 '어떻게'로 나가야 합니다. '왜' 고난을 받는지에 대한 이유보다 '어떻게' 더불어 살 것인가, '어떻게' 사람들을 도우며 살 것인가에 더 우선적인 관심을 두어야 합니다.

❷ 고난은 성숙으로 인도한다

의로운 욥의 고난은 의롭고 전능하신 하나님을 생각하면 너무나 억울하고 가슴 아픈 일입니다. "하나님은 도대체 무엇을 하시는가?" "하나님이 왜 그런 고난을 허락하시는가?" 하나님을 믿지 않기 때문이 아니라 하나님을 믿기 때문에 더 힘들 수 있습니다. "하나님은 정말 존재하시는가?" "하나님은 무기력하신 것이 아닌가?"

욥기가 우리에게 주는 유익은, 정도는 약할지언정 누구나 이런 의구심과 불신 가운데 신앙생활을 하고 있다는 데 있습니다. 욥기를 욥의 고난, 신정론왜 선한 사람에게 악한 일이 생기는가의 관점에서 보아온 종전의 관심은 욥의 심품의 변화라는 관점으로 바꾸어 볼 필요가 있습니다. 하나님은 '더 큰 생각'을 품고 계셔서 악조차도 선을 이루시는 데 쓰신다는 것을 인정해야 합니다. 욥은 풀무와 같은 이 고난의 터널을 통과한 뒤에 더 큰 광명한 빛 가운데 나오게 되었습니다. 고난이 욥에게 가져다 준 선한 영향력은 큽니다.

고통은 확실히 인격을 연단하는 효과가 있습니다. 마치 한 조각의 석탄과 같았던 욥을 다이아몬드로 만들었습니다. 석탄에 불을 붙이면 한동안 타오르다가 결국 한 줌의 재가 됩니다. 쓸모없는 것은 아니지만 대단한 가치를 지닌 것이 아닙니다. 그런데 이 석탄이 땅속 깊은 곳에 묻혀 수만 년 동안 강력한 지열과 압력을 받게 되면 세상에서 가장 견고하고 값진 다이아몬드가 됩니다. 마찬가지로 인생의 문제로 압력과 열을 받게 되면 다이아몬드와 같은 귀중한 성품으로 변화됩니다. 육체적물질적·정신적·영적인 고통의 기간을 통하여 낡은 것은 퇴장하고 새로운 것이 등장합니다.

시몬 베유Simone Weil는 "기독교의 위대함을 단적으로 보여 주는 점은 초자연적인 방법으로 고통을 없애는 것이 아니라 초자연적으로 고통을 사용한다는 점이다."라고 말했습니다. 고통이 그리스도인을 성숙으로 인도합니다.

하나님은 인간에게 고통을 허락하심으로써 어떤 과정으로 선을 일구어 내실까요? 첫째는 무감각했던 우리에게 하나님이 얼마나 필요한 분인지를 보여 주고, 둘째는 하나님이 우리의 공허한 삶에 들어오시며, 셋째는 우리를 예수 그리스도의 형상으로 변화시키십니다. 도널드 맥컬로우Donald McCullough가 쓴 『광야를 지나는 법』에 보면 "하나님은 어려움과 고통으로 우리의 주의를 먼저 끌고 우리를 잠잠케 하신 뒤에 우리를 고쳐 주신다."라고 되어 있습니다. 고통은 내가 얼마나 연약하고, 힘이 없고, 의도 없고, 보잘것없는 존재인가를 일깨워 줍니다. 모든 것이 가능한 사람의 문제는 자기가 최고라는 착각에 빠지는 것입니다. 그럴 지라도 고통을 통해 하나님은 그에게 말씀하십니다. 아주 큰소리로 '폭풍우 가운데 말씀' 하십니다. 그리고 주님을 영접하게 됩니다.

"내가 주께 대하여 귀로 듣기만 하였사오나 이제는 눈으로 주를 뵈옵나이다" 욥기 42:5

주님은 조각가처럼 그를 조각하셔서 예수 그리스도의 성품을 만들어 나가십니다. 조각가들은 재료를 붙여 나가는 조소 기법과 재료를 깎고 다듬는 조각 기법을 사용합니다. 하나님은 우리를 걸작품으로 만드시며, 두 가지 방법 모두를 사용하십니다. 조각 기법은 우리를 아프게 합니다. 조각칼, 톱, 대패, 망치, 끌, 사포지로 우리의 죄, 욕심, 이기심, 교만, 미움, 완악함을 다루십니다. 내 안에 예수님의 형상이 이루어지기까지.

욥은 자신의 고난을 통하여 자신의 도덕적 영적 세계관을 넓히는 영적 코페르니쿠스 혁명을 경험합니다. 욥의 영적인 체험은 자신의 자아를 확장시키고 전통적인 도덕성을 발전시킬 수 있는 기회를 얻게 했습니다.

영적인 체험은 인간을 지혜롭게 하고 도덕적으로 성숙시키는 데 필수적인 조건이 됩니다. 고난을 거쳐 욥의 성품이 변화되었습니다. 그의 하나님에 대한 태도, 사람들과 세상에 대한 태도, 자녀에 대한 태도, 인생에 대한 태도가 바뀌었습니다. 하나님을 피상적으로만 알던 것에서, 직접 경험하는 놀라운 단계로 나아갑니다.

욥은 세상뿐만 아니라 자신을 터무니없이 비방한 친구들을 끌어안았습니다. 당시 문화 속에서 남자 자녀들만 상속받던 관행에서 벗어나 딸에게도 유산을 나누어 주었습니다. 그리고 그의 인생 자체가 더 겸허해지고 진지해집니다. 이 모든 성품의 변화는 고통이 가져다 준 선물이며 열매입니다.

선을 이루시는 분은 하나님이시기에 우리는 기다려야 합니다. 욥처럼 분노를 터뜨리는 것은 또 다른 악으로 빠질 뿐입니다. 따라서 고난에 처한 사람이 그 문제를 해결하는 한 방법은 초연의 경험, 약간의 거리 두기가 필요합니다. 그리고 모든 것이 합력하여 선을 이루게 하실 하나님만을 앙망해야 합니다.

"내 영혼아 네가 어찌하여 낙심하며 어찌하여 내 속에서 불안해 하는가 너는 하나님께 소망을 두라 그가 나타나 도우심으로 말미암아 내가 여전히 찬송하리로다" 시편 42:5

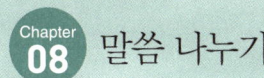

Chapter 08 말씀 나누기

① 하나님께서 욥에게 하신 첫 번째 물음은 대체로 무엇에 대한 것들입니까? 욥 38:4-39:30
② 하나님의 첫 번째 물음에 욥은 무엇이라고 답변합니까? 욥 40:3-5
③ 하나님의 두 번째 물음은 무엇입니까? 욥 40:7-41:34
④ 하나님의 두 번째 물음에 대한 욥의 반응은 무엇입니까? 욥 42:2-6

Chapter 08 은혜 나누기

① 우리의 삶 속에서 하나님을 발견했던 기억을 나누어 봅시다.
② 내 인생의 어떤 사건들이 나를 성숙으로 인도해 주었는지 말해 봅시다.
③ 앞으로도 내게 임할 고난에 대한 자신의 입장을 정리하고 함께 기도합시다.

The Great Question of God

chapter 09 | 가망이 없다고 느껴질 때, 하나님이 묻습니다

"여호와께 능치 못한 일이 있겠느냐?"

chapter 10 | 상황에 얽매여 낙심할 때, 하나님이 묻습니다

"여호와의 손이 짧아졌느냐?"

chapter 11 | 앞길이 절망적이고 막막해 보일 때, 하나님이 묻습니다

"어느 때까지 나를 멸시하겠느냐?"

chapter 12 | 하나님께 삶을 다 드리기 망설여질 때, 하나님이 묻습니다

"어느 때까지 둘 사이에서 머뭇머뭇하려느냐?"

Part 3

동행하시는 하나님

하나님의
위대한 질문

너는 대장부처럼 허리를 묶고 내가 네게 묻는 것을 대답할지니라
— 욥기 38:3

chapter 09

가망이 없다고 느껴질 때, 하나님이 묻습니다
"여호와께 능치 못한 일이 있겠느냐?"

창세기 18:9-15

독일 프랑크푸르트Frankfurt 한마음교회에서 주일 설교를 마치고 강대상을 내려오니 한 부부가 저를 반갑게 맞이합니다. "저희들 모르시겠어요?"

2년 전 그 교회에 집회 차 갔을 때, 아이가 생기지 않는다며 제게 안수기도를 부탁했던 부부였습니다. 그들 품에는 생후 10개월 된 아들이 안겨 있었습니다. 참 반갑고 기쁜 일이었습니다.

이런 간증은 참 많이 있습니다. 한번은 미국 시카고 노스필드 장로교회에 간 적이 있었는데 교회 피아노 반주자 부부와 키보드 반주자의 부부가 결혼 5~6년이 지나도 출산하지 못해 안수기도를 해준 적이 있습니다. 1년 후에 가보니 그들 부부가 불과 2주차로 자녀를 출산했음을 알았습니다. 참으로 신기한 일입니다. 우리 하나님은 참으로 신실하시며 살아 역사하시는 분임을 더욱 실감하였습니다. 현대 의학기술을 뛰어넘어 단지 믿음으로 간구하고 믿음으로 안수기도했을 때 이런 기쁨의 역사가 일어났습니다.

아브라함도 역시 동일한 인생 문제를 겪은 인물입니다. 아브라함이 믿음의 여정을 걷는 모습을 살펴보면 우리와 성정이 동일한 사람이라는 사실을 발견하게 됩니다. 때로 실수하고 때로 의심하고 때로 넘어질 때도 있습니다. 그러나 전능하신 하나님의 인도와 보호를 받아 믿음을 굳게 한 뒤, 하나님의 약속의 성취를 맛보았습니다.

:: 믿음의 여정 시작

아브라함의 믿음의 여정은 약속의 아들 이삭을 중심으로 진행됩니다. 아브람이 하나님의 부름을 받은 곳은 갈대아 우르였습니다. 그는 거기에 있을 때 부족한 것이 없었던 사람입니다. 족장의 권력과 명예, 풍성한 물질, 좋은 인간관계 등 무엇 하나 모자람이 없었습니다. 오직 한 가지 그와 사래 사이에 자녀가 없었습니다. 하나님께서 그에게 나타나 놀라운 약속의 말씀을 주셨습니다.

"여호와께서 아브람에게 이르시되 너는 너의 고향과 친척과 아버지의 집을 떠나 내가 네게 보여 줄 땅으로 가라 내가 너로 큰 민족을 이루고 네게 복을 주어 네 이름을 창대하게 하리니 너는 복이 될지라 너를 축복하는 자에게는 내가 복을 내리고 너를 저주하는 자에게는 내가 저주하리니 땅의 모든 족속이 너로 말미암아 복을 얻을 것이라 하신지라" 창세기 12:1-3

하나님은 이와 같이 사람에게 필요한 무엇인가를 통해서 믿음의 길을 걷게 하십니다. 아들을 주시고, 더불어 놀라운 복을 주시겠다는 말씀을 들었을 때 그는 뛸 듯이 기뻤을 것입니다. 또한 믿음의 길을 걷는 것이 그다지 어렵지 않아 보였을 것입니다. 사실 아브람은 그의 아버지 데라가 70세였을 때 태어났습니다. 비록 그의 나이가 75세였기는 하지만 아버지 경우를 생각해 보면 출산의 가망이 전혀 없는 것은 아니었습니다.

그러나 가나안 땅에 들어온 지 수년이 훌쩍 지나도 소식이 없습니다. 물론 그동안 많은 일들이 있었습니다. 기근으로 애굽으로 내려간 일, 아내를 빼앗길 뻔한 일, 조카 롯과 헤어진 일 등. 이 모든 과정 가운데 하나님의 보호하시는 손길을 분명히 느낄 수 있었습니다. 그러나 조카 롯과 헤어진 후에는 아들에 대한 생각이 간절했습니다. 섭섭해 하는 그에게 하나님께서 나타나셔서 말씀하셨습니다.

"보이는 땅을 내가 너와 네 자손에게 주리니 영원히 이르리라 내가 네 자손이 땅의 티끌 같게 하리니 사람이 땅의 티끌을 능히 셀 수 있을진대 네 자손도 세리라" 창세기 13:15-16

하나님은 이렇게 재차 약속하십니다. 아브람은 하나님께 감사의 제사를 드렸습니다. 애굽 같고 에덴 같은 소돔성에 들어갔던 롯이 포로가 되자 아브람은 친히 군사를 이끌고 기습 공격하여 롯과 소돔 사람들을 구출해냈습니다. 그러나 이런 용기 있는 행위에도 불구하고 하나님은 여전히 그에게 아들을 주시지 않았습니다. 초조해지기 시작했습니다. 그때 나타난 하나님께 아브람은 빚 독촉하듯 말씀드렸습니다.

"아브람이 이르되 주 여호와여 무엇을 내게 주시려 하나이까 나는 자식이 없사오니 나의 상속자는 이 다메섹 사람 엘리에셀이니이다. 아브람이 또 이르되 주께서 내게 씨를 주지 아니하셨으니 내 집에서 길린 자가 내 상속자가 될 것이니이다" 창세기 15:2-3

서서히 지쳐 가는 아브람의 내면을 그대로 드러내는 말입니다. 하나님께서 주시겠다는 아들을 빨리 주시지 않으므로 차라리 집에서 길린 다메섹 사람 엘리에셀로 양자를 삼는 것이 더 좋겠다는 원망일 것입니다. 그러나 하나님은 여전히 그에게 아들을 주실 것을 단호하게 약속하셨습니다. 아브람이 그 말씀을 믿었고 그것을 의로 여기셨다고 성경은 기록합니다 창 15:6.

하나님은 그에게 지연되는 이유에 대해서는 굳이 설명하지 않으셨습니다. 왜 하나님은 그렇게 약속을 더디 실행하시는 것일까요? 사실 신앙생활은 약속을 따라 사는 삶입니다. 하나님은 자신의 능력이 극대화되어 나타나기를 원하시는 것일까요? 아브람의 마음을 자녀에 대한 소망의 줄로 묶어 강한 믿음으로 이끄시기 위해서 기다리게 하신 것이 아닐까요? 이유를 설명하시지는 않으셨지만 하나님은 당대의 관행대로 계약 체결 의식을 거행함으로 당신의 신실함을 확약하셨습니다. 하나님은 아브람이 준비하여 둘로 쪼갠 제물 사이를 지나가셨습니다. 비록 하나님과 아브람 사이의 계약 체결이지만 하나님이 일방적으로 자신을 속박하신 약속입니다. 무조건적이며 영원한 언약을 아브람에게 주신 것입니다. 아브람은 그저 믿음을 가지고 기다리기만 하면 됩니다. 그런데 내 편에서 아무것도 하지 않고 이렇게 기다리는 것이 때로 힘이 듭니다.

이제 아브람의 나이 85세가 되었고, 가나안에 들어온 지도 10년이 흘렀습니다.

> "소망이 더디 이루어지면 그것이 마음을 상하게 하거니와 소원이 이루어지는 것은 곧 생명나무니라" 잠언 13:12

아브람과 사래는 지쳤고 사탄의 음성이 들립니다. 누군가가 사래에게 그랬을 것입니다. "기왕 이렇게 된 것, 사래 당신에게 문제가 있어 자식이 들어서지 않을 수도 있으니 당신의 몸종 하갈을 아브람에게 들여보내 봐요. 혹시 알아요? 아들을 낳아 줄지?"

씨받이를 맞이하라는 것입니다. 사래가 아브람에게 이렇게 말하자 아브람은 마치 기다렸다는 듯 덥석 수용하고 말았습니다. 아브람은 전에는 양자를 들여도 되는지 여쭤 봤지만, 이번에는 이 일에 대해 하나님께 기도하지 않았습니다. 성경은 이렇게 아브람의 행동을 표현합니다. "아브람이 사래의 말을 들으니라" 창 16:2

사실 여자는 마음에도 없는 소리를 할 때가 많습니다. 곧이곧대로 듣다가는 실수합니다. 남자는 그것을 분별해서 현명하게 처신해야 노후가 편안한 법입니다. 그러지 못하면 두고두고 원망을 듣습니다. 아브람이 이렇게 대꾸했다면 얼마나 좋았을까요. "여보 그게 무슨 말이야. 나는 당신밖에 없어. 얘가 없으면 어때, 괜찮아. 하나님이 주시겠지. 기도하면서 더 기다려 봅시다."

아브람은 아담이 하와의 말을 들었던 것처럼 사래의 말을 듣고 말았습니다. 결국 그들이 얻은 것은 '약속의 아들'이 아니라 '육체의 아들' 이스마엘이었습니다 갈 4:21-24, 28. 아들을 낳고 교만해진 하갈과 이스마엘로 인해서 아브람 가정은 불화가 일어나게 되었고 나중에는 아랍 민족과 유대 민족 간의 갈등과 투쟁의 단초가 되었습니다. 사래는 당시 풍습대로 인간적인 방법을 사용해서 자식을 얻어 보려고 한 것입니다. 그 부부는 결코 하나님께 기도하지 않았습니다. 신령한 목적을 이루기 위해 육신적인 방법을 쓰는 것은 위험한 일입니다. 아무리 좋은 목적이라도 목적이 수단을 정당화시켜 주지 않습니다. "육으로 난 것은 육이요 영으로 난 것은 영이니"라는 말을 기억해야 합니다. 성령으로 시작했다가 육체로 마쳐서는 안 됩니다. 하나님이 무능력해서 사래가 도와주어야 한다면 그런 하나님은 진정한 하나님이 아닐 것입니다. 하나님은 우리가 도와드려야 할 연약한 존재가 아닙니다.

결국 이스마엘의 탄생은 사탄의 유혹으로 말미암은 것이었습니다.

이스마엘이 하나님의 약속을 대치할 수 없었습니다. 하나님의 약속은 더 지연되었습니다. 좀 더 인내하면 이삭인데, 조급하면 이스마엘이 됩니다. 하나님의 방법으로 하면 이삭인데, 나의 방법으로 하면 이스마엘이 됩니다. 인간적인 자구책은 하나님의 약속 성취를 더디게 합니다.

이 일 후에 하나님과 아브람 사이에 13년간의 긴 침묵의 시간이 찾아옵니다. 우리가 성령님의 인도하심을 따르지 않으면 오랜 시간 성령의 임재를 받을 수가 없습니다. 이것이 심판이요, 형벌입니다. 아브람 86세에 이스마엘이 태어났고창 16:16 하나님께서 다시 아브람에게 나타나실 때가 99세 때이기 때문입니다창 17:1. 13년은 아브람 생애의 공백기이며 하나님과 아브람 사이의 거리이기도 합니다. 약속을 믿지 못하고 육신의 방법을 구사한 아브람은 하나님과의 긴밀한 교제의 끈을 잃어버린 것입니다.

그렇다고 해서 하나님께서 그를 버린 것은 아닙니다. 하나님은 신실하신 하나님입니다. 하나님의 부르심에는 후회하심이 없습니다. 아브람이 불성실했다고 약속을 취소하지 않으십니다. 하나님은 책망이 아니라 이전 약속의 말씀을 들고 다시 찾아오셨습니다. "나는 전능한 하나님이라"창 17:1 그동안 약속이 이루어지지 않은 것은 하니님이 무능해서 그런 것이 아닙니다. 문제는 하나님이 아니라 아브람에게 있었고 성장해야 할 대상도 아브람입니다. 하나님은 그 부부의 이름을 바꾸어 주셨습니다. 아브람큰 아버지은 아브라함열국의 아버지으로, 사래공주는 사라열국의 어머니로 바꾸셨습니다. 이제 하나님께서 그에게 아들을 주실 터인데 그로 말미암아 아브라함은 열국의 아버지로, 사라는 열국의 어머니가 되기 때문입니다. 그리고 새로 태어날 아이에게 이삭웃음이라는 이름을 주십니다. 이와 같이 하나님은 절망하고 죄책감을 지니고 살던 부부에게 새로운 비전을 보여 주십니다.

그럼에도 불구하고 아브라함은 여전히 하나님을 온전히 신뢰하지 못합니다.

> "아브라함이 엎드려 웃으며 마음속으로 이르되 백 세 된 사람이 어찌 자식을 낳을까 사라는 구십 세니 어찌 출산하리요 하고 아브라함이 이에 하나님께 아뢰되 이스마엘이나 하나님 앞에 살기를 원하나이다" 창세기 17:17-18

아브라함의 믿음이 얼마나 위축되어 있는지 여실히 드러납니다. "하나님, 저는 허황된 기대를 품지 않겠습니다. 기대가 컸던 만큼 아픔도 크더군요. 기왕에 주신 아들 이스마엘이 있으니 그 아이나 크게 만드시고 그로 말미암아 큰 민족을 이루게 해주세요." 아브라함은 계속해서 자신의 방법을 하나님이 인증해 주시기를 요구하고, 나중에는 타협안을 제시하지만 하나님은 일관되게 언약을 말씀하시고 수행하십니다. 하나님의 능력은 인간의 불가능과 만날 때에 그 빛을 발휘하게 됩니다. 아브라함의 불신은 하나님께 대한 불신 이전에 인간적인 가망성에 대한 불신이었습니다.

"하나님이 이르시되 아니라 네 아내 사라가 네게 아들을 낳으리니 너는 그 이름을 이삭이라 하라 내가 그와 내 언약을 세우리니 그의 후손에게 영원한 언약이 되리라" 창세기 17:19

창세기 18장은 아브라함의 아름다운 인격을 보여 주는 장면으로 시작합니다. 아브라함은 나그네를 대접할 줄 아는 사람이었습니다. 그는 날이 뜨거운 때에 길을 가는 세 사람을 초대하여 극진히 대접합니다. 결국 아브라함의 환대hospitality는 천사를 대접한 것이 되었습니다.

"손님 대접하기를 잊지 말라 이로써 부지중에 천사들을 대접한 이들이 있었느니라" 히브리서 13:2

천사들은 아브라함에게 놀라운 소식을 알려 주었습니다. 이는 결코 먼 미래의 일이 아니었습니다. "내년 이맘때 내가 반드시 네게로 돌아오리니 네 아내 사라에게 아들이 있으리라"창 18:10 소명 이후 아브라함은 하나님과 몇 번 만났지만 이처럼 시한을 못 박은 약속을 받은 적이 없었습니다. 그러나 아브라함이나 사라나 의심하고 믿지 않기는 마찬가지였습니다. 사라가 속으로 웃고 하나님의 말씀이 실현되지 않을 이유를 속으로 생각합니다. '내가 노쇠하였고 내 주인도 늙었으니 내게 어찌 낙이 있으리요'창 18:12 마치 체념한 사람처럼 생각합니다. 여기에서 아브라함과 사라의 불신앙이 발견됩니다. 아브라함이나 사라나 세상적인 지식이 오히려 그들의 믿음의 눈을 약화시키고 볼 것을 보지 못하게 만듭니다. 둘 다 나이가 많다는 이유를 들어 믿지 않을 구실을 삼습니다. 믿음은 때로 이성적인 것과 다릅니다.

믿음은 보는 방식대로 이해하지 않을 때가 많습니다. 그들은 하나님의 약속을 받아들이기보다는 희망이 없음을 당연하게 받아들이고 있습니다. 그들은 포기하고 있습니다. 약속은 허무하게 들리고, 이치에 어긋나 보입니다. 이런 경우 아이를 갖게 하는 것보다 그것을 믿게 하는 것이 더 어렵습니다. 마치 구원해 주는 것보다 구원을 믿게 하는 것이 더 어려운 일처럼 말입니다.

학생들을 상대로 집회를 할 때 이런 비유를 든 적이 있습니다. 돈 오만 원 권 지폐를 한 장 꺼내들고 잔뜩 구긴 다음 묻습니다. "이 돈은 얼마짜리입니까?" "오만 원입니다."

땅에 떨어뜨려 그 지폐를 밟고 또 물었습니다. "이 돈은 얼마입니까?" "오만 원입니다."

그 돈을 들고 찢는 시늉을 하면서 묻습니다. "이 돈을 찢어도 여전히 오만 원입니까?" 그러자 학생들이 아우성을 칩니다. "찢지 마세요!"

"그렇습니다. 우리는 어떤 처지와 환경 가운데 있다고 할지라도, 우리의 마음이 얼마나 구겨지고 밟혀진다고 할지라도 여전히 하나님의 아들이요, 딸입니다. 절망하지 마세요. 믿음을 잃지 마세요."

그리고 이렇게 외쳤습니다. "여기 오만 원권 지폐가 있는데 가져가실 분 손들어 보세요." 많은 학생들이 손을 들 줄 알았는데 용기 있는 소수만이 거수했습니다. 그중 한 학생을 불러내어 '실제로' 지폐를 주자 좌

중이 난리칩니다. "우아!" 그럴 줄 알았다면 자신도 손을 들 것을, 후회 막급이라는 뜻이었습니다. 우리는 이런 놀라운 대우와 선물을 받은 적이 없어 그렇습니다. 그래서 믿지 못하는 것입니다. 그래서 구원의 메시지가 선포될 때 믿지 못하는 것입니다.

예수님이 죽어 나의 죄를 대속하시고 나를 구원하셨다고 선포해도 믿지 못하는 이유가 그것 때문입니다. 선물을 온전히 받아 보지 못해서 그렇습니다. 누가 준다고 해도 의중을 떠보느라 체면을 살리느라 손을 내밀어 받지 않을 때가 허다합니다.

아브라함 부부의 완고한 불신에 대해서 천사가 놀라운 선포를 합니다. 근본적인 지식을 제시합니다. "여호와께 능하지 못한 일이 있겠느냐?"창 18:14 이 질문은, "네가 정말 하나님을 믿느냐?" 하는 질문과 같습니다. 이 질문에 어떻게 답하느냐에 따라서 모든 것이 달라집니다. 만일 "예, 하나님도 때때로 못하시는 일이 있더라고요."라고 대답한다면 당신이 믿는 하나님은 성경의 하나님이 아닙니다. 당신은 믿는 사람도 아닙니다. 마치 당신은 희망 없는 세상에서 살기로 작정한 셈입니다. 아무것도 달라지지 않을 것입니다. 당신은 당신이 아는 그 알량한 지식 이상 아무것도 아닌 존재가 됩니다. 운명 속에 갇혀 살기로 결정한 것입니다.

그러나 "아니오, 하나님께는 불가능이 없습니다."라고 대답한다면 하나님을 하나님으로 믿는 것입니다. 절망을 거부하는 것입니다. 상식도 알지만, 그것을 넘어서는 하나님의 능력을 아는 것입니다. 아는 대로 살지 않고, 믿는 대로 사는 것입니다. 하나님의 손에 전적으로 맡기는 것입니다.

자신의 능력에 제한을 두지 않을 때 놀라운 역사가 일어납니다. 스탠퍼드 대학에서 오랫동안 수학과 학과장을 지냈던 유수한 수학자 조지 댄지그의 학창 시절 일화입니다.

수학과목 기말고사 때문에 밤새워 공부하다가 늦잠을 잤다고 합니다. 부랴부랴 학교로 달려갔습니다. 다른 학생들은 이미 시험 문제를 풀고 있었고 칠판에 세 문제가 적혀 있었습니다. 황급히 시험문제를 푼 뒤에 칠판에 적힌 보너스 문제를 풀려고 할 때 종료 벨이 울렸습니다.

"교수님, 시험 시간 후에 풀어 제출하면 안 될까요?"

"그럴 것 없네. 집에 가서 풀어 와도 돼."

조지 댄지그는 기숙사로 돌아와 그 문제를 풀었는데 어렵긴 어려웠습니다. 두 문제는 간신히 풀고 한 문제는 도저히 풀 수가 없어서 푼 문제만 제출했습니다. 기숙사에 돌아와 잠을 청하려는데 문을 두드리는 소리가 났습니다. 교수님이었습니다.

"아니, 어떻게 이 문제를 풀었지?"

"에이, 그래도 한 문제는 풀지 못한 걸요."

"무슨 소리야. 이건 수학 난제야. 아인슈타인도 풀지 못한 것일세. 나는 그냥 학생들 애를 먹일까 해서 적어 놓은 것인데 그 문제를 풀다니……."

그는 아인슈타인도 풀지 못한 문제를 두 문제나 푼 것입니다. 사실 교수님은 칠판에 적을 때에 학생들에게는 '어려운 문제'라고 말해 주었습니다. 학생들은 "내 주제에 어떻게 저런 문제를 풀겠어? 아인슈타인도 못 풀었다고 하는데……"라는 생각을 품게 되었습니다. 늦게 강의실에 들어간 조지 댄지그는 그 말을 듣지 못했기 때문에 자신의 능력에 한계를 두지 않았던 것입니다. 불가능하다는 생각을 아예 품지 않았기에 도전했고, 결국 그 문제를 풀어냈습니다.

하나님은 결코 헛된 말씀을 하시는 분이 아닙니다. 약속하신 것은 분명히 이루시는 분입니다. 일 년이 지났을 때 아브라함은 아들 이삭을 안아 볼 수가 있었습니다. 하나님은 사라를 웃게 하셨습니다. 이 웃음은 불신앙의 비웃음이나 실없는 웃음이 아니라, 살아 역사하시는 하나님께서 돌아보신 것을 감사하는 웃음이요, 기쁨의 웃음이었습니다.

"하나님께서 나를 웃게 하시니 듣는 자가 다 나와 함께 웃으리로다" 창세기 21:6

아브라함과 사라는 '엘 샤다이' Almighty 전능의 하나님, 언약에 신실하신 하나님을 비로소 확고히 믿게 되었습니다.

:: 전능과 믿음

하나님은 전능하시지만 우리의 믿음이 반드시 있어야 합니다. 제가 신학교 교수로 있을 때 다른 교수들이나 혹은 신학도들이 불신의 말을 내뱉는 것을 많이 들었습니다. "나는 하나님이 살아 계신 것은 믿겠는데, 말씀만으로 천지를 창조하셨다는 것은 믿을 수 없어." "나는 예수님이 동정녀에게서 태어나셨다는 건 믿을 수 없어." "나는 예수님이 죽은 지 사흘 만에 부활했다는 것은 믿을 수 없어."

이들은 자신들의 이성적 명민함과 비판의식을 자랑하려고 이런 소리를 하는지 모르겠으나, 사실 믿음이 없는 자들일 뿐입니다. 하나님을 알지 못하고 하나님을 제대로 믿지 못하는 사람들일 뿐입니다. 하나님이 못하는 것이 있다면 어떻게 하나님이시겠습니까? 믿는다고 한다면 성경에 기록된 것을 처음부터 끝까지 다 믿어야 할 것입니다. 자신의 이해력의 수준만큼, 능력만큼만 믿어서도 안 됩니다. 자신의 경험과 지식만큼만 믿겠다는 태도도 버려야 합니다. 그것은 하나님을 제한하는 것입니다. 그렇게 된다면 이는 하나님에 대한 믿음이 아니라 자신에 대한 믿음이 될 것입니다.

자신의 이해와 지식을 넘어 역사하실 하나님께 대한 믿음을 마리아가 보여 줍니다. 가브리엘 천사가 수태 고지를 위해서 그녀에게 왔을 때 그녀는 놀라며 또한 의심을 표명했습니다. 자신은 남편도 없고 남자를 알지 못하기 때문입니다. 물론 이성적으로 합당합니다. 그러나 하나님의 능력은 동정녀로 하여금 잉태할 수 있기에 충분합니다.

"대저 하나님의 모든 말씀은 능하지 못하심이 없느니라"
누가복음 1:37

그러자 마리아는 더 이상 천사의 말에 토를 달지 않고 그대로 순종합니다.

"주의 여종이오니 말씀대로 내게 이루어지이다" 누가복음 1:38

하나님에 대한 지식이 주어지자 마리아는 곧바로 믿고 순종했습니다. 그리고 기적 같은 일이 이루어집니다. 하나님의 말씀을 향한 마리아의 순종의 믿음은 확고해서 약혼자 요셉에게 일언반구 변명하거나 해명하려 들지도 않았습니다.

성경 다른 부분에서는 아브라함과 사라가 천사의 말을 믿었다고, 즉 불신의 말을 내뱉지 않았다고 기록하고 있습니다.

"그가 백세나 되어 자기 몸의 죽은 것 같고 사라의 태가 죽은 것 같음을 알고도 믿음이 약하여지지 아니하고 믿음이 없어 하나님의 약속을 의심하지 않고 믿음에 견고하여져서 하나님께 영광을 돌리며 약속하신 것을 또한 능히 이루실 줄을 확신하였으니 그러므로 그

것이 그에게 의로 여겨졌느니라" 로마서 4:19-22

"믿음으로 사라 자신도 나이가 많아 단산하였으나 잉태할 수 있는 힘을 얻었으니 이는 약속하신 이를 미쁘신 줄 알았음이라"

히브리서 11:11

처음부터 강력하고 확고한 믿음을 가진 사람이 없습니다. 다만 시간이 지나면서 믿음이 굳어지는 것입니다. 비록 처음에는 사라가 불신 때문에 속으로 웃었어도 결국 믿음의 길로 들어섰습니다. 그 믿음의 바탕 위에 이삭을 잉태했습니다. 이것이 바로 믿음으로 가는 과정입니다.

이삭을 낳은 이야기는 아브라함이나 사라에게나 믿음을 얻어 가는 과정입니다. 하나님께서 아브라함과 사라를 이삭을 맡길 수 있는 사람으로 빚으시는 데 25년이 걸렸습니다. 또 하나님의 말씀에 따라 아브라함이 아들을 아낌없이 드릴 수 있게 되기까지는 15년 정도 더 걸렸습니다. 결국 소명에서 온전한 믿음이 생길 때까지는 거의 40년의 세월이 소요되었습니다. 마침내 성경은 아브라함을 믿음의 사람으로 부르고 있습니다. 로마는 하루아침에 이루어지지 않았듯이 아브라함의 믿음도 하루아침에 이루어지지 않았습니다.

우리의 믿음도 역시 마찬가지입니다. 이 긴 과정 속에서 사탄은 우리로 하여금 하나님의 성품과 능력을 의심케 하고 우리에게 혼란을 가중시키며 가능하면 넘어뜨리려 합니다. 그러나 우리는 결국 승리하고 믿음을 갖게 될 것입니다. 하나님은 아브라함과 사라를 연단하시고 때때로 계시하시고 능력을 베풀어 주심으로써 그들의 믿음이 온전해지게 하신 '믿음의 주'였습니다.

:: 전능하심과 유예, 그리고 인내

우리가 믿는 하나님은 전능의 하나님이십니다. 무슨 일이든지 다 하실 수가 있는 분입니다. "여호와께 능치 못하심이 있겠느냐?" 그런 의미에서 하나님은 '불가능의 가능성' impossible possibility입니다. 하나님은 언약에 신실하신 분으로서 비록 더디게 보여도 하나님의 방법으로, 하나님의 때에, 하나님이 지정하시는 곳에서, 하나님의 뜻을 이루십니다. 하나님은 거짓과 배약만큼은 하실 수가 없습니다. 하나님의 능력은 죽음을 생명으로, 불가능을 가능으로, 자녀를 낳지 못하던 자에게 자녀 생산의 기쁨을, 없던 것을 있는 것으로, 절망에서 소망으로, 불신앙의 비웃음을 믿음의 기쁨으로 능히 바꾸실 수 있습니다. 우리는 이런 하나님을 몰라보고, 기도할 때 자기에게 가능한 것, 세상에서 가능한 것만을 구합니다. 그 이상의 것을 구하지 않습니다. 하나님이 못하시는 것을 구하면 하나님께 실례라고 생각하십니까? 기도하려면 하나님만이 하실 수 있는 것을 구해야 합니다. 세상에서 불가능하다고 머리를 흔드는 것을 구해야 합니다. 따라서 지금 상황이 아무리 어렵고 불가능해 보일지라도 하나님께서 전능하시다면 여전히 약속을 받아낼 가망이 있는 것입니다. 우리의 믿음을 키워야 합니다.

"주님, 제가 알고 있는 것은 이것뿐입니다. 저의 형편은 이것뿐입니다. 그러나 주님의 능력은 크십니다. 무한하십니다. 저의 생각과 상상력과 능력과 지식을 넘어 역사해 주소서." 이렇게 기도해야 합니다. 그럴 때 하나님은 그분의 전능으로 역사하실 것입니다.

"내게 능력 주시는 자 안에서 내가 모든 것을 할 수 있느니라" 빌 4:13

그러므로 우리는 하나님의 전능하심을 믿고 인내해야 합니다. 더디 이루어지더라도 믿음을 굳게 갖고 인내해야 합니다. 전능하신 하나님이 약속을 유예시키고 지체하는 것은 그분의 무능 때문이 아니라 우리의 믿음 때문입니다. 문제는 우리에게 있었던 것입니다. 우리의 믿음과 인격이 아직 도달해야 할 그 수준에 도달하지 못했기 때문입니다. 그러므로 인내해야 합니다. 믿음은 곧 인내입니다.

사실 창세기는 인내에 대한 이야기들로 가득합니다. 노아는 방주를 120년 동안 지었습니다. 그는 사람들의 비아냥거림과 멸시를 120년간이나 무릅썼습니다. 아브라함은 이삭을 얻기까지 25년의 세월이 걸렸고 독자를 온전히 하나님께 바치기까지 거의 40년을 보내야 했습니다. '사기꾼' 야곱이 '거룩한' 이스라엘이 되기까지 외삼촌 라반의 집에서 하인처럼 일하며 20년을 보내야 했습니다. 요셉은 애굽의 총리가 되기 전에 보디발 집과 감옥에서 13년의 인고의 세월을 보내야 했습니다. 모세는 이스라엘의 영도자가 되기 위해서 애굽 왕궁에서 40년, 미디안 광야에서 40년을 보내야 했습니다.

인내하는 곳에 영광이 있고 인내하는 곳에서 하나님의 역사를 볼 수가 있습니다. "오직 여호와를 앙망하는 자는 새 힘을 얻으리라"사 40:31 라고 했습니다. 인내하며 앙망하는, 다시 말해 오직 여호와를 '기다리는' waiting on 자가 새로운 힘을 얻을 것입니다. 우리는 하나님을 기다리는 것을 배워야 합니다. "내가 아버지께서 약속하신 것을 너희에게 보내리니 너희는 위로부터 능력으로 입혀질 때까지 이 성에 머물라"눅 24:49 머문다는 것도 역시 기다림의 일종입니다. 우리는 기적이 빨리 일어나기를 학수고대하지만, 하나님은 우리가 빨리 믿음을 갖기를 원하십니다.

히브리서 11장에는 믿음의 기적을 일군 사람들의 이야기가 나옵니다. 그들 각자 막중한 문제에 직면하고 있던 자들이었고 오직 믿음 이외에 달리 해결의 방법, 출구전략이 없었습니다. 그들의 믿음이란 다름 아닌 인고와 인내로서 기다리는 것이었습니다. 믿음이 기적을 이루는 과정에는 인내로서 기다려야 하는 기간이 있습니다. 기다림은 때로 믿음을 약화시키기도 하지만 소망을 더 강화시켜 주기도 합니다. "너희에게 인내가 필요함은 너희가 하나님의 뜻을 행한 후에 약속하신 것을 받기 위함이라"히 10:36

인내는 믿음이라는 열차의 선로입니다. 인내가 없으면 믿음을 진행할 수 없습니다. 인내는 믿음에 힘을 공급하는 연료입니다.

인내하는 과정을 통해서 우리가 궁극적으로 얻는 것은 무엇일까요? 바로 하나님입니다. 사실 아브라함으로 하여금 믿음의 길을 걷게 했던 요인은 아들에 대한 욕구입니다. 하나님은 그에게 아들을 약속하셨습니다. 그런데 주시겠다는 아들은 주시지 않고 약속의 성취가 유예되고 지체됩니다. 하나님은 계속해서 나타나셔서 아들을 주시겠다는 약속을 반복하십니다. 그렇다고 생색을 내시는 것이 아닙니다. 이런 유예 전략 이야말로 아브라함의 믿음의 여정을 이끌어가는 방편입니다. 아브라함은 시간의 흐름 속에 자신에 대한 신뢰를 전부 상실하고 오직 하나님만 의지하고 바라보는 상태가 되었습니다. 결국 아브라함과 사라는 아들 이삭을 받은 것이 아니라 바로 하나님 자신을 받게 된 것입니다. 하나님을 유업으로 받은 자들이 된 것입니다. 이것이 인내의 열매입니다.

세상의 권위자도 자신의 유익을 위해서 부하들에게 약속하고 자신에게 충성하게 합니다. 반면 하나님은 우리의 유익을 위해서, 즉 우리가 성장하고 거룩하게 되게 하기 위해서 약속하시고 그 약속을 사용하시는 분입니다. 아브라함이 인내의 시간을 통해서 얻은 것은 '엘 샤다이', 곧 전능하신 하나님이었습니다. 아브라함은 하나님의 능력을 배웠기 때문에 이삭을 바치라고 했을 때, 순종할 수 있었습니다. 하나님이 죽은 자 가운데에서도 그를 살리실 것을 믿었습니다. 이삭을 얻은 것과 이삭을 바치는 것 모두 하나님에 대한 믿음으로 된 것입니다. 인내의 결과입니다.

하나님은 아브라함을 부르시되 그의 아들에 대해 약속을 주심으로 그로 믿음의 길을 걷게 하셨습니다. 비록 그의 아들을 주신 것은 25년이 소요된 후였고, 또한 그의 아들을 모리아 산에 바칠 때까지 거의 40년의 세월이 흘러야 했습니다. 그러나 이 모든 기간은 결코 낭비된 기간이 아니라 아브라함에게 꼭 필요한 기간이었습니다. 이 기간을 인내로 통과함으로써 아브라함은 믿음의 조상이 되었습니다. 아브라함은 그 40여년의 기간을 인도하신 하나님이 엘 샤다이의 하나님, 약속에 신실하신 하나님이었음을 확실히 알게 되었습니다.

하나님께서 우리에게도 약속의 말씀을 주시고 인도하십니다. 지체되는 듯하고 이루어지지 않는 듯이 보일 때도 많습니다. 그럼에도 불구하고 우리는 아브라함처럼 약속의 줄을 붙잡고 나아가야 합니다. 인내해야 합니다. 믿음을 키워야 합니다. 그럴 때 전능하시고 신실하신 하나님께서 우리를 변화시켜 축복된 약속을 받기에 합당한 인물로, 우리의 인격의 폭과 깊이를 더해 주실 것입니다. 하나님은 당신의 뜻을 이루기 위해서 쉬지 않으실 것입니다. 믿음을 크게 하십시오. 인내하십시오. 하나님은 전능하신 하나님이십니다.

"여호와께 능하지 못한 일이 있겠느냐?"

하나님의 위대한 질문

Chapter 09 말씀 나누기

① 하나님이 아브라함에게 자녀를 약속하신 때는 아브라함이 몇 세 때이며, 이루어진 때는 몇 세 때입니까? 창 12:2, 21:2
② 약속과 그 약속이 이루어지기까지 무엇이 필요합니까?
   롬 4:19-22, 히 11:11
③ 왜 하나님은 약속을 더디 이루어 주십니까? 히 10:36

Chapter 09 은혜 나누기

① 하나님을 의심했던 기억이 있다면 이야기해 봅시다.
② 하나님의 전능하심을 경험한 사건이 있다면 함께 나누어 봅시다.
③ 전능하신 하나님을 경험하기 위해서 우리에게 필요한 것은 무엇입니까?

chapter 10

—

상황에 얽매여 낙심할 때, 하나님이 묻습니다
"여호와의 손이 짧아졌느냐?"
민수기 11:10-23

종살이하던 이스라엘을 애굽에서 이끌어낸 자는 모세였습니다. 그 때 바로가 완악한 마음으로 백성들의 진로를 막았기 때문에, 하나님은 열 번의 재앙을 내리시고 절대적 섭리로 이끌고 나오셨습니다. 바로는 마음을 돌이키지 않고 하나님을 대적했기에 하나님은 홍해의 기적으로 애굽 군인들이 수장되도록 하셨습니다. 광야에서는 반석에서 물을 얻기도 하고 심지어 만나manna를 먹게 되었습니다. 이렇게 이스라엘 백성들은 하나님이 내려 수시는 엄청난 기적을 눈으로 목도하면서 기나안을 향해 나아가게 됩니다. 하나님은 만나를 내리시는 사건을 통하여 하나님이 그들 모두를 먹이신다는 것을 알려 주셨습니다. 특별히 주 안에서 안식하는 법도 가르쳐 주셨습니다. 자신들의 노력만으로 먹고 사는 것이 아니라는 것을 분명히 보여 주셨습니다. 안식일 정신이 바로 그것입니다.

그런데 다른 종족 사람들이 탐욕을 부렸습니다. 출애굽의 대열에는 유대인들뿐만 아니라 다른 종족의 사람들도 합류했던 모양인데, 그들이 불평거리를 만들었습니다. 하나님이 내리신 만나를 비방하기 시작합니다. 부정적인 생각은 신종 플루보다 더 빠르게 전염됩니다. 그것이 이스라엘에게 확산되었습니다. 부정적인 생각이 전염돼서 결국 이 탐욕이 불평의 원인이 되었고민 11:4, 나중에는 멸망과 심판의 원인이 됩니다민 11:34. 이스라엘이 이렇게 말합니다.

"누가 우리에게 고기를 주어 먹게 하랴 우리가 애굽에 있을 때에는 값없이 생선과 오이와 참외와 부추와 파와 마늘들을 먹은 것이 생각나거늘 이제는 우리의 기력이 다하여 이 만나 외에는 보이는 것이 아무 것도 없도다" 민수기 11:4-6

만나는 하나님께서 자신의 약속의 말씀에 따라 광야로 나온 백성들을 살리시기 위해서 내린 하늘 양식입니다. 전무후무한 은혜의 양식입니다. 만나라는 뜻은 '이것이 무엇이냐'인데 그만큼 하나님의 말씀에 따라 사는 자를 위해 책임져 주시는 하나님의 놀라운 은총을 생각나게 합니다. 그런데 그들이 이 만나에 대해 불평합니다. 처음에 그들은 만나를 '희고 꿀 섞은 과자' 출 16:31같이 맛있다고 평가했었습니다. 그런데 지금은 '기름 섞은 과자' 민 11:8라고 폄하하기 시작합니다. 그들은 고기가 먹고 싶다고 아우성입니다. 만나는 은혜지만 고기는 결국 탐욕입니다. 불평이 불평을 불러옵니다.

　더구나 그들은 애굽의 먹거리를 추억해 냅니다. 애굽에 있을 때는 공짜로 생선도 먹고, 오이, 수박, 부추, 파와 마늘을 먹던 일이 눈에 선한데, 이제 자신들의 눈에 만나밖에 보이는 것이 없다고 불평합니다. 바로의 식탁이 하나님의 식탁보다 낫다는 말입니까? 아니, 솔직히 자기들이 애굽에서 종노릇밖에 더 했습니까? 마치 엄청나게 잘살았던 것처럼 말합니다. 자신들에게 불리했던 것은 쏙 빼고 유익했던 것들만 말합니다. 무슨 일만 있으면 자꾸만 뒤를 돌아다보는 것이 버릇이 되었습니다. 더구나 수치스러운 과거를 미화까지 하면서 현재 상황을 불평했습니다.

　부정적인 생각은 '있는 것' 보다 '없는 것'을 크게 봅니다. 노예에서 자유인이 된 그때의 감격은 잊은 채, 얼마 지나지 않아서 그 감동과 감격이 원망으로 다가옵니다. 모든 원망의 화살이 다 모세에게 날아갑니다.

　그런데 우리는 뜻밖에 연약한 지도자 모세를 보게 됩니다. 그는 백성들의 원망하는 소리를 꾸짖고 바로잡아야 할 사람입니다. 그런데 그도 흔들리고 있습니다. 처음에는 하나님의 뜻에 따라 모든 일이 잘 이루어졌다고 생각했는데, 백성들이 울먹이자 하루아침에 죄인이 된 듯한 느낌을 받았습니다.

　모세가 태산 같은 걱정으로 하나님께 아뢰기를 "어찌하여 하나님이 주의 종을 이렇게도 힘들게 하십니까? 어찌 제가 주님의 눈 밖에 나서 이 백성을 짊어지게 하셨습니까? 제가 이 백성들을 임신했습니까? 아니, 저들을 낳기라도 했습니까? 왜 저에게 유모가 젖먹이를 품듯이 이 백성들을 품에 품고 이 광야를 지나 약속의 땅까지 가라고 하십니까? 이제 저들이 울면서 고기를 구하는데, 제가 어디서 고기를 구하여 저들을 먹게 하겠습니까? 저 혼자서는 이 모든 백성을 짊어질 수가 없습니다. 저에게는 너무 무겁습니다. 백성들이 아우성치는 가운데서도 하나님이 뾰족한 수가 없다면 즉시 저를 죽여 이 곤경에서 벗어나게 해주십시오."

어찌 보면 모세가 딱하기도 합니다. 그러나 지금까지 하나님의 놀라운 역사를 제일 선두에서 목도했던 모세가 이런 말을 하다니 이해가 되지 않는 대목입니다.

모세의 항변은 두 가지입니다.

첫 번째는 "혼자 지기에는 짐이 무겁습니다. 어떻게 장정만 60만 명이 넘는 백성을 짊어지고 갑니까? 그들의 모든 소송 사건을 혼자서 감당하기 힘이 듭니다."라는 것입니다.

두 번째는 현안인 고기 공급 문제입니다. 그들을 만족시킬 수 있는 분량의 고기를 광야에서는 구하기 힘들다는 것입니다.

두 가지 질문에 대한 하나님의 답변은 분명합니다. 하나님은 참 친절하십니다.

첫 번째 대책으로 하나님은 모세 외에 다른 영적 지도자를 세우시겠다고 합니다. 장로 70인을 회막으로 데리고 오면 모세에게 주셨던 성령을 그들에게도 주어 그들로 모세를 도와 그와 함께 백성들을 감당하게 하겠다고 하셨습니다. 모세 혼자 애쓰지 않아도 될 것이라고 말씀하십니다.

두 번째로 하나님은 놀라운 말씀을 하십니다. "내가 바로 내일 너희에게 고기를 주어 먹게 하리니, 하루, 이틀, 닷새, 열흘, 스무날도 아니고 한 달 내내 먹게 해주겠다. 코에 신물이 나서, 고기 냄새 때문에, 먹기 싫어질 때까지 먹게 될 것이다."라고 확실하게 말씀하셨습니다. 모세는 두 번째에 대해서 반문합니다. "아무렴 하나님이시라도 장정만 60만 명인 이스라엘 사람들에게 하루도 아니고 1개월간 고기를 주어 질리도록 먹게 하시겠다고 하십니까? 양 떼와 소 떼를 잡은들 충분하겠습니까? 바다에 있는 고기를 모두 잡은들 충분히 먹이시겠습니까?" 하나님은 책망하듯 "나의 손이 짧아지기라도 했다는 말이냐?"민 11:23라고 되묻습니다. "하나님의 손이 그렇게 작으냐?", "네가 네 눈으로 내가 한 말이 이루어지는 것을 보게 되리라"라고 하십니다.

이런 대화는 나중에 엘리사와 왕의 장관 사이에도 있었습니다왕하 7:1-2. 아람 군대가 사마리아 성을 포위하고 있을 때 엘리사는 "여호와께서 이르시되 내일 이맘때에 사마리아 성문에서 고운 밀가루 한 스아를 한 세겔로 매매하고 보리 두 스아를 한 세겔로 매매하리라"라고 합니다. 그러나 왕의 장관은 "여호와께서 하늘에 창을 내신들 어찌 이런 일이 있으리요"라고 불신앙적인 말을 합니다. 이때 엘리사는 "네가 네 눈으로 보리라 그러나 그것을 먹지는 못하리라"고 말합니다. 믿는 자는 하나님의 일을 보고 먹고 마시게 될 것입니다.

다시 모세의 이야기로 돌아와 민수기 11장 31절에서 33절까지 보면 실제로 바람이 바다로부터 불어오는데, 하늘이 까맣게 되도록 구름처럼 메추라기가 밀려와 우박처럼 떨어져 쌓이기 시작했습니다. 메추라기를 이스라엘 진영 사방 하룻길에 몰아 2규빗60~70cm 이상으로 쌓아 놓으셨습니다. 사람들은 종일 종야에 메추라기를 모아 쌓기 시작합니다. 모세의 입장에서는 상상치도 못할 일이 벌어진 것입니다. 잡을 필요도 없이 모으기만 하면 됩니다. 깃털을 뽑아 구워 먹기만 하면 됩니다. 하나님의 놀라운 기적이 또 한 차례 나타났습니다!

그렇다면 이 사건은 오늘을 살아가는 우리에게 무엇을 의미할까요?

❶ 인간의 탐욕은 끝이 없다

첫 번째는 인간의 탐욕에 끝이 없다는 것을 보여 줍니다.

홍종락 씨가 쓴 『햇살 한 숟가락』이라는 책에는 어떤 그림에 대한 이야기가 실려 있습니다. 울타리를 사이에 두고 나뉜 두 목초지가 있었는데, 비슷한 크기에 각각 푸른 풀이 우거져 있습니다. 각 목초지에 노새가 한 마리씩 있는데, 두 마리 다 철조망 울타리 사이로 고개를 집어넣고 반대편 목초지의 풀을 뜯고 있습니다. 자기 목초지 풀을 뜯기가 훨씬 쉬웠을 텐데 울타리 너머의 풀이 더 좋아보였던 것입니다. 그런데 풀을 뜯던 노새들의 머리가 울타리 사이에 끼고 말았습니다.

만화가는 이 그림에 '불만'이라는 제목을 달았다고 합니다. '탐욕'이라고 해도 마찬가지일 것 같습니다. 서양 속담에 "남의 잔디가 더 푸르러 보인다"라는 말이 있습니다. "남의 떡이 더 커 보인다"라는 말과 같습니다.

애굽에서 종살이할 때 학대와 압제만 당했던 그들입니다. 압제자가 주는 것만 먹으며 간신히 연명한 것뿐입니다. 하나님께 구해달라고 부르짖었습니다. 죽기 살기로 간절히 부르짖었습니다. 애굽에서 나가기만 하면 모든 것이 감사할 것 같았습니다. 불쌍히 여긴 하나님, 신실하신 하나님은 그들을 기적적으로 구원해 주셨고, 먹을 것이 없는 광야에서는 전대미문의 양식, 하늘 양식인 만나를 내려서 생존하게 하셨습니다. 그런데 백성들은 감사할 줄 모르고 원망하면서 오히려 과거의 생활을 그리워합니다. 이유는 단지 고기가 없다는 것 때문입니다.

물론 애굽에 있을 때만큼 고기를 먹기는 힘들 것입니다. 그러나 고기가 자신들의 자유를 반납해야 할 만큼 귀중한 것일까요? 노예의 멍에와 바꿀 만큼 값진 것일까요? 특정한 것에 대한 탐심은 마음을 왜곡시켜 그들로 하여금 과거의 모든 것들을 동경하도록 바꾸어 버렸습니다. 상추, 오이, 수박, 부추, 파, 마늘 등을 먹었던 기억이 좋게 여겨지고 새록새록 마음에 스며듭니다. 탐욕이 그들의 눈을 가려버리고 온전한 마음을 흐린 것입니다.

인간의 탐욕은 끝이 없습니다. 서 있으면 앉고 싶고, 앉으면 눕고 싶고, 누우면 자고 싶은 것이 인간입니다. 만족이 없습니다. 우리는 있는 것에 감사하고 없는 것은 기도 제목으로 여겨야 하는데, 있는 것은 당연히 여기고 없는 것은 불평 제목으로 삼습니다.

하나님은 탐심을 버리라고 경고하고 계십니다. 하나님은 탐심을 우상숭배라고 말씀하십니다.

> "그러므로 땅에 있는 지체를 죽이라 곧 음란과 부정과 사욕과 악한 정욕과 탐심이니 탐심은 우상 숭배니라 이것들로 말미암아 하나님의 진노가 임하느니라" 골로새서 3:5-6

탐심 때문에 진노로 징계를 받습니다. 십계명도 결국 탐심을 경계하고 막기 위한 것들입니다. 십계명의 첫째 "너는 나 외에는 다른 신을 네게 두지 말지니라" 출 20:3와 마지막 "네 이웃의 집을 탐내지 말라" 출 20:17라는 계명은 사실상 동일합니다. 내적 마음의 동기가 탐심이기 때문입니다. 이 두 계명은 나머지 모든 계명을 이해하는 열쇠이기도 합니다. 나머지 8개도 모두 탐욕의 문제를 다룹니다. 도둑질, 살인, 간음도 탐욕과 정욕에서 비롯됩니다. 탐심은 하나님보다 다른 것을 더욱 갈망하는 것입니다. 탐심이 우상숭배인 것은 하나님으로부터 와야 할 만족감을 다른 무언가로부터 얻으려고 하기 때문입니다.

어떻게 탐심을 버릴 수 있을까요? 물질이나 탐심이 무익하다는 점을 깨닫고 통제하는 것입니다. 세상의 철학인 쾌락주의와 금욕주의는 결국 한 가지 문제, 즉 인간 탐욕으로 인한 비극을 어떻게 해결할 것인가에 관한 것들입니다. 서로 상반되는 듯해도 결국 욕망을 줄이라고 조언합니다. 욕망을 줄이고 거부하는 것이 참다운 행복을 얻는 삶입니다.

욕망의 그릇을 줄이면 채워질 수 있는 가능성이 높아진다고 합니다. "은을 사랑하는 자는 은으로 만족하지 못하고 풍요를 사랑하는 자는 소득으로 만족하지 아니하나니 이것도 헛되도다"전 5:10라고 하면서 하나님은 탐심의 허망함을 경고하십니다.

> "모든 강물은 다 바다로 흐르되 바다를 채우지 못하며 강물은 어느 곳으로 흐르든지 그리로 연하여 흐르느니라 모든 만물이 피곤하다는 것을 사람이 말로 다 말할 수는 없나니 눈은 보아도 족함이 없고 귀는 들어도 가득 차지 아니하도다" 전도서 1:7-8

탐욕으로 만족을 추구하는 것은 본질적으로 어리석은 행위입니다. 누가복음에는 한 청년이 예수님께 다가와 형제간의 유산 분할 다툼에 중재자로 나서 자신에게 더 많은 분깃이 돌아오게 해달라고 요청합니다. 이에 대해서 예수님은 "삼가 모든 탐심을 물리치라 사람의 생명이 그 소유의 넉넉한 데 있지 아니하니라"눅 12:15라고 하시면서 인생은 물질에 대한 탐욕으로 사는 것이 아니라고 하셨습니다. 하나님은 결코 우리를 버리거나 떠나시지 않습니다. 따라서 돈을 사랑해서 돈에 전전긍긍하는 어리석은 행위를 버려야 합니다히 13:5-6. 하나님 안에서 우리가 요구하는 것이 줄어들수록 평안해집니다.

그리고 탐심을 버리고 자족하는 마음, 하나님 안에서 자족하는 마음을 키워야 합니다. 자족이 커지면 탐심은 줄어듭니다. 경건은 자족하는 마음이 전제될 때 힘을 발휘할 수 있습니다. "자족하는 마음이 있으면

경건은 큰 이익이 되느니라"딤전 6:6 자족하는 마음을 배우십시오. "어떠한 형편에든지 나는 자족하기를 배웠노니 나는 비천에 처할 줄도 알고 풍부에 처할 줄도 알아 모든 일, 곧 배부름과 배고픔과 풍부와 궁핍에도 처할 줄 아는 일체의 비결을 배웠노라" 자족하는 비결을 배우고 나니까 "내게 능력 주시는 자 안에서 내가 모든 일을 할 수 있느니라"빌 4:13라고 말할 수 있습니다.

시편 119편 36절에는 자족으로 가는 길이 나옵니다. "내 마음을 주의 증거들에게 향하게 하시고 탐욕으로 향하지 말게 하소서"

이스라엘에게 보여 주신 기적이 얼마나 많습니까? 애굽 땅에 내려진 열 개의 재앙들, 홍해가 갈라지는 광경, 듣도 보도 못한 만나를 매일같이 먹은 일 등, 그야말로 광야 생활은 기적을 보고 듣고 먹는 생활이었습니다. 온통 주의 증거들뿐입니다. 이런 증거들을 기억하기만 한다면 인생을 살아가는 데 있어 문제될 것은 없습니다. 광야에서 산다고 해도 마찬가지입니다. 그러나 그런 증거들이 마음에서 잊혀지면 결국 탐욕으로 향할 수밖에 없습니다. 모든 것이 원망거리, 불평거리가 됩니다. 따라서 탐심은 과거의 은혜를 망각하는 불신앙이고, 탐심은 장래의 은혜를 믿지 못하는 불신앙입니다.

❷ 인간은 쉽사리 원망한다

백성들이 유월절과 홍해의 기적에도 불구하고 하나님과 모세에게 쉽사리 원망했던 이유는 다양합니다. 첫 번째로 과거에 역사하셨던 하나님의 은혜를 망각했습니다. 신앙의 건망증입니다. 인간의 뇌는 이상하게 작동합니다. 은혜 받은 것은 잊고 은혜 준 것은 언제나 기억합니다. 감사할 제목은 잊어버리고 섭섭한 것은 기억합니다. 과거의 기적은 잊어버리고 현재의 어려움은 크게 봅니다. 이것이 바로 인간입니다. 정말 오랫동안 저장해야 할 것은 금세 지워버리고 지워야 할 것은 저장하기 때문입니다. 인간 두뇌 컴퓨터 프로그램이 잘못된 모양입니다. 'save'와 'delete' 키를 혼동하고 있습니다.

두 번째로 고달픈 현실에서 하나님에 대한 첫사랑의 감격이 식었을 때도 역시 원망하게 됩니다. 게다가 현재 닥치고 있는 문제가 크게 보이면 보일수록 첫사랑의 감정을 유지하지 못하고 곧바로 원망의 길로 접어듭니다.

"그러나 너를 책망할 것이 있나니 너의 처음 사랑을 버렸느니라"
요한계시록 2:4

세 번째는 미래를 향한 하나님의 능력의 역사를 불신했을 때 나타납니다. 이는 하나님에 대한 불신앙입니다. 미래에 나를 이끄실 능력이 없을 것이라는 것입니다. 과거에 자신의 기대대로 하나님이 역사하지 않아서 실망한 적이 있던 사람들에게 주로 나타납니다. 그러나 우리가 하나님에 대하여 과거에 이렇게 저렇게 역사했어야 했다고 말하는 것은 소용없는 일입니다. 하나님이 과거에 '실제로 행하신 일'을 가지고 말해야 합니다. 하나님에게 실망을 표시해서 나아질 일이 하나도 없습니다. 우리의 판단에 실망스러웠던 일도 나중에는 선한 이유를 알게 될 것입니다. 마치 요셉이 당한 일들이 당시에는 부당하고 하나님이 무기력하게 보여도 결국 하나님은 놀랍게 역사하시지 않습니까? 그러므로 과거의 실망이 미래를 기대하고 하나님을 소망하는 데에 방해가 되도록 방치해서는 안 됩니다. 하나님을 향한 굳은 믿음이 있어야 합니다.

이렇게 자신이 처한 상황이 힘들고 어려워도 하나님의 위대함과 경이로움을 믿고 나가자고 해도, 말을 듣지 않는 사람들이 많습니다. 자신들의 경험 탓에 하나님을 제한해서 작은 하나님을 만듭니다. 하나님은 이런 일은 할 수 없고, 저런 일도 할 수 없을 것이라고 지레짐작하고 좌절하고 낙망합니다. 그래서 하나님을 원망합니다.

하나님을 향한 원망은 백해무익百害無益합니다. 원망은 자기 자신에게 화살을 쏘는 것과 같습니다.

로마의 시저Caesar가 자기 친구들을 위해 아주 큰 잔치를 열었습니다. 그런데 잔칫날에 날씨가 좋지 않았습니다. 화가 난 시저는 자기 부하들에게 주신主神인 "주피터Jupiter에게 화살을 쏘라."고 명령을 했습니다. 그들은 활을 쏘았지만 화살은 하늘까지 미치지 못했습니다. 얼마 후 그 화살들이 되돌아와서 그들 가운데 떨어져 잔치에 참여한 사람들이 화살에 맞았습니다.

토머스 왓슨은 이렇게 말합니다.

"배를 침몰시키는 것은 배 밖의 물이 아니라 구멍으로 스며든 배 안의 물이다. 그리스도인을 슬픔에 빠지게 하는 것은 외적인 고생이 아니라 마음에 스며드는 불만이다. 불만을 품은 사람은 자기가 하나님을 위해 하는 일은 너무 많다고 생각하고 하나님이 자기를 위해 하시는 일은 너무 적다고 생각한다."

이스라엘은 광야 생활을 하면서 이 원망의 샘이 마르지 않습니다. 틈만 나면, 일만 있으면 원망부터 늘어놓았습니다. 하나님의 수없이 많은 기사를 보고 도움을 받았으면서도 금방 잊어버렸습니다. 결국 이스라엘은 40년간 광야를 유리하고 방황해야 했습니다. 원망은 우리가 광야에서 빠져나갈 길을 차단하는 것입니다. 우리를 우리 안에 가두는 것입니다.

❸ 인간은 문제를 당하면 불신앙을 갖게 된다

또 본문이 우리에게 알려 주는 것은 신앙을 지닌 우리에게 문제가 닥쳐올 때 불신앙의 모습이 보인다는 점입니다. 베드로는 3년 동안 예수님을 추종하면서 많은 가르침을 받았고 기적도 체험했습니다. 수많은 병자들이 고침 받는 것도 보고, 오병이어 기적도 보고, 귀신들이 쫓겨나는 장면도 봤습니다. 심지어 물 위를 걸어 오시는 예수님을 봤습니다. 예루살렘에 입성하고 사람들이 예수님의 이름을 연호했을 때, 그의 믿음은 최고조에 달했습니다.

그런데 최후의 만찬자리에서 예수님이 서운한 말씀을 합니다. "오늘 밤에 너희가 다 나를 버리리라" 이 말을 들은 베드로는 자신은 절대로 예수님을 배반하지 않겠다고 호언장담합니다. "모두 주를 버릴지라도 나는 결코 버리지 않겠나이다" 또 "내가 주와 죽을지언정 주를 부인하지 않겠나이다"

그런데 어둠의 시간에 그는 그만 세 번이나 예수님을 부인하고 말았습니다. 어려움과 환난, 즉 문제가 닥쳐오니 평상시에 보였던 그 결의가 무용지물이 되었습니다. 문제를 낭할 때 과연 우리는 어떤 모습을 보일까요? 그런 의미에서 문젯거리, 고통거리는 우리의 내면이 어떠한지를 적나라하게 드러내는 리트머스 시험지입니다. 많은 신자들이 고난을 당하고 문제에 봉착할 때 원망하고 불평합니다.

홍해를 마른 땅같이 건널 때 백성들의 믿음은 최고조에 달했습니다. 기적을 보았기에 하나님께 찬양의 노래를 불렀습니다. 그런데 광야에서 많은 시련을 당하고 특히 욕망을 채우기 어렵게 되자 이내 그 모든 감사의 조건을 망각하고 곧 원망하게 되었습니다. 이스라엘 백성들은 마치 향수병에 걸린 자처럼, 애굽에서 종살이하던 자신들의 삶을 좋게 생각하게 됩니다. 과거는 모두 아름답게 여겨지는 모양입니다. 게다가 하나님을 향해서 완악하게 굴기도 합니다. 모든 문제를 해결할 능력이 있으신 하나님을 멸시하기도 합니다. 후회에 가득 찬 모습이 바로 우리들의 모습입니다. 우리는 현실에 어떤 조그마한 문제나 고통이 닥치면 곧바로 하나님이 보여 주시고 걷게 하신 길을 후회하는 나약한 모습을 보입니다. 이러지 말 것을! 저러지 말 것을! 우리가 왜 이렇게 했던가? 항상 후회하면서 살아갑니다. 모든 것을 도매금으로 부정적으로 인식합니다. 그야말로 '껄껄껄' 입니다. "그 회사에 들어가지 말걸." "결혼하지 말걸." "그 집을 팔지 말걸."

이스라엘의 지도자 모세조차도 이런 분위기에 휩쓸렸습니다. 모세도 불평하는 백성들 가운데에서 그들의 영향을 받아 자기 신세를 한탄하게 되었습니다. 심지어 자신을 죽여 달라고 합니다. 죽음은 절대로 문제 해결 방식이 될 수 없습니다. 죽어도 문제는 그대로 남습니다. 이것은 하나님의 구원 사역을 자신 혼자 감당하고 있다고 착각할 때 일어납니다. 엘리야가 갈멜 산 전투를 승리로 장식한 뒤에 이세벨이 위협하고 엄포를 놓았을 때 그만 마음이 무너지게 되었습니다. 그래서 광야로 도망가 로뎀 나무 밑에서 죽기를 간구했습니다.

"여호와여 넉넉하오니 지금 내 생명을 거두시옵소서" 열왕기상 19:4

모세는 이렇게 말합니다.

"구하옵나니 내게 은혜를 베푸사 즉시 나를 죽여 내가 고난 당함을 내가 보지 않게 하옵소서" 민수기 11:15

영적 지도자들인 모세나 엘리야는 하나님의 일을 자신이 총괄해서 책임을 진다고 생각했습니다. 모세는 자신의 짐이 무겁다고 밀하고 있습니다. 그러나 하나님은 결코 그에게 백성 전체를 혼자 책임지게 하지 않았습니다. 출애굽한 모든 상황 가운데 모세가 한 일은 하나님께서 지시하신 대로 따라 하는 것이었습니다. 그 모든 일을 이루신 분은 하나님이었음에도 불구하고, 그는 자신의 능력과 지혜로 백성들을 책임지고 있다고 착각했습니다. 엘리야도 비슷합니다. 우상숭배를 조장하는 이세벨과 아합 왕의 정권에 맞서 진리를 수호하고 여호와 경배를 고수하는 자는 자신만이 유일하다고 생각합니다. 과도한 책임의식과 자신을 바라보는 것이 결국 원망, 불평의 대열에 함께하게 했던 이유입니다.

내려놓아야 합니다. 하나님의 일은 하나님께서 하시도록 내려놓아야 합니다. 자신도 바라보고 하나님도 바라보게 되면 결국 모세나 엘리야처럼 침체와 좌절에 빠지게 됩니다. 온전히 주님만 보지 못하는 영적 지도자는 문제에 봉착했을 때 결국 원망과 좌절, 그리고 불신의 죄악에 휩쓸리게 됩니다. 자신의 불완전함을 보았기에 하나님까지도 불신하게 되고 그 능력을 의심하게 됩니다.

:: 오늘 살아 계신 하나님을 믿으라

그렇다면 우리는 어떻게 해야 할까요? 오늘도 살아 계신 하나님을 믿어야 합니다.

"예수 그리스도는 어제나 오늘이나 영원토록 동일하시니라"
히브리서 13:8

과거에 역사하셨던 하나님은 오늘도 역사하십니다. 과거에 혁혁한 위세로 그분의 능력을 보였던 하나님은 오늘도 엄청난 위력으로 역사하실 수 있습니다. "여호와의 손이 짧아졌느냐?" 손이나 팔은 능력을 의미합니다. 하나님의 손은 과거나 지금이나 혹은 영원토록 동일할 것입니다. 그분은 존재만큼이나 그 능력도 역시 동일할 것입니다. 지금도 살아 계셔서 역사하시는 분입니다. 그분은 성경 속에서만 능력을 베푸시는 것이 아닙니다. 내가 살고 있는 현재 이곳에서도 능력을 베푸실 수 있는 분입니다. 이전에 이런 저런 간증을 했는데 지금은 하나님의 능력을 왜 체험하지 못했습니까?

우리는 때로 좌절합니다. "그래, 하나님은 살아 계시고 능력이 있으신 분이라는 점을 믿어. 하지만 나한테는 능력을 베푸시지 않을 거야. 이 질병에는 무력하실 거야." "이 상황 속에서 하나님이 역사하는 것은 불가능해."라고 말입니다. 그러나 이는 가당치 않은 발상입니다. 이는 불신앙이며 죄악입니다. 하나님을 모욕하고 멸시하는 처사입니다. 하나님은 죽지도 않으시고 주무시지도 않는 분입니다. 여호와의 손이 짧아진 것이 아니라 우리의 마음이, 우리의 믿음이 짧아진 것입니다.

우리는 현상을 보지 말고 오직 하나님을 믿는 믿음을 지니고 있어야 합니다. 예수님과 제자들이 사역을 마치고 배를 타고 건너편으로 가시려 할 때 예수님은 배 안에서 잠이 드셨습니다. 그런데 그때 갈릴리 호수에 광풍이 몰아쳐서 배가 전복될 위험에 처했습니다. 제자들은 우왕좌왕하면서 두려워했습니다. 이제는 죽었다고 생각했습니다. 그들과 함께 있는 임마누엘 하나님을 옆에 모시고도 두려워했습니다. 예수님이 잠에서 깨어나 바람과 물결을 꾸짖고 제자들에게 말씀하십니다. "너희 믿음이 어디 있느냐?" 눅 8:25

이 말씀은 왜 너의 믿음을 이 상황에 적용하지 않느냐는 뜻으로 이해해도 됩니다. 그렇습니다. 믿음을 지녀야 합니다. 풍랑만 보고 예수님을 보지 못하면 안 됩니다. 풍랑도 현실이면 예수님도 현실입니다. 눈에 보이는 대로 생각하고 판단해서는 안 됩니다. 상황에 지배되면 안 됩니다. 믿음의 닻을 든든히 내리고 있어야 합니다. 믿음을 잃지 말아야 합니다. 믿음을 잃으면 모두 잃는 것입니다.

어제 역사하셨던 하나님이 오늘 나타나지 않는다면 그 원인이 혹시 나에게 있는 것은 아닐까요?

"여호와의 손이 짧아 구원하지 못하심도 아니요 귀가 둔하여 듣지 못하심도 아니라 오직 너희 죄악이 너희와 너희 하나님 사이를 갈라 놓았고 너희 죄가 그의 얼굴을 가리어서 너희에게서 듣지 않으시게 함이니라" 이사야 59:1-2

우리의 죄 때문에, 기도하지 않기 때문에, 하나님을 믿지 않기 때문에, 하나님의 놀라운 역사를 체험하지 못할 수도 있습니다. 죄악이 하나님과 우리 사이를 막고 있다면 그 죄의 담을 허물어야 합니다. 그러면 다시 하나님은 역사하실 것입니다. 그럴 때 우리는 다시 이 노래를 불러드릴 수가 있습니다. "살아 계신 주 나의 참된 소망, 걱정 근심 전혀 없네. 사랑의 주 내 갈 길 인도하니 내 모든 삶의 기쁨 늘 충만하네."

:: 하나님을 하나님 되게 하라

또한 하나님을 하나님 되게 해야 합니다. 믿는다고 하면서도 어려운 상황에서 낙심하고 좌절하는 것은 건강한 믿음이 아닙니다. 심지어 우상숭배에 해당한다고 해야 옳을 것입니다. 우상이란 보지도 듣지도 말하지도 움직이지도 못하는 거짓신이기 때문입니다. 우리가 하나님을 향해서 "그분은 이런 일은 하지 못할 거야."라고 하며 절망하는 것은 하나님을 우습게 만드는 것이요, 우상과 같은 대우를 받게 하는 것입니다. 왜 그렇게 좌절하고 절망합니까? 왜 하나님은 그런 큰일을 하실 수가 없을 거라고 지레짐작하고 자포자기합니까? 왜 온 우주를 창조한 광대하신 하나님을 그렇게 작은 신으로 축소시켜 버립니까? 하나님의 능력을 불신하고 멸시하는 한, 그는 불신앙인입니다. 우리가 하나님께 바라고 간구하는 것들이 자신의 수준에서 할 수 있을 법한 일들이라면 이도 역시 올바른 신앙은 아닙니다.

아브라함도 온전해지기 전에는 이런 유치한 믿음을 지니고 있었습니다. 자신에게 불가능하다고 판단되면 하나님도 못할 것이라고 추측했습니다. 하나님께서 모세에게 나타나 100세에 아들이 있을 것이라고 말씀하시자 아브라함은 속으로 웃으며 불신했습니다. "어떻게 남자 나이 100세에 자식을 낳을 수가 있을 것인가? 게다가 아내 사라는 90세가 넘은 노인이고 생리까지 끊어져 가망이 없는데 어떻게 아들을 낳는다는 말인가?"

결국 아브라함은 자신이 보기에 가능성 있어 보이는 일로 간구합니다. "이스마엘이나 하나님 앞에 잘살게 해주세요." 그 말에 대해서 하나님은 진노하시면서 "여호와께 능치 못하심이 있겠느냐?"라고 하십니다. 아브라함이 하나님께 '한 소리' 들은 것입니다. 하나님을 하나님 되게 하지 못하면 이렇게 야단 맞을 각오를 해야 합니다. 하나님을 하나님 되게 해드려야 합니다. 불가능을 가능하게 하시는 위대한 하나님으로 대접해야 합니다.

지금 모세도 하나님의 위대한 능력을 부인하고 있습니다. 하나님께서 백성들의 원망 섞인 불평에 대해서 그들의 소원을 들어 주신다고 하면서 무려 한 달 동안 메추라기를 먹이시겠다고 하자 모세는 말합니다.
"나와 함께 있는 이 백성의 보행자가 육십만 명이온데 주의 말씀이 한 달 동안 고기를 주어 먹게 하겠다 하시오니 그들을 위하여 양 떼와 소 떼를 잡은들 족하오며 바다의 모든 고기를 모은들 족하오리이까?"
모세는 지금 머릿속으로 복잡한 통계와 암산을 했습니다. 자신의 머릿속 계산기로는 도무지 맞출 수가 없는 일이라고 생각한 것입니다. 그런데 하나님 없는 수학입니다. 이런 사람들은 결코 불가능을 넘는 하나님의 일을 보지 못할 때가 많습니다. 모세조차도 자기의 상식과 능력에 준하는 하나님을 믿고 있었던 것입니다.

인생은 고난의 연속입니다. 우리 힘으로 해결할 수 없는 일들이 즐비합니다. 그래서 우리 가슴을 턱 막히게 합니다. 신자들조차도 인생의 무게 앞에 무기력해질 때가 있습니다. 자신이 섬기는 하나님이 어떤 하나님인지를 모르고 있습니다. 하나님을 성경 속의 하나님으로, 조상 때의 하나님으로 알고 있습니다. 그래서 좌절하고 낙심합니다. 하나님을 경배하면서도 낙심합니다. 이는 지극히 큰 불신앙의 죄입니다. 하나님은 어제도 오늘도 내일도 하나님 되십니다. 광대하시고 초월적인 분입니다. 문제는 결국 우리 자신들에게 돌아옵니다. 우리에게는 기적을 일으킬 만한 믿음이 없었던 것입니다. 뜨뜻미지근한 믿음밖에 없었기 때문입니다. 하나님의 능력을 믿고 자신의 상식과 한계를 훨씬 뛰어넘어 놀랍게 역사하실 하나님에 대한 믿음이 없기 때문입니다. 이 믿음이 있다면 오늘도, 아니 바로 지금이라도 기적은 일어나게 될 것입니다.

오늘 근심할 시간, 두려워할 시간이 있다면 하나님 앞에 엎드려 기도해야 합니다. 믿음을 달라고 기도해야 합니다. 전능자 앞에 나와 기적을 보게 해달라고 기도해야 합니다. 믿음의 사람들이 되어야 합니다. 오늘날은 너무 합리적이고 과학적인 세계가 되었습니다. 그래서 신자들조차도 이런 합리성에 매여 우리의 이성을 초월해서 역사하시는 하나님에 대한 기대가 줄어들었습니다. 우리는 시대 사조와 불신앙에 함몰되어 있는지 자성해야 합니다. 믿음에 깨어 있어야 합니다. 문제를 만나고서도 하나님을 찾지 않는 모든 자에게 하나님은 물으십니다.

"나의 손이 짧아졌느냐?"

하나님의 위대한 질문

Chapter 10 말씀 나누기

① 이스라엘 백성은 광야에서 뭐라고 불평했습니까? 민 11:4-6
② 모세가 하나님에게 항변한 두 가지는 무엇입니까? 민 11:13-14
③ 하나님은 모세에게 어떻게 답변하셨습니까? 민 11:16-20 그 뜻은 무엇입니까?

Chapter 10 은혜 나누기

① 하나님을 의심했던 적이 있다면 나누어 봅시다.
② 과거에 베풀어 주신 하나님의 은혜를 나누어 봅시다.
③ 지금 당하는 문제에 대해서 전지전능하신 하나님을 의지하는 기도를 합시다.

chapter 11

앞길이 절망적이고 막막해 보일 때, 하나님이 묻습니다
"어느 때까지 나를 멸시하겠느냐?"
민수기 13:25-14:11

이스라엘 백성들은 애굽의 종살이에서 해방되어 나온 지 2년 2개월 20일 만에 약속의 땅 가나안에 가까운 바란 광야 가데스에 도착합니다 민 10:11. 모세는 가나안 땅을 탐지하기 위하여 12지파에서 대표 한 사람씩 뽑아 먼저 열두 명을 정탐꾼으로 보냅니다 민 13:4-16. 민수기 13장 4절부터 15절까지 그 열두 명의 정탐꾼 이름이 나옵니다. 삼무아, 사밧, 갈렙, 이갈, 호세아 여호수아, 발디, 갓디엘, 갓디, 암미엘, 스둘, 나비, 그우엘. 이들은 영광스러운 일을 맡은 사람들입니다. 육체적 건강에서나 정신적 판단력에 있어서 이스라엘에서 대표로 뽑힌 일꾼 중의 일꾼입니다. 이들은 나름대로 영향력이 있는 리더 그룹 사람들입니다. 정탐꾼들은 40일간 모든 지역을 다 돌아본 후 이스라엘 백성과 모세 앞에서 보고를 했습니다. 우선 보고하는 내용은 모세가 알아보라고 했던 것들입니다.

> "모세에게 말하여 이르되 당신이 우리를 보낸 땅에 간즉 과연 그 땅에 젖과 꿀이 흐르는데 이것은 그 땅의 과일이니이다 그러나 그 땅 거주민은 강하고 성읍은 견고하고 심히 클 뿐 아니라 거기서 아낙 자손을 보았으며 아말렉인은 남방 땅에 거주하고 헷인과 여부스인과 아모리인은 산지에 거주하고 가나안인은 해변과 요단 가에 거주하더이다" 민수기 13:27-29

일순 그 뒷말을 듣던 백성들 사이에 한숨과 한탄 그리고 동요가 일기 시작합니다. 갈렙은 백성을 조용하게 하며 "우리가 곧 올라가서 그 땅을 취하자 능히 이기리라"라고 했지만 다른 정탐꾼들은 "우리는 능히 올라가서 그 백성을 치지 못하리라 그들은 우리보다 강하니라"라고 선동하기 시작했습니다 민 13:30-31.

여기서 주목할 것은 하나님께서 이미 가나안 땅을 이스라엘에게 주시기로 아브라함 때부터 누차 약속하였고, 정탐꾼을 보낼 때도 "사람을 보내어 내가 이스라엘 자손에게 주는 가나안 땅을 탐지하게 하되" 민 13:2라고 하셨습니다. 이스라엘 자손에게 '주실 가능성이 있는 땅'이 아니라 '주신 땅'이라고 분명히 말씀하셨습니다. 하나님은 모세에게 이스라엘에게 주신 땅을 답사하라고 하신 것입니다. 정탐꾼들에게 가나안 땅에 들어가서 지형과 상황을 잘 파악하고 오라고 보냈지, 가나안을 자신들이 정복할 수 있는지 없는지, 들어갈 것인지 말 것인지를 결정하기 위한 자료를 모으라고 보낸 것이 아닙니다. 가나안 땅은 이미 하나님이 주시기로 약속하셨고, 들어가기로 되어 있습니다. 모세도 그들을 보내면서 민수기 13장 18절에서 20절에 사전 탐사할 내용을 상세하게 가르쳐 줍니다. '그 땅 거민이 강한지 약한지, 많은지 적은지, 땅이 좋은지 나쁜지, 성읍이 진영인지 산지인지, 토지가 비옥한지 메마른지, 나무가 있는지 없는지'를 탐지하라는 것입니다. 이것을 종합하면 '어느 길로, 어느 성읍으로 들어가야 할 것을' 알기 위해서입니다신 1:22. 다시 말하지만 들어가는 것은 분명한 하나님의 뜻이요, 예정입니다. 그럼에도 불구하고 정탐꾼들은 자기들 권한 밖에 속하는 것에 대하여 주제 넘는 언행을 함으로써 백성들을 낙심하게 하고 믿음을 떨어뜨리고 하나님을 배반하게 만들었습니다. 하나님 앞에 큰 죄를 지었습니다.

  백성과 정탐꾼은 일시적인 기분으로 잠시 그렇게 한 것이 아닙니다. 지혜로운 조언과 충고의 말을 듣고도 완악하게 하나님을 향한 불신의 말을 쏟아놓습니다. 이때의 일이 신명기에 나와 있습니다신 1:19-33. 모세가 당시의 일을 회고하면서 정탐꾼의 주장에 백성들이 동요했다고 적고 있습니다. 그래서 지도자인 모세는 그동안 하나님이 행하신 놀라운 일들을 기억시키면서 담대히 가나안 땅으로 들어가서 우리에게 주신 그 땅을 차지하자고 설득했습니다. 모세의 주장은 이렇습니다.

"너희보다 먼저 가시는 너희의 하나님 여호와께서 애굽에서 너희를 위하여 너희 목전에서 모든 일을 행하신 것 같이 이제도 너희를 위하여 싸우실 것이며 광야에서도 너희가 당하였거니와 사람이 자기의 아들을 안는 것 같이 너희의 하나님 여호와께서 너희가 걸어온 길에서 너희를 안으사 이 곳까지 이르게 하셨느니라" 신명기 1:30-31

이처럼 모세는 강대한 민족 앞에서 두려워하는 백성들에게 하나님을 보게 하려고 노력했습니다. 그들의 시선을 땅에 있는 자들이 아닌 하늘에 계신 하나님을 향하도록 촉구한 것입니다.

"그는 너희보다 먼저 그 길을 가시며 장막 칠 곳을 찾으시고 밤에는 불로, 낮에는 구름으로 너희가 갈 길을 지시하신 자이시니라"

신명기 1:33

그러나 백성들의 태도는 완강했습니다. 심지어 하나님을 악평하면서 "하나님이 우리를 미워서 죽이시려고 잘살고 있는 우리를 이끌어 내어서 이곳으로 불러내셨을 것이다."라는 무엄한 소리를 함부로 지껄이기도 합니다. 심지어 열두 명의 정탐꾼 중 열 명은 완전히 불신에 빠져듭니다. "우리는 능히 올라가서 그 백성을 치지 못하리라 그들은 우리보다 강하니라" 민 13:31

여기서 한 가지 말씀드리고 싶은 것은, 사람들 사이의 차이는 그들이 직면하는 사실이 아니라 그 사실을 해석하는 차이라는 것입니다. 즉 열두 정탐꾼은 똑같은 것을 보고 왔습니다. 그것은 비옥한 땅, 풍성한 열매, 큰 민족, 이 세 가지로 요약할 수 있습니다. 가나안 땅은 하나님이 말씀하신 대로 젖과 꿀이 흐르는 땅이었습니다. 곡식이 너무나도 잘되어 포도 한 송이를 두 명이 들어야 할 만큼 먹을 것이 많았습니다. 거봉도 그런 거봉이 없습니다. 그러나 그곳은 아무도 살지 않는 무주공산無主空山이 아니라 이미 강력한 여러 부족들이 살고 있었습니다. 그렇게 좋은 땅이니 강력한 부족들이 자리를 잡고 있는 것은 당연하고, 하나님이 약속할 만한 땅입니다. 가나안에 들어가려면 아낙 자손, 아말렉인, 헷인, 여부스인, 아모리인, 가나안인 연합군과의 전투는 불가피합니다. 그들이 애굽에서 나온 순간 주사위는 이미 던져졌고 그들과 전투를 해서 승리해야 하는 일만 남아 있습니다.

정탐꾼들이 보고 온 사실 가운데에는 긍정적인 요소와 부정적인 요소가 함께 있습니다. 가나안 땅이 비옥하여 과실이 풍성하다는 것은 긍정적인 사실입니다. 매력적이며 하나님께 감사해야 할 사항입니다. 한편 그 땅에 많은 백성들이 살고 있고 게다가 기골이 장대한 민족들이 살고 있다는 것은 부정적인 사실입니다. 사실에는 항상 양면이 있기 마련입니다. 어느 하나가 좋다면 다른 하나는 좋지 않은 것도 있습니다. 햇볕이 내리쬐는 곳에 어둠도 있습니다. 어느 하나만 취할 수 없는 것이 세상의 이치 같습니다. 인생의 성공과 실패 차이는 사실들 중 어디에 더 초점을 맞추고 강조하여 보느냐 하는 데 있습니다. 어떤 것을 더 크게 볼 것인가는 우리의 선택입니다. 열 명의 정탐꾼과 백성들은 부정적인 사실, 즉 강력한 민족들이 가나안에 포진하고 있다는 사실에 주목하고 좌절했습니다. 그러나 두 명의 정탐꾼인 여호수아와 갈렙은 부정적인 사실보다는 하나님께서 함께하신다는 사실에 더 초점을 맞추었습니다. 결국 강조점의 차이가 운명을 갈랐습니다. 긍정적인 성격이든 부정적인 성격이든 사실fact 그 자체가 진리truth는 아닙니다. 진리는 사실을 어떻게 해석하느냐에 달린 것입니다. 특히 진리를 파악해 내기 위해서는 긍정적인 사실과 부정적 사실을 넘는 하나님의 차원을 고려해야 합니다. 관찰한 것이 어떠하든 하나님은 그들에게 가나안 땅을 주어 살게 하시겠다고 약속하셨습니다. 이런 약속에 따라서 사실들을 판별해야 합니다. "그들이 비록 강하기는 하지만 하나님께서 우리에게 땅을 약속하셨다. 그러므로 우리가 그들과 붙는다고 하더라도 우리가 기필코 이길 것이다. 그들은 우리의 밥이다."라고 해야 진리입니다. 이와 같이 올바른 해석을 통해서 진리를 발견하지 못한다면 결국 자신이 두려워하는 사실을 과장하거나 왜곡하게 되고, 자신의 올무에 자신이 걸리게 됩니다.

이런 일은 최근의 매스컴의 보도를 보면 알 수 있습니다. 노무현 전 대통령이 수뢰 혐의로 검찰에 불려 다닐 때 거의 모든 매스컴이 그의 혐의에 대해서 초점을 맞추며 그를 비난했습니다. 그러나 그가 극단적인 방법으로 자신의 생명을 끝내자 동정여론이 대세를 이루었고 그로 하여금 극단의 선택을 하게 한 요인들에 대해서 분개하게 되었습니다. 동정과 안타까움이 노무현 전前 대통령의 서민적이고 소탈한 모습들에 초점을 맞추게 되었고 민주주의와 평등을 지향했던 그의 주장이 새롭게 환기되었습니다. 그는 더 이상 수뢰 혐의자가 아니라 '영원히 국민의 품에 살아 있는' 대통령이 되었습니다. 강조점의 변화가 몰고 온 변화입니다. 저는 여기에서 무엇이 옳다는 주장을 하려는 것이 아닙니다. 저는 죽음을 문제 해결의 한 방법으로 선택하는 것을 반대하는 입장입니다.

:: 사건의 해석은 주님께

우리가 사실을 해석할 때 유념해야 할 사실이 하나 있습니다. 인생의 모든 사건의 해석은 하나님께 있다는 것입니다. 거친 바다를 항해하는 배가 무사히 목적한 항구에 도달하기 위해서는 북극성의 도움을 받아야 하듯이 모든 것들의 위치를 결정할 절대적인 기준이 필요합니다. 우리 인생의 올바른 해석자는 오직 하나님 한 분뿐입니다. 요셉의 경우가 그렇습니다. 그는 아버지 야곱으로부터 총애를 받던 시절 외에는 고난의 가시밭길을 걸었습니다. 온통 부정적인 사실들뿐이었습니다. 사실들로만 따지면 요셉이야말로 가장 불쌍한 사람입니다. 그러나 그렇지 않습니다. 그의 삶을 형편없고 무가치한 삶이라고 해석할 자가 누구입니까? 하나님은 요셉의 삶을 위대하게 하셨습니다. 그에게 위대한 꿈을 주신 하나님께서 친히 그의 길을 인도하시고 하나님의 사역을 하게 하셨기 때문입니다. 요셉도 이런 사실을 잘 알았습니다.

눈에 보이는 사실들이 중요한 것이 아니라 하나님의 해석이 중요합니다. 보디발 장군의 감옥에 있을 때 술 맡은 관원장과 떡 굽는 관원장이 몽조가 다른 꿈을 꾸고 각자 근심하는 빛이 역력할 때 요셉이 말합니다. "내게 말씀해 보세요. 해석은 하나님께 있지 않습니까?" 창 40:8

2년 뒤에 근심하고 있는 바로에게 불려 나왔을 때도 역시 동일한 답변을 합니다. "하나님께서 편안한 대답을 하시리이다" 창 41:16

어디 꿈만 그렇겠습니까? 우리 인생도 역시 동일한 원리가 적용됩니다. 우리 일생의 정확한 의미와 가치는 그분이 결정하십니다.

> "당신들은 나를 해하려 하였으나 하나님은 그것을 선으로 바꾸사 오늘과 같이 많은 백성의 생명을 구원하게 하시려 하셨나니 당신들은 두려워하지 마소서 내가 당신들과 당신들의 자녀들을 기르리이다" 창세기 50:20-21

요셉은 꿈이나 인생의 사건들을 해석하시는 분은 하나님이라는 섭리를 믿었습니다. 그래서 요셉은 수없이 많은 난관을 겪었습니다만 사건에 대한 해석이 하나님에게 있다는 사실을 철저히 믿고 고백하고 있습니다. 그렇게 믿었기에 그는 억울하고 불안하고 불공정한 일을 겪으면서도 평안을 누릴 수 있었습니다.

:: 문제인가 가능성인가

하나님의 약속과 성품을 근간으로 해서 어떤 사안을 해석할 때 두 가지 결과가 나타날 것으로 보입니다. 즉 그것이 문제problem가 될 수 있고, 가능성possibility으로 인식될 수 있습니다. 그 모든 것은 사실 하나님의 몫이라기보다는 오히려 그것을 해석하는 당사자의 견해와 시각이 반영된 것입니다. 하나님은 우리에게 자유의지를 주셨고 그것을 사용해서 장성한 자처럼 판단하기를 원하십니다.

미국의 유명한 신발회사에서 시장조사차 아프리카 미개국에 세일즈맨을 보냈습니다. 처음 간 세일즈맨은 그곳의 사람들이 맨발로 다니는 것을 발견했고 이런 보고서를 상신上申했습니다. "이들은 신발을 신지 않는 사람들이기 때문에 그들에게 신발은 필요 없습니다. 전망이 암울합니다." 두 번째 세일즈맨은 똑같은 곳에서 이런 보고서를 올렸습니다. "그들은 신발을 신고 살지 않습니다. 그러므로 가능성은 무한합니다. 그들에게 신발의 필요성을 잘 설명한다면 이 시장은 황금알을 낳는 거위가 될 것입니다."

객관적 사실에 기초하고 있지만 상반된 보고는 사실상 두 세일즈맨의 해석의 결과요, 또한 각자의 성향의 차이라고 볼 수 있습니다. 회사는 후자의 보고서를 선택했고 적극적인 판매 전략과 판매망을 갖추고 시판에 들어간 결과 대박을 터뜨렸다고 합니다.

동일한 사실을 놓고 어떻게 해석하느냐에 따라 그것이 문제가 될 수도 있고, 가능성이 될 수도 있습니다. 『죽음의 수용소에서』를 쓴 유대인 심리학자 빅토르 프랭클Viktor Emil Frankl은 〈인간에게 주어진 마지막 자유〉라는 글에서 이런 말을 합니다. 외부에서 벌어지는 상황을 결정할 힘이 우리에게는 없습니다. 그것들은 우리의 능력 범위를 넘습니다. 그러나 그런 환경을 어떻게 바라보며 어떻게 대처할지를 결정할 수 있는 선택의 자유는 우리에게 있습니다. 그 어떤 것도 우리에게서 이런 자유를 빼앗을 수 없습니다. 그러므로 각자는 자신의 선택에 대한 책임을 져야 합니다.

열두 명의 정탐꾼 중 열 명은 그들이 관찰한 내용을 통해서 '문제'를 보았습니다. 물론 문제라고 인식한 뒤에 그것을 해결할 적극적인 대안을 제시한다면 이런 문제의식도 탓할 것이 아닙니다. 그러나 하나님께서 이미 결정하신 것을 뒤집는 문제의식은 사악합니다. 그들은 백성들의 동요의 불에 기름을 끼얹었습니다. "우리가 능히 그 족속을 이기지 못하리니"민 13:31

언제 하나님이 이 사람들에게 올라갈지 말지를 결정하라고 했습니까? 이것은 명백한 월권입니다. 하나님이 보내신 일 안에서 일을 해야지, 그렇지 않은 것은 월권입니다. 저들의 부정적인 해석은 급기야 사실 자체도 왜곡시킵니다. "그 정탐한 땅을 악평하여 이르되 우리가 두루 다니며 정탐한 땅은 그 거주민을 삼키는 땅이요"민 13:32 젖과 꿀이 흐르는 땅을 주시겠다던 하나님의 약속을 거짓으로 만듭니다. 만약 정말 그들의 말이 맞다면 그곳에 살고 있는 자들의 존재는 무엇이며 풍성한 열매로 먹고 장대한 사람이 된 저들은 어떻게 해석해야 할까요? 두려움에 눈이 멀어버리니 사리에 어그러진 말을 내뱉습니다. 그리고 열등의식 속에 들어가 스스로를 괴롭히기 시작합니다. 자학합니다.

"거기서 본 모든 백성은 신장이 장대한 자들이며 거기서 또 네피림(장수) 후손인 아낙 자손의 거인들을 보았나니 우리는 스스로 보기에도 메뚜기 같으니 그들의 보기에도 그와 같았을 것이니라"

민수기 13:32-33

여기에는 비교의식, 열등의식, 자기 연민, 무력감까지 드러나고 있습니다.

"사람을 두려워하면 올무에 걸리게 되거니와 여호와를 의지하는 자는 안전하리라" 잠언 29:25

그들은 정탐한 사실을 문제라고 간주했지 기회라고 생각하지 못했기 때문에 나온 결과입니다.

:: 부정적 감정의 전달과 오염

열 명의 정탐꾼이 품고 있던 부정적인 감정은 즉시 백성들에게 전염되었습니다. 부정적인 감정은 전염성이 강합니다. 그들의 말을 듣고 백성들은 간담이 녹을 지경이었다고 여호수아 14장 8절에 기록되어 있습니다. 민수기 14장 1절에서 4절까지 보면 온 백성이 밤새도록 울부짖으며 모세와 아론을 원망하고 하나님을 원망하고 자신들의 신세를 한탄

했습니다. 사실 출애굽한 이스라엘 백성들은 원망에 인이 박힌 자들처럼 보입니다. 민수기만 읽어보더라도 구약 백성들의 수없는 원망이 나와 있습니다. 물을 달라고 원망해서 하나님은 샘물을 주셨고, 먹을 것을 달라고 애걸복걸해서 만나를 내려 주셨고, 고기를 먹고 싶다고 투정을 부려서 메추라기를 주는 등, 원망함으로 원하는 것을 구했습니다! 가는 곳마다, 만나는 일마다 자신들을 돌보시는 하나님을 온전히 신뢰하지 못한 채 하나님을 원망하고 그분의 분노를 촉발시켰습니다. 그 결과 40년간 광야를 떠돌게 되는데, 그런 점에서 민수기는 원망기요, 방랑기라고 부를 수 있을 것입니다.

부정적인 감정은 그들의 이성을 마비시켜 터무니없는 언행을 하게 했습니다. "우리가 애굽 땅에서 죽었거나 이 광야에서 죽었으면 좋았을 것을, 어찌하여 여호와께서 우리를 그 땅으로 인도하여 칼에 쓰러지게 하려는가? 우리 처자가 사로잡히리니 애굽으로 돌아가는 것이 낫지 아니하랴?" 민 14:2-3

하나님께서 왜 백성들을 죽이려고 했다고 판단했을까요? 두려움과 절망감이 그들의 양심을 막고 건전한 이성적 판단을 흐려버렸습니다. 하나님을 악한 자로 몰아갑니다. 그렇게 해서 얻을 것이 과연 무엇인가요? 하나님이 무슨 유익을 얻으려고 노예로 종살이하는 그들을 불러내서 죽게 만드신다고 모함하는 것일까요? 그것도 모자라 그들은 애굽으로 돌아가자고 합니다. 불확실한 미래보다는 어렵더라도 확정되었던 과거로 돌아가자고 합니다. 과거를 미화하고 과거로 회귀하려는 반역입니다. 하나님의 인도로 그들을 극악한 노예 생활에서 건져내준 모세와 아론에게 반기를 들고 새로운 지도자를 세워 애굽으로 돌아가려는 반란을 일으키기 일보 직전이었습니다. 그들은 배은망덕의 진수를 보여 줍니다.

:: 하나님의 질책

정탐꾼 중 여호수아와 갈렙 두 사람이 모세와 아론을 변호하여 여론을 바꾸어 보려 하였으나 오히려 백성들을 더욱 자극한 결과가 되어, 백성들이 돌을 들고 그들 모두를 치려 할 때 드디어 하나님께서 간섭하시게 되었습니다. 노여움을 띤 채 모세에게 물으셨습니다. "이 백성이 어느 때까지 나를 멸시하겠느냐?", "어느 때까지 나를 믿지 않겠느냐?"민 14:11 "내가 어느 때까지 참으랴?"민 14:27 하나님은 의분을 드러내셨습니다.

"어느 때까지 멸시하겠느냐?"라는 하나님의 말씀에 많은 사람들은 "우리가 언제 주의 이름을 멸시하였나이까?"말 1:6라고 반문할지도 모릅니다. 사람을 멸시하듯이 하나님을 멸시한 적이 없다고 강변할 것입니다. 다만 그들의 눈앞에 닥친 현실이 녹록치 않아서 넋두리한 것뿐이라고 변명할 수도 있습니다. 그러나 분명한 사실은 하나님께서 그들이 하나님을 멸시했다고 평가하셨다는 점입니다. 하나님이 그 땅을 주시겠다고 약속하셨는데, 들어갈 수 없다고 하면서 원망하는 것이 하나을 멸시하는 것 아닙니까? 하나님의 사랑을 다 망각하고 자기들을 가나안인의 손에 의해 죽이려고 한다고 하나님을 잔인한 분으로 만드는 것이 하나님을 멸시하는 것 아닙니까? 하나님이 베푸셨던 기적과 은혜도 다 무시하고 현재의 어려움만을 보는 것이 하나님을 멸시하는 것 아닙니까? 하나님에 대한 믿음도 없고, 하나님이 모든 것을 섭리하시고 주관하신다는 하나님의 주권을 인정하지 않고 자신의 뜻대로 판단하고 결정하는 것이 하나님을 멸시하는 것 아닙니까?

출애굽한 이스라엘 백성들의 행태를 보면 하나님의 판단이 옳다는 것을 발견합니다. 그들은 하나님이 주신 축복을 악평했습니다. 하나님의 능력을 의심했습니다. 하나님의 약속을 망각했습니다. 하나님을 오해했습니다. 하나님의 명령을 거역하고, 원망과 불평을 했습니다. 하나님을 믿지 않고 사람을 두려워했습니다. 하나님이 세운 지도자를 따르지 않고 반역을 꾀했습니다. 이렇게 이스라엘은 하나님을 멸시하였습니다. 이렇게 이스라엘은 하나님을 믿지 않았습니다. 비록 하나님에 대해서 육두문자를 사용한 것은 아니지만 그들의 태도와 행동이 결과적으로 하나님의 이름을 멸시한 것입니다.

오늘날에도 우리는 빈번히 하나님을 멸시합니다. 하나님의 이름을 망령되이 부릅니다. 십계명에 "네 하나님 여호와의 이름을 망령되게 부르지 말라 여호와는 그의 이름을 망령되게 부르는 자를 죄 없다 하지 아니하리라"출 20:7 하셨는데 믿는다는 자들에 의해 하나님의 이름이 멸시받는 경우가 너무나 많습니다. 하나님의 이름이 신자들 사이에서 멸시를 받습니다. 그러니 안 믿는 사람은 얼마나 더하겠습니까? 주일, 교회에 와서 예배드리고도 월요일 이후에 집에서나 사회에서 아무 변화도 없이 과거와 똑같이 산다면 그것은 다른 사람에게 "하나님은 나를 변화시킬 능력이 없다. 말씀은 나에게 아무 영향을 못 미친다."라고 웅변하는 것인데, 어찌 하나님을 멸시하는 것이 아닙니까! 하나님의 말씀이 선포되고 축복이 주어지는 예배 시간을 경홀히 여기는 것이 어찌 하나님을 멸시하는 것이 아닙니까?

:: 대안 모색

하나님의 이름을 멸시하지 않기 위해서는 우리가 어떻게 해야 할까요? 바로 하나님의 시각으로 현실을 보는 것입니다. 문제를 문제로 보는 것은 세상 대다수의 사람들이 하는 것입니다. 사실 열 명의 정탐꾼은 하나님의 사람이 아니라 세상 사람입니다. 하나님의 교회가 세상 사람들에 의해 좌우되면 이와 같습니다. 하나님 나라는 민주주의가 아니라 왕국입니다. 다수의 사람에 익해 되는 것이 아니라 하나님에 의해 다스려집니다. 하나님의 안목으로 봐야 합니다. 하나님의 안목으로 볼 때 문제는 새로운 가능성으로 보입니다. 이것이 하나님의 사람의 시각입니다. 사람의 안목으로 보면 문제가 커 보여도 하나님의 안목에서 보면 문제가 작아집니다. 예배하는 것, 기도하는 것, 성경 읽는 것은 하나님 높이에서 세상을 보는 안목을 열어 줍니다.

현실을 해석하는 데 있어서 성경적인 관점을 지니는 것은 필수적입니다. 하나님이 보라고 하는 방식으로 세상을 보는 것입니다. 처음에는 내가 성경을 해석한다고 생각했습니다. 그러나 이젠 성경이 나를 해석해야 한다고 생각이 바뀌었습니다. 성경이 나를 해석하고 나를 성경에 맞추어 가는 것이 신앙 성장이기도 합니다. 이와 같이 성경을 기준으로 세상을 읽고 해석합니다. 그것이 바른 성경 읽기입니다.

세속적인 세계관을 갖고 있던 사람들은 원망하고 불평하고 심지어 하나님이 주시는 땅을 악평하기도 합니다. 그 땅은 거민을 삼키는 악질적인 땅이라고 말입니다. 그리고 자신들은 메뚜기와 같다는 생각을 하게 만드는 것이 바로 세속적 세계관입니다. 그러나 성경적 세계관, 즉 하나님이 주신 세계관을 지니고 있는 자는 가나안을 심히 아름다운 땅이고 젖과 꿀이 흐르는 땅이라고 봅니다. 아무리 적군이 강대하더라도 하나님이 우리와 함께하시는 한 그들은 우리의 밥이라고 생각해야 합니다. 나를 거인보다 더 커지게 하는 자긍심을 가져다 줍니다. 믿음은 하나님의 시야를 갖는 훈련입니다. 하나님의 시야를 가지면 문제도 가능성으로 보입니다. 위기를 기회로 만들 수 있습니다. 믿음으로 "그들은 우리의 밥이다."라고 선포합니다. 그들이 거인이면 그만큼 밥도 커집니다.

여호수아와 갈렙이 바로 하나님의 세계관, 성경적 세계관을 지니고 있었던 자들이요, 하나님의 이름을 영화롭게 한 자들입니다. 그들도 동료 정탐꾼과 같이 동일한 사실을 듣고 보고 왔습니다. 그러나 그들의 해석은 완전히 달랐습니다.

> "갈렙이 모세 앞에서 백성을 조용하게 하고 이르되 우리가 곧 올라가서 그 땅을 취하자 능히 이기리라" 민수기 13:30

그래도 사람들이 듣지 않자 여호수아와 갈렙은 회개의 의미로 옷을 찢고 이렇게 말합니다. "우리가 두루 다니며 정탐한 땅은 심히 아름다운 땅이라 여호와께서 우리를 기뻐하시면 우리를 그 땅으로 인도하여 들이시고 그 땅을 우리에게 주시리라"민 14:7-8 누가 그 땅을 여는 열쇠를 가지고 있다고 보십니까? 바로 여호와 하나님이십니다. 그분이 약속하셨으므로 그분을 기쁘시게 한다면 우리는 그 땅에 들어갈 수 있습니다. 우리가 강해야만 들어갈 수 있습니까? 그렇지 않습니다. 그러면 저 가나안 족속들이 약하면 이길 수 있습니까? 그렇지 않습니다. 오직 하나님께서 우리를 기뻐하실 때 들어갈 수 있습니다. 그러면서 그들은 말합니다. "이는 과연 젖과 꿀이 흐르는 땅입니다." "다만 여호와를 거역하지 맙시다. 또 그 땅 백성을 두려워하지 맙시다. 그들은 우리의 밥입니다."

신앙인은 하나님은 두려워하지만 세상은 두려워하지 않습니다. 반면 불신자는 하나님을 멸시하고 세상을 두려워합니다. 하나님만을 두려워하면 세상에 두려워할 것이 없습니다. 그러나 하나님을 두려워하지 않으면 세상에 두려워할 것 천지입니다. 믿음은 하나님만을 두려워하는 것입니다.

참된 믿음을 지니고 하나님의 이름을 영광스럽게 하는 자들은 모두 높은 기초 위에 서 있는 자와 같습니다. 계곡에 있는 거목보다 산등성이에 있는 떨기나무가 더 높고, 거인보다는 거인의 어깨에 있는 난쟁이가 더 높습니다. 이스라엘은 하나님의 어깨 위에 올라간 난쟁이와 같습니다. 비록 그들이 메뚜기와 같을지라도 하나님의 어깨 위에 있는 메뚜기임을 알아야 합니다. 거인을 능가하는 메뚜기입니다. 이것이 참된 믿음입니다. 열 명의 정탐꾼은 가나안인들과 자신들을 비교하여, 자신들을 메뚜기로 말한 반면 여호수아와 갈렙은 그들과 하나님을 비교하여 자신들의 밥으로 본 것입니다. 열 명의 정탐꾼은 거인만 봤지 하나님은 보지 못했고, 여호수아 갈렙은 거인을 봤지만 자신들과 함께하시는 하나님을 보았습니다. 그들에게 그 싸움은 정말 해볼 만한 싸움입니다.

이렇듯 메뚜기 시야콤플렉스를 가진 사람은 문제만 봅니다. 그러나 하나님의 시야를 지닌 자는 기회를 봅니다. "이번에는 무슨 은혜를 주시려고 하는가?" 하고 기대합니다.

:: 결과

이런 시각의 차이, 신앙과 불신앙의 차이가 운명을 가릅니다. 단순히 의견 차이라고만 치부할 수 없습니다. 예수님의 표현대로 자신들의 믿음대로 될 것이기 때문입니다. 하나님은 말씀하셨습니다.

> "너희 말이 내 귀에 들린 대로 내가 너희에게 행하리니"
>
> 민수기 14:28

여호수아와 갈렙은 무명의 사람에서 이스라엘을 영도하여 가나안에 들어가는, 차세대 지도자로 부상합니다. 출애굽한 모든 사람들이 다 가나안 땅에 들어간 것이 아닙니다. 무릇 20세 이상 된 자들로서 부정적인 말을 했던 사람들은 광야에서 죽어 거기에 뼈를 묻어야 했습니다. 하나님을 멸시한 자들은 하나님이 주시는 복을 맛볼 수 없습니다. 그들은 죽을 때까지 광야에서 유리하는 운명에 처하게 되었습니다. 땅을 정탐한 하루를 1년씩 환산하여 40년간을 방랑하게 되었습니다. 이것이 왜 그들이 2년 반 만에 들어갈 수 있었던 가나안 땅을 40년 만에 들어갔는가의 이유입니다.

헬렌 켈러는 "태양을 쳐다보고 살아라. 그러면 그림자를 보지 못하리라."라고 했습니다. 우리가 어둠에 사로잡히는 것은 하나님을 바라보지 않기 때문입니다. 당신은 삶의 어떤 일이 불확실할 때, 문제로 보십니까 아니면 가능성으로 보십니까? 가능성으로 보기 위해서는 사명을 자각해야 합니다. 건강한 비전이 있어야 합니다. 하나님을 의지해야 합니다. 우리는 하나님의 관점을 가질 필요가 있습니다. 사실 자체보다는 진리를 추구해야 합니다. 하나님께서 해석해 주시는 대로 바라봐야 합니다.

몸이 아프다면 하나님의 치유와 회복의 기회로 보아야 합니다. 슬플 때 하나님의 기쁨이 충만히 채워질 기회로 보아야 합니다. 궁핍할 때 하나님의 풍성을 경험할 기회라고 여겨야 합니다. 염려되는 일이 있을 때 하나님의 평강이 어떻게 들어오는가를 관찰할 기회입니다. 어둠에 휩싸여 있을 때 하나님의 광명을 기대하는 기회가 됩니다. 부정적인 생각을 버리시고 긍정적인 시야로, 하나님의 해석 방법에 따라서 당신의 삶을 보십시오. 주께서 당신을 권고하실 것입니다.

하나님의 위대한 질문

Chapter 11 말씀 나누기

① 정탐꾼을 보낸 것이 가나안 땅에 들어갈 수 있는지 없는지를 결정하기 위한 것이었습니까? 민 13:2

② "사람들의 차이는 그들이 직면하는 사실이 아니라 그 사실을 해석하는 차이다."라는 것을 어떻게 이해하십니까?

③ 이스라엘은 어떻게 하나님을 멸시했습니까? 민 13:27-29, 31-33

Chapter 11 은혜 나누기

① 같은 문제에 대해 사람들과 다른 해석으로 차이를 보인 적이 있나요?

② 하나님의 뜻과 내 뜻이 달랐던 경험이 있다면 나누어 봅시다.

③ 세상과 구별되는 시각, 하나님의 눈으로 바라보는 시각을 가지기 위하여 우리가 해야 할 일이 무엇인지 함께 나누어 봅시다.

④ 오늘날 어떻게 하는 것이 하나님을 멸시하는 것입니까?

chapter 12

하나님께 삶을 다 드리기 망설여질때, 하나님이 묻습니다
"어느 때까지 둘 사이에서 머뭇머뭇하려느냐?"

열왕기상 18:20-24

　엘리야가 활동하던 시기는 북조 이스라엘이 영적으로나 도덕적으로 가장 어두운 영적 암흑기였습니다. 당대를 다스렸던 아합 왕과 이세벨 왕비, 두 사람에 대한 평가는 최악이었습니다. 아합에 대해서는 '오므리의 아들 아합이 그의 이전의 모든 사람보다 여호와 보시기에 악을 더욱 행하여' 왕상 16:30라고 기록되어 있으며, 이세벨은 이방에서 온 여자로 사악하기로는 아합의 뺨을 칠 만한 자였습니다.

　이세벨은 바알 신앙에 광적으로 매달렸던 여자였습니다. 아합 왕과 결혼하여 북조 이스라엘에 들어와 살면서 거룩한 땅에 수많은 우상들을 만들었고, 여호와를 섬기던 제단들을 훼파하거나 우상의 처소로 바꾸었습니다. 바알과 아세라 선지자들은 이세벨의 상에서 먹으면서 온갖 특혜와 영화를 누렸습니다. 그들은 왕비의 비호 아래 활동하면서 여호와의 선지자들을 색출해 처형하고, 백성들에게는 바알을 섬기도록 하였습니다. 일부는 이를 피해 숨거나 마치 하나님을 믿지 않는 것처럼 위장하고 살았습니다.

하나님은 엘리야를 통해 징계의 말씀을 전하였습니다.

"내가 섬기는 이스라엘의 하나님 여호와께서 살아 계심을 두고 맹세하노니 내 말이 없으면 수 년 동안 비도 이슬도 있지 아니하리라"

열왕기상 17:1

이후 엘리야는 잠적했습니다.
하나님을 떠난 이스라엘의 신앙적 무지는 결국 육신적, 영적 가뭄과 기근을 가지고 왔습니다. 이스라엘은 가뭄 때문에 농사도 짓지 못하고 짐승도 다 죽고 식물도 없어서 극심한 고난에 처합니다. 그들은 그래도 회개하지 않았습니다. 바알을 농경의 신이라고 믿고 더욱 매달리지만, 생명 없는 바알이 비를 내릴 리가 만무합니다. 하나님은 하늘 문을 닫아걸어 이스라엘이 농경의 신이라 믿는 바알을 심판하신 것입니다. "좋다. 만약 바알이 정말 존재하는 신이고, 그의 주특기가 비와 천둥을 내리고 만물을 소생시키는 신이라면 어디 한번 해봐라." 이런 건 원래 바알의 전공일 텐데, 이번에는 같은 방법으로 바알이 당할 지경입니다.

그러나 아합 왕은 가뭄이 지속되자 어리석게도 엘리야를 추격해서 그를 죽이려 합니다. 엘리야의 저주의 말 때문에 이런 재앙이 생겼으니, 그 저주를 내린 자만 찾아 제거한다면 저주의 효력이 없어져 가뭄이 해소될 것이라고 믿었습니다. 엘리야의 말 한마디 때문에 바알이 비를 내릴 수 없다면 이미 바알의 무기력함이 드러난 것 아닙니까? 어리석은 자들은 깨닫지 못합니다. 아합은 엘리야를 전국에 수배하고 현상금을 걸었으나 그를 발견할 수가 없었습니다.

그리고 이렇게 3년간 숨어 지내던 엘리야에게 하나님이 찾아오셔서, 왕에게 몸을 보이라고 명령하십니다. 수배된 자가 먼저 자발적으로 몸을 보이라는 말씀입니다. 3년 동안 우로雨露가 있지 않았으니 그 기근이 얼마나 심했겠습니까? 작열하는 태양으로 인해서 모든 초목이 불에 타고 물이 마르고 동물들은 갈증에 허덕였을 것입니다. 보다 못한 아합 왕과 왕궁 맡은 신하 오바댜는 둘로 나뉘어서 왕국 중에서 목초지가 남아있는 곳을 찾아내 가축을 먹이겠다고 길을 나섰습니다.

도중에 오바댜는 여호와의 종 엘리야를 만났습니다. 물을 찾다가 엘리야를 만난 사실은 진정한 물이 어디서 나오는 것인지를 우리에게 암시합니다. 바로 하나님만이 참된 물의 근원입니다. 악독한 왕 아합 밑에 있었지만 오바댜는 신실한 여호와의 사람이었습니다. 이세벨이 여호와의 선지자를 멸할 때에 100명의 선지자를 둘로 나누어 50명씩 동굴에 숨기고 먹을 떡과 마실 물을 공급했던 자였습니다. 아마도 하나님께서는 그에게 한 건 올릴 수 있는 기회를 주신 것이 아닐까요? 그렇게 왕에게 신임을 얻어 더욱 여호와의 선지자를 숨겨 줄 수 있는 기회를 얻게 하시려는 뜻이 아니었나 생각합니다. 아무튼 엘리야는 오바댜를 통해서 아합 왕과 드디어 만나게 되었습니다.

우리는 보통 오랜만에 만나면 "안녕하셨어요?" 하고 인사를 나누는데, 여기 이 두 사람이 만나는 모습은 이렇게 묘사되어 있습니다.

> "엘리야를 볼 때에 아합이 그에게 이르되 이스라엘을 괴롭게 하는 자여 너냐 그가 대답하되 내가 이스라엘을 괴롭게 한 것이 아니라 당신과 당신의 아버지의 집이 괴롭게 하였으니 이는 여호와의 명령을 버렸고 당신이 바알들을 따랐음이라" 열왕기상 18:17-18

상황이 조금 험악하지 않은가요? 기근에 대하여 아합은 엘리야의 탓을 하고, 엘리야는 왕의 잘못된 선택의 결과라고 하고 있습니다. 이렇게 서로 책임을 묻게 되면 쉽게 결론이 나지 않습니다. 결국 누구 때문인지 가를 시합을 할 수밖에 없게 되었습니다. 엘리야가 자신 있게 제안합니다. 갈멜 산에서 여호와를 섬기는 자신과 바알의 선지자 450명과 아세라 선지자 400명이 목숨을 걸고 담판을 내자고 제안했습니다. 850 대 1의 싸움입니다. 도대체 엘리야는 말도 안 되는 싸움을 걸 용기와 패기를 어디서 얻었을까요? 엘리야는 하나님에 대한 체험을 통해서 진정으로 중요한 것은 눈에 보이는 숫자가 아니라 하나님께 달려 있음을 잘 알고 있었습니다.

숫자로만 본다면 저쪽 편은 '850명×바알×아세라'이고, 이쪽 편은 '1명×하나님'입니다. 앞에 나오는 숫자로 본다면 850이 1보다 큽니다. 그러나 정말 중요한 것은 앞에 나온 사람 숫자가 아니라 바로 뒤에 있는 존재입니다. 바알과 아세라는 아무것도 아닙니다. 우상은 실체적으로 존재하지 않습니다. 바알이 0이니 결과는 0입니다.

반면 만군의 여호와는 모든 것 되시는 분입니다. 만물이 그로 말미암았고 만물이 그분을 지향하는 광대하신 분입니다. 무한대∞에 해당하는 분입니다. 반면 한 명이라도 여호와께서 함께 계시면 결국 무한대가 됩니다. 사람이 많다고 이기는 것도 아니고, 사람들이 많다고 옳은 것도 아닙니다. 진정으로 중요한 것은 바로 하나님이십니다.

원래 경기는 응원하고 관람하는 관중이 있어야 흥미진진한 법입니다. 이 말도 안 되는 경기를 보기 위해서 백성들이 갈멜 산으로 올라왔습니다. 유사 이래로 이런 '신 증명' 경기 대회는 전무후무前無後無한 일입니다. 흥분과 기대에 찬 백성이 자리를 잡고 앉자 엘리야가 일장 연설을 합니다. 먼저 편을 정하라는 것입니다. 그즈음 이스라엘의 영적 환경을 생각해 보면, 아브라함 이래 조상들이 섬겼던 여호와는 뒷전이고, 왕권이 후원하는 바알과 아세라 숭배가 횡행하고 있습니다. 그러니 당연히 백성들은 갈피를 잡지 못하고 있습니다. 조상 때부터 섬겨 오던 여호와를 섬기면 죽을 것 같고, 그렇다고 풍요를 내려 준다는 이방신 바알과 아세라만을 섬기기도 아쉽습니다. 그들은 마음속으로 어찌할 바를 모르고 있습니다.

또한 응원하려면 "우리 편 이겨라."라고 해야 하는데 그들은 자신들이 응원할 대상을 명백히 정하지 못한 채, "모두 모두 잘해라. 이기는 편, 우리 편!" 하면서 관망하는 자세를 보이고 있었습니다. 엘리야가 보기에 이런 회색주의 태도, 기회주의 태도는 결코 바람직하지 않습니다. 신앙에는 중간이란 없기 때문입니다. '이것' 아니면 '저것' 입니다. 그래서 도전하는 질문을 던짐으로써 잠든 그들의 영혼을 흔들어 깨우면서 결단을 촉구합니다.

"너희가 어느 때까지 둘 사이에서 머뭇머뭇하려느냐 여호와가 만일 하나님이면 그를 따르고 바알이 만일 하나님이면 그를 따를지니라" 열왕기상 18:21

당신은 어느 편에 설 것입니까?

왕국의 지배적인 신학이 된, 왕국이 적극 추천하는 바알 종교를 선택하여 온갖 혜택과 편의를 받으면서 살겠습니까? 아니면 조상 적부터 섬겨왔던 여호와 하나님을 섬김으로써 핍박받고 투옥되고 죽음을 당할 수도 있는 위험한 길을 가겠습니까?

온갖 사치와 화려함과 권세로 치장을 하고 있는 바알과 이세라 선지자 850명이 모여 있는 다수의 편을 택하겠습니까? 아니면 오직 한 사람, 누더기를 걸치고 있는 말라빠진 엘리야 편을 택하겠습니까?

이세벨 여왕의 베푼 식탁에 참석하여 호사를 누리겠습니까? 하루하루 기적에 의지해서 먹고 사는 과부의 식탁에 앉겠습니까?

선택의 순간입니다.

❶ 쉬운 길과 어려운 길

엘리야의 질문에 담긴 의미는 어떤 것일까요? 첫 번째로 쉬운 길과 옳은 길의 선택입니다. 이스라엘의 절대 권력을 가지고 있는 왕과 왕비의 비호를 받으며, 하나님을 믿는 자를 죽이는 상황 속에서 바알을 선택하는 길은 쉬운 길입니다. 많은 사람이 가는 큰 길이며 인기 있는 길입니다. 이 세상에서 안락을 누리며 세상적인 복들을 약속하는 길입니다.

반면 그 상황에서 하나님을 섬기는 것은 옳은 길이지만 핍박과 죽음을 의미하는 길입니다. 당시 목숨을 부지하기 위해 바알을 섬겨야 했던 사람들이 많았습니다. 영생을 약속하지만 세상에서는 인기 없는 길이며 많은 것을 내려놓아야 하는 길입니다. 협착하여 찾는 이가 적은 길입니다. 아브라함, 이삭, 야곱의 하나님, 조상 때부터 섬겨오던 하나님을 저버릴 수도 없습니다. 그렇다고 죽기를 각오하고 믿음을 고백할 용기도 없습니다.

엘리야는 질문을 던져 하나님과 바알, 이쪽저쪽을 넘나들며 적당히 타협하여 처세해 보려던 사람들에게 분명한 자세를 보이라고 한 것입니다. 아마도 이것은 당시 이스라엘 사람들이 가장 회피하고 싶은 질문이 아니었나 싶습니다. "그 질문만은 하지 마세요, 제발." 심지어 오뱌

다도 자신의 정체를 밝힌다는 것은 곤란한 문제였을 것입니다. 바알에게 무릎을 꿇지 않은 7천 명, 침묵하는 다수, 당신들의 의견을 분명하게 표명하라는 촉구입니다. 개중에는 숨어서 하나님을 믿는 사람도 많았는데, 드러낼 믿음의 용기, 왕에게 반기를 들 용기가 없습니다. 백성들은 엘리야의 이 도전 앞에 침묵하고 아무 말도 없었습니다.

❷ 사망의 길과 생명의 길

두 번째는 사망의 길과 생명의 길 사이의 선택입니다. 세상에는 사소한 선택도 많이 있지만 선택의 결과가 생과 사를 가르는 중대하고 근원적인 선택도 있습니다. 신앙생활은 죽느냐 사느냐의 선택입니다. 순간의 선택이 평생이 아니라 영원을 결정합니다. 백성들은 눈앞에 보이는 이익을 근거로 바알을 선택하는 것이 사는 길이라고 생각했습니다. 하나님을 선택하는 것은 죽는 길이라고 판단하여 침묵하고 아무 말도 안 했지만, 결과적으로 보면 그것은 순간을 살고 영원을 죽는 길입니다. 하나님을 선택하는 길은 영원한 생명의 길입니다. 결국 바알과 아세라 선지자가 다 놀에 맞아 죽게 되고 엘리야가 승리한 것을 보면 죽고자 하는 자는 사는 것을 알 수가 있습니다.

> "내가 오늘 하늘과 땅을 불러 너희에게 증거를 삼노라 내가 생명과 사망과 복과 저주를 네 앞에 두었은즉 너와 네 자손이 살기 위하여 생명을 택하고" 신명기 30:19

파리의 로댕 기념관에 가면 '칼레의 시민'The Burghers of Calais Les Bourgeois de Calais이란 조각품이 공원에 설치되어 있습니다. 14세기 영국과 프랑스의 싸움인 백년전쟁이 끝나갈 즈음인 1347년, 영국 왕 에드워드 3세가 이끄는 영국군에 의해 북부 프랑스의 항구도시 '칼레'가 점령됐습니다. 시민들이 단결하여 끈질긴 저항으로 오랫동안 영국의 대군을 소수의 병력으로 막아내며 영국군을 힘들게 했던 곳입니다. 영국 왕은 일찍 항복하지 않고 전쟁을 오래 끈 것에 대해 칼레 시민 누군가가 책임을 져야 하고, 그를 교수형에 처한다면 나머지 사람을 살려줄 것이라고 제안합니다. 모두 학살의 위협에 떨고 있을 때 한 사람이 일어났습니다. 그는 이 칼레에서 가장 부자인 외스타슈 드 생 피에르 Eustache de St. Pierre였습니다. 뒤를 이어 다른 다섯 명도 목숨을 내놓고 가족과 형제와 이웃을 위해 교수형을 자청하고 나섰습니다. 칼레의 시장, 상인, 법률가 등 부유한 귀족들이었던 그들은 다음날 아침 영국 왕의 요구대로 속옷 차림으로 목에 밧줄을 걸고 칼레의 시민들을 구하기 위해 교수대를 향해 나아갑니다.

분란이 일었던 진영은 오히려 영국이었습니다. 모두 죽여야 한다는 주장과, 그렇게 되면 마지막까지 극렬하게 반항하게 되어 더 영국이 손실을 입을 것이라는 주장이 충돌했습니다. 그러나 마지막 순간에 임신 중이었던 영국 왕비의 간청으로 이 여섯 명의 용감한 칼레 시민을 살려주게 됩니다.

1884년 칼레는 이들의 용기와 희생정신을 기리기 위해 기념상을 로

댕에게 의뢰했습니다. 로댕은 이들 6인의 인물에 대해서 칼레 시에 대한 헌신적 정신과 죽음의 공포로 고민하는 인간적인 모습을 서로 다른 자세로 표현했습니다. 조각은 높이 209.5cm로 각자 고립되어 있으며 자기와의 싸움을 하는 모습으로, 영웅이라기보다 평범한 시민으로 표현했다고 평가되고 있습니다. 칼레의 시민상은 위기 때 조직과 사회의 리더가 보여 준 참 용기로, 흔히 '노블레스 오블리주' Noblesse Oblige의 한 기념비적인 상징으로, 문화와 시대를 초월하여 소중한 교훈으로 회자되고 있습니다.

그들은 죽고자 했으나 결국 살아나게 되었습니다. 만약 그들이 살고자 했다면 모든 사람이 다 죽었을 것입니다.

이처럼, 하나님의 길을 선택하는 것 또한 영원한 생명의 길입니다.

❸ 거짓의 길과 진리의 길

세 번째는 거짓의 길과 진리의 길 사이의 선택입니다. 엘리야는 제물을 제단에 올려놓고 불로 응답하는 신을 참 하나님으로 인정하자고 하였습니다. 참된 신은 살아 역사하는 반면 우상은 절대 역사하는 법이 없습니다. 엘리야는 확신이 있습니다. 여호와 하나님은 살아 계신 하나님이시기 때문입니다. '네가 만든 신인가? 너를 만든 신인가?' '네가 신을 위하는가? 신이 너를 위해 은총을 베푸시는가?'를 면밀히 구별해야 합니다.

먼저 선제공격한 측은 바알과 아세라 선지자들이었습니다.

> "엘리야가 바알의 선지자들에게 이르되 너희는 많으니 먼저 송아지 한 마리를 택하여 잡고 너희 신의 이름을 부르라 그러나 불을 붙이지 말라" 열왕기상 18:25

아침부터 낮까지 바알의 이름을 부르며 강림을 요청했으나 듣는 자도 없고 돌아보는 자도 없었다고 성경은 기록하고 있습니다. "바알, 바알, 바알……" 한참을 기다려도 바알이 응답할 기미가 보이지 않습니다. 그러자 엘리야가 그들을 조롱하기 시작합니다.

> "큰 소리로 부르라 그는 신인즉 묵상하고 있는지 혹은 그가 잠깐 나갔는지 혹은 그가 길을 행하는지 혹은 그가 잠이 들어서 깨워야 할 것인지" 열왕기상 18:27

조롱을 받고 나서 기분이 상했는지 그들은 자신들의 정해진 규례에 따라 칼과 창으로 그들의 몸을 자해해서 피가 흐르게 합니다. 미친 듯이 그렇게 자해하며 불러도 대답이 있을 리 만무합니다. 우상은 원래 없는 것이기 때문입니다. "불러도 대답 없는 이름이여, 부르다가 내가 죽을 이름이여!" 결국 그들은 거짓된 신을 섬기다가 결국 죽음을 당하게 됩니다.

저녁 소제 드릴 때쯤에서 지쳐버린 왕과 백성들, 그리고 당혹스러워하는 바알 선지자들의 모습이 눈에 선합니다. 이젠 그들에게 있는 유일한 소망은 엘리야의 하나님 여호와도 응답하지 않음으로써 무승부로 가져가는 것입니다. 그러면 소망이 있습니다. 그들은 엘리야를 불안하게 쳐다봅니다. 이때 엘리야가 돌발행동을 감행합니다. 여호와의 제단 위 제물에 물을 붓게 한 것입니다. 불을 붙이기에 더 어려운 상황을 일부러 만드는 것입니다. 번제물 위에 모두 물 열두 통을 가져다 부었습니다. 기근이 심각한 당시에 어디서 물을 구해 부었겠습니까? 갈멜 산 아래 지중해의 바닷물을 가져다 부었을 것입니다. 아니면 그때까지 아껴 두었던 물을 다 부었든지. 정말 큰 정성이요, 헌신입니다. 이런 헌신을 하나님께 진작 드렸더라면 좋았을 것을! 열두 통은 아마도 이스라엘 12지파의 죄악을 상기시키려는 의도였을 듯합니다. 회개하라는 것이지요. 물을 이렇게 부음으로써, 하루 종일 뜨거운 열기 때문에 제물이 바싹 말라 발화되었다는 오해를 아예 차단하기 위해서입니다. 하나님의 살아 계심을 더욱 극적으로 드러내기 위함이었을 것입니다. 엘리야는 간절히 하나님께 기도했습니다.

> "아브라함과 이삭과 이스라엘의 하나님 여호와여 주께서 이스라엘 중에서 하나님이신 것과 내가 주의 종인 것과 내가 주의 말씀대로 이 모든 일을 행하는 것을 오늘 알게 하옵소서 여호와여 내게 응답하소서 내게 응답하옵소서 이 백성에게 주 여호와는 하나님이신 것과 주는 그들의 마음을 되돌이키심을 알게 하옵소서" 열왕기상 18:36

싸움의 목적과 기도의 목적을 보십시오. 그는 자신의 영달이 아니라 하나님의 영광과 이스라엘 민족의 영적 부흥과 자신의 종된 사역을 위해 싸우는 것입니다. 참된 선지자는 이와 같이 오직 하나님의 위임에 의해서 일을 하며 또한 백성들로 하여금 돌이켜 생명을 얻게 하는 것이 본질적 사명입니다.

기도를 하자마자 하나님의 불이 내려서 번제물과 나무와 돌과 흙을 태우고 도랑의 물을 핥았다고 했습니다. '핥았다' 라는 표현은 잡수시는 모습으로 묘사하는 것입니다. 물은 불을 끄는 것인데, 불이 물을 삼켰습니다. 아래서 위로 붙는 불이 아니라 위에서 아래로 타 내려가는 불입니다. 자연의 불이 아니라 하나님의 불입니다. 은혜는 위에서 아래로 하향하는 것입니다. 예수님이 돌아가셨을 때 지성소 앞에 있는 휘장이 위에서 아래로 찢어진 것처럼 말입니다.

참된 신과 거짓된 신은 이와 같이 다릅니다. 바알 선지자들은 바쁘게 움직였는데, 바알은 역사하지 않았습니다. 엘리야는 단지 무릎을 꿇고 기도했는데, 하나님께선 바쁘게 역사하셨습니다. 거짓 신을 믿는 자는 믿는 자가 바쁜 대신, 신은 꼼짝달싹도 않습니다. 하나님을 믿는 자는 바쁘지 않아도 하나님이 바쁘게 역사하십니다.

엘리야의 기도에 하나님은 불로 응답하시자 백성들이 "여호와 그는 하나님이시로다 여호와 그는 하나님이시로다"라고 하면서 연호하고 영광을 돌렸습니다. 원래 엘리야라는 이름의 의미가 '여호와는 하나님이

시다'라는 뜻입니다. 엘리야의 기도에 불로 응답하시고 회개하고 돌이킬 때 다시 큰 비를 내리셔서 살리시는 하나님입니다.

:: 오늘날 우리에게 무엇을 의미합니까?

엘리야의 갈멜 산 전투 그리고 엘리야가 백성에게 던진 질문은 오늘을 살아가는 우리에게 어떤 의미를 던질까요? 바로 하나님에 대한 확고한 결단과 헌신입니다.

옛날 어느 마을에 외동딸을 애지중지 키우며 어느 노부부가 살았습니다. 예쁜 외동딸이 나이가 차자 여기저기서 청혼이 들어왔습니다. 부모가 고르고 골라 동쪽 마을東村 최 부자 집 아들과 서쪽 마을西村 김 선비 집 아들을 마음속으로 정해 놓고 딸에게 의중意中을 넌지시 물었습니다.

"애야, 동쪽 마을 최 부자 집 아들은 인물은 좀 모자라는 것 같다만 먹고 사는 게 넉넉하고, 서쪽 마을 김 선비 집 아들은 인물은 출중出衆하지만 살림이 좀 빈한貧寒한 것 같은데 네 생각은 어떠냐?
이렇게 하자! 네가 동쪽 마을 총각이 마음에 들면 오른손을 들고, 서쪽 마을 총각이 생각이 있으면 왼손을 들거라! 알았지?"
"……."

"자! 마음을 정했니? 하나, 둘, 셋 하면 손을 들어라. 하나, 둘, 셋!"

외동딸이 부모의 말이 떨어지기가 무섭게 두 손 다 번쩍 들었습니다. 놀라 어안이 벙벙해진 부모에게 딸이 말했습니다.

"밥은 부자인 동쪽 집에서 먹고東家食, 잠은 멋진 남자의 집인 서쪽 집에 가서 잘래요西家宿."

이 이야기가 '동가식서가숙'이라는 말에 얽힌 고사입니다. 어느 한쪽을 포기하지 않고 유익을 보려는 이기적인 태도, 기회적인 인간의 본성을 우리에게 여실히 드러냅니다.

더 재미있는 이야기도 있습니다. 총각에게 요정이 나타나 한 가지 소원을 말하라고 했습니다. 좋은 여자 만나 결혼도 해야겠고, 돈도 있으면 좋겠는데, 한 가지만 말하라고 하니 그냥 "돈, 여자, 결혼"이라고 말했습니다. 그런데 그대로 이루어졌습니다. '돈 여자와 결혼' 하게 된 것입니다.

현대 사상 가운데 경계할 만한 것들이 많이 있습니다. 다원주의Pluralism와 혼합주의Syncretism는 우리로 하여금 타협하게 하고, 상대주의Relativism는 절대를 부정하게 하며, 자유주의Liberalism는 인본주의의 병폐를 만들어 냅니다. 그중 혼합주의는 여러 가지 인생관을 하나로 만들려는 시도입니다. 다른 철학이나 종교를 하나로 만들려는 경향입니다. 세계 종교를 통합하려는 종교다원주의도 있습니다. 사탄은 순교자보다는 배교자를 만들려고 합니다. 그러나 하나님은 이것저것 섞여 있는 믿음이 아니라 하나님 한 분만을 향한 순전한 믿음을 요구하십니다.

제가 유학한 미국의 밴더빌트 신학교에도 이런 경향이 불어닥친 것을 몸으로 체험했습니다. 미국의 신학교들도 인본주의와 혼합주의에서 자유롭지 못하다는 점은 이미 알고 있었으나, 명색이 기독교 학교이니 견문을 더 넓힐 수 있으리라 기대하면서 입학했습니다. 그런데 제가 다니던 몇 년 사이에 그 학교는 기독교 학교로서의 본질을 스스로 상실해 가는 모습을 보였습니다. 채플이 하나 있어서 기독교 신앙으로 예배를 드렸는데, 나중에 'All Faith Chapel'이라고 개명되었습니다. 대학교의 다양성, 개방성, 포용성을 표방한다는 미명 아래, 기독교 외의 모든 종교와 믿음도 이 장소에서 종교 행위를 할 수 있도록 바뀐 것입니다. 강단도 예배 대상에 따라 자유롭게 바꿀 수 있도록 리모델링을 했습니다. 어느 한 가지 진리를 고수하지 못하고 이렇게 무기력하게 예배당을 빼앗긴 것입니다.

같은 신학교 교수라고 할지라도 예수님의 진리에 대해서 너무 자유분방하신 분들이 있습니다. 성경과 예수님의 절대성을 인정하지 않고 그저 여러 종교들 중의 하나로 격하시키는 사람들입니다. 그들은 시대정신에 영향을 받아 그런 행동을 정당하다고 생각하겠지만, 그들은 명색이 그리스도인이라고 할지라도 육적인 그리스도인이며 두 마음을 품은 자들입니다.

"두 마음을 품어 모든 일에 정함이 없는 자로다" 야고보서 1:8

하나님은 이런 현대적 사조와 풍조를 용납하시지 않습니다. "이것이냐, 아니면 저것이냐!" 우리에게 이런 결단을 요구하십니다.

신앙생활에 회색지대는 없습니다. "당신은 언제까지 다리를 양쪽에 걸치고 머뭇거리고 있을 것입니까? 주님이 하나님이면 주님을 따르고 바알이 하나님이면 그를 따르십시오."라고 외친 엘리야의 말을 유념해야 합니다. '머뭇머뭇하다'는 말은 술 취한 사람처럼 '비틀거린다'라는 뜻으로 우왕좌왕하고 줏대 없이 왔다갔다 하면서 양다리 걸치는 사람들을 지칭합니다. 우리가 만약 하나님을 온전히 선택하지 않는다면 우리는 신앙적으로 술 취한 사람들입니다. 어느 가정에서는 부부간에도 신앙 안에서 하나 되지 못하고 갈라진 경우도 있습니다. "당신은 교회 가고 나는 절에 가자. 그래서 어느 한 편이 맞으면 서로 도와주자!"라고 실용주의적으로 생각할 수도 있습니다. 그러나 이는 안 됩니다. 마음이 나뉜 자는 결코 하나님의 은총 안에 들어올 수가 없기 때문입니다.

"오직 믿음으로 구하고 조금도 의심하지 말라 의심하는 자는 마치 바람에 밀려 요동하는 바다 물결 같으니 이런 사람은 무엇이든지 주께 얻기를 생각하지 말라" 야고보서 1:6-7

임종 즈음에 다윗이 왕좌를 솔로몬에게 넘겨주면서 제일 염려한 부분이 바로 이것입니다. 하나님을 섬기되 온전한 마음으로 섬길 것을 유언했습니다. "내 아들 솔로몬아 너는 네 아버지의 하나님을 알고 온전한 마음과 기쁜 뜻으로 섬길지어다 여호와께서는 모든 마음을 감찰하사 모든 의도를 아시나니 네가 만일 그를 찾으면 만날 것이요 만일 네가 그를 버리면 그가 너를 영원히 버리시리라" 대상 28:9 온전한 마음이란 나누어지지 않은 마음, 일편단심一片丹心을 의미합니다.

하나님을 향해서 우리의 마음이 나뉘어서는 안 됩니다. 언제까지 우리는 하나님과 바알을 향해서 반씩 나누어서 섬기겠습니까? 이 세상이야 절대적인 것을 싫어하고 적당히 타협하는 것을 좋아하지만 우리는 입장을 분명히 밝혀야 합니다. 우유부단한 당나귀가 양쪽 풀을 보고 마음을 결정하지 못해 우왕좌왕하다 결국 굶어 죽었다는 이야기도 있는데 우리가 이런 어리석은 당나귀가 되지 않으려면 지금 확고히 결정해야 합니다. 엘리야는 바로 그런 공개적 고백을 요구하는 것입니다.

언젠가 한 분이 교회에 잘 나오지 않고 보이지도 않았습니다. 오랜만에 눈에 띄기에 물었습니다.

"아니 성도님, 우리는 구원받은 하나님의 군사들입니다. 예수 그리스도의 군기를 휘날리며 진격해야 하는데, 무슨 사역을 부탁하려고 보면 눈에 보이지 않으시니 어찌된 일입니까?"

그러자 하는 말이 "목사님, 저도 그리스도의 군사 맞습니다. 에……, 다만 비밀 군사라서……."

우리가 언제부터 그렇게 정체를 밝히지 못하고 숨어 지내야 합니까? 왜 그렇게 확신이 없습니까? 왜 그렇게 용기가 없습니까? 핍박을 받을까 두려워서 그렇습니까? 따돌림을 받을까 두려워서 그렇습니까? 그러나 분명한 사실은 우리가 세상을 두려워해서는 안 된다는 점입니다. 세상은 기껏해야 우리 육신밖에 죽일 수가 없습니다. 그러나 하나님은 우리의 영과 육, 모두를 지옥에 보낼 수 있는 분이라는 점을 명심해야 합니다.

믿는 것도 아니고 안 믿는 것도 아닌 현대 기독교인을 향해서, 요한은 강력한 경고의 말씀을 우리에게 전해 줍니다.

> "내가 네 행위를 아노니 네가 차지도 아니하고 뜨겁지도 아니하도다 네가 차든지 뜨겁든지 하기를 원하노라" 요한계시록 3:15

천국에 가기 위해서는, 우리를 구원하신 하나님께 가기 위해서는, 확고하고 분명한 고백이 있어야 합니다. 사실 지옥에 가려면 애쓸 필요가 없습니다. 죄악 된 인간의 본성과 죄악 된 세상의 환경이 우리를 자동적으로 지옥으로 인도할 것이기 때문입니다. 마치 에스컬레이터를 탄 듯이, 폭포를 향해서 떠내려가는 급류처럼, 우리는 그렇게 파국을 향해서 나아가고 있습니다. 구원의 방주에 올라타고, 구원의 밧줄을 힘차게 부여잡아야 합니다. 그것은 곧 자신의 태도를 분명히 하고, "죽으나 사나 오직 여호와 하나님만을 섬기겠다." 하는 결단의 고백이 있어야 합니다.

:: 결단

신앙의 인물 여호수아는 정복 전쟁을 마치고 세겜으로 백성들을 소환한 뒤에 그들에게 도전적인 질문을 던집니다.

> "만일 여호와를 섬기는 것이 너희에게 좋지 않게 보이거든 너희 조상들이 강 저쪽에서 섬기던 신들이든지 또는 너희가 거주하는 땅에 있는 아모리 족속의 신들이든지 너희가 섬길 자를 오늘 택하라 오직 나와 내 집은 여호와를 섬기겠노라" 여호수아 24:15

'오늘'이라 함은 곧 '지금' 하라는 말이며, '섬길 자'란 곧 나의 경배와 숭배를 받을 분을 선택하라는 말입니다. '택하라'는 말은 결단하라는 말입니다. 이스라엘 백성들이 지금 우상숭배 하는 것은 아닙니다. 그러나 그들의 마음이 하나님께 온전히 헌신되어 있지 않다면 그들의 마음이 우상에게로 가는 것은 그리 멀지 않은 장래일 것입니다. 그래서 노쇠한 여호수아는 노파심老婆心을 부리는 듯하지만, 그의 우려는 현실이 됩니다.

지금 이 순간 하나님을 새롭게 붙들어야 합니다. 하나님만을 선택해야 합니다. 매 순간마다 우리는 섬길 분을 선택해야 합니다. 우리의 하나님을 향한 헌신을 매일 갱신합시다. 그리하여 매일의 태양이 새롭듯이 우리의 헌신과 사랑도 하나님께 새로운 것으로 드립시다.

하나님의 위대한 질문

Chapter 12 말씀 나누기

① 선택할 수 있는 두 개의 그룹은 무엇과 무엇입니까? 왕상 18:21
② '머뭇머뭇하는 것'은 어떤 상태를 묘사하는 것입니까?
③ 신앙고백을 공개적으로 하는 것이 왜 중요합니까?
④ 갈멜 산 제단에 누가 불로 응답하셨습니까? 왕상 18:38

Chapter 12 은혜 나누기

① 이스라엘 사람들처럼 선택하지 못하고 머뭇거린 적이 있나요? 또 어떤 경우에 선택하지 못했는지 나누어 봅시다.
② 하나님을 선택하여 얻는 그리스도인의 유익은 무엇이라고 생각하나요?
③ 지금 내가 공개적으로 선택해야 할 사건, 장소, 사람들이 있다면 이야기해 보고, 올바른 선택을 위해서 함께 기도합시다.

The Great Question of God

참/고/문/헌

아서 밀러, 강유나 역, 『세일즈맨의 죽음』, 민음사, 2009.

존 스타인벡, 정회성 역, 『에덴의 동쪽』, 민음사, 2008.

김혜자, 『꽃으로도 때리지 말라』, 오래된미래, 2004.

빌 하이벨스, 카렌 채 역, 『영적 몰입』, 두란노, 2008.

조이 도우슨, 김세라 역, 『중보기도』, 예수전도단, 2009.

라이너 마리아 릴케, 김재혁 역, 『젊은 시인에게 보내는 편지』, 고려대학교출판부, 2006.

도널드 맥컬로우, 안정임 역, 『광야를 지나는 법』, 도마의길, 2008.

홍종락, 『햇살 한 숟가락』, 생명의말씀사, 2004.

빅토르 프랭클, 이시형 역, 『죽음의 수용소에서』, 청아출판사, 2005.

하나님의
위대한 질문

The Great Question of God

하나님의
위대한 **질문**

초판 1쇄 발행 | 2012년 3월 2일
초판 5쇄 발행 | 2021년 5월 31일

지은이 | 한기채
펴낸곳 | 교회성장연구소
발행인 | 이영훈
편집인 | 김영석
편집장 | 노인영
기획 및 편집 | 백지희
디자인 | 서주영

등록번호 | 제12-177호
주 소 | 서울시 영등포구 은행로 59 영산복지센터 4층
전 화 | 02-2036-7936
팩 스 | 02-2036-7910
웹사이트 | www.pastor21.net

ISBN 978-89-8304-173-9 03230

※ 책 가격은 뒤표지에 있습니다
※ 잘못 만들어진 책은 구입하신 곳에서 바꿔 드립니다

"무슨 일을 하든지 마음을 다하여 주께 하듯 하라"(골 3:23)

교회성장연구소는 한국 모든 교회가 건강한 교회성장을 이루어 하나님 나라에 영광을 돌리는 일꾼으로 성장하는 것을 목표로, 목회자의 사역은 물론 성도들의 영적 성장을 도울 수 있는 필독서들을 출간하고 있다. 주를 섬기는 사명감을 바탕으로 모든 사역의 시작과 끝을 기도로 임하며 사람 중심이 아닌 하나님 중심으로 경영한다. "무슨 일을 하든지 마음을 다하여 주께 하듯 하라"는 말씀을 늘 마음에 새겨 하나님이 주신 사명을 기쁨으로 감당한다.